科学部落格

——让技术与科学学习联接

施昌魏 著

浙江科学技术出版社

图书在版编目(CIP)数据

科学部落格 ：让技术与科学学习联接 / 施昌魏著 .
— 杭州 ：浙江科学技术出版社， 2018.5（2020.1重印）
ISBN 978-7-5341-8216-7

Ⅰ．①科… Ⅱ．①施… Ⅲ．①科学知识－教学
研究－小学 Ⅳ．① G623.62

中国版本图书馆 CIP 数据核字（2018）第 112153 号

书　　名　科学部落格——让技术与科学学习联接
著　　者　施昌魏

出版发行　浙江科学技术出版社
　　　　　杭州市体育场路 347 号　邮政编码：310006
　　　　　办公室电话：0571- 85176593
　　　　　销售部电话：0571- 85062597　85058048
　　　　　网址：zjkxjscbs.tmall.com
　　　　　E- mail：zkpress@zkpress.com
排　　版　浙江新华广告有限公司
印　　刷　三河市南阳印刷有限公司

开　　本	710×1000　1/16	印　　张	17
字　　数	225 000		
版　　次	2018 年 5 月第 1 版	印　　次	2020 年 1 月第 2 次印刷
书　　号	ISBN 978-7-5341-8216-7	定　　价	40.00 元

责任编辑　刘　燕　　　**责任校对**　卢晓梅
责任美编　金　晖　　　**责任印务**　叶文炀

序　言

让技术助力学生科学探究

喻伯军

我们知道科学教育的主阵地在课堂教学，但课外也是一个重要的天地，如何把课内和课外打通，让学生能学以致用，自主地开展探究活动，真正地像科学家那样搞研究，一直是我们所期望的。鉴于此，我们也探索着让学生做一些长期作业，通过教师的指导，让学生开展自主探究，但由于种种困难，效果并不明显。小学生的观察记录如何开展？观察日志如何得到教师的指导和同学的交流？如果每一个学生都有观察日志，教师如何进行过程性指导？社会资源和家长资源如何介入学生的观察指导？这些美好的设想，往往停留在设想上，而技术的发展，使得这些设想得以实现。

温州市开展了科学部落格项目之后，在学生自主探究和教师的指导之间，搭起了一座桥梁，取得了令人瞩目的成绩。本书第四章的五个案例，个个精彩，体现了科学记录的真实、客观，也体现出学生研究的真实过程。例如《窗外的鸟窝》观察日志，整整历时近 3 个月，这种坚持的毅力、细致的观察过程令人欣慰。学生把科学研究和文学写作结合在一起，有机地融合了科学和人文，使学生得到了整体的发展。

科学部落格是互联网 + 背景下，学生科学学习的一种新方式，它让学生的探究活动有了新时代的特色。该项目聚焦学生核心素养培养，寻找、发现一种可以用于学生科学学习的技术，让学生学会基于技术的学习，应用技术解决问题、进行研究，从而达到培养学生理性思维、批判质疑、勇于探究的科学精神。

温州市区域推进科学部落格实践活动以来，分析了基于学生兴趣与需求的小学生科学部落格选题特点，总结了多元化、自主式的小学生科学部落格类型格式，推荐了易操作、可选择的小学生科学部落格应用平台，提出了满足个性化学习需求的小学生科学部落格指导策略，建构了基于核心素养培养的小学生科学部落格评价标准，这一切都取得了不少经验和成绩。科学部落格的实践探索，创新了基于网络的科学学习方式，也创新了科学学习评价的新方式。该项目成果丰硕，获得了浙江省第六届教研课题成果一等奖、浙江省人民政府基础教育教学成果二等奖、中国教育学会 2017 年学术论文一等奖。

科学部落格是一个非常好的载体，也是实施拓展性课程的一条非常好的路径，它激发了学生主动探究的热情，它打通了课内与课外共同研究的路径，它使得技术支持了研究，技术支持了交流与合作。在这个过程当中，学生的发展是非常明显的，当我们把这些有益的活动开展起来的时候，它的作用不仅仅体现在科学学科上，更体现在各个跨领域的学科当中。

这个项目的实施，除了让学生得益，让学生成长之外，教师的视野也获得拓展、能力得到提升。这个项目不仅仅在温州起了作用，更重要的是在全省甚至全国都具有借鉴意义，本书的出版，必将给广大科学教师提供一种启发、一种范式。

（喻伯军，浙江省教育厅教研室小幼特部主任、小学科学教研员，特级教师，中国教育学会科学教育分会副理事长，教育部小学科学课程标准修订组核心成员，教育部国培专家，教科版小学《科学》教材主要编写者）

前　言

在温州推广小学生科学部落格活动已有8年多时间了，经常有人叫我出本书，听多了也就有了这样的念头。但由于一直忙于应付各种工作事务，这事情也就一直搁着。这回算是下了个很大的决心，一有空隙就坐下来写，前前后后差不多一年时间，才有了接下来大家看到的这本册子。因此，要特别感谢那些时常鼓励我、鞭策我的人。

科学部落格，是指学生带着自己的问题进行课外的科学观察活动，利用网络发布自己的观察发现和研究成果，并与他人开展基于网络的互动研讨，接受他人提问和质疑，从而促使观察研究不断深入的一种科学学习活动。这一项目最早源于我2006年开始做的一个学生博客平台——“惠风博客”。当时有5000多名小粉丝跟着我在这个平台做博客，其中学生自发“养蚕”“养蜗牛”“种凤仙花”等日志上千篇。用网络日志记录科学学习，孩子们都表示，这样的科学“很好玩”。2009年我选调到温州市教育教学研究院，正值温州教育启动“三小”（小文学奖、小数学家、小科学家）培养项目，我们在讨论如何设置“小科学家”培养机制时，有同事建议我借鉴“博客”设置一个这样的项目，当时取名“网络科学观察日志”。个人认为“网络”“科学”“观察”“日志”，四个词正好体现这一活动的本质特征：以网络为技术手段，以科学为研究内容，以观察为主要方法，以日志为呈现方式，我觉得挺好！然而，当项目继续推进并进行对外交流的时候，很多专家表示看不懂，四个词的组合，极容易让人产生各种有歧义的解读。2015 年，我痛下决心，给它换个名。那时候的感觉正像给娃取名一样，很是纠结，其间前前后后斟酌过无数个名称，最后取了一个新名字——科学部落格。科学部落格一词借鉴英文名称“Blog”，又赋予了小学生网络科学观察日志的特定内涵，“部落”有学习共同体之意，“格”则代表学生个性化学习空间。

作为温州区域推进的一项创新学习活动，在 8 年多的实践中，我们摸索出了一套经验，把“聚焦一个核心理念”“推进两种学习路径”“关注三个有效结合”“发展四种核心能力”作为项目推进的基本策略。

聚焦一个核心理念：做知识的发现者，未知的探索者。美国科普作家卡尔·萨根说过：“每个人在他们幼年的时候都是科学家，因为每个孩子都和科学家一样，对自然界的奇观满怀好奇和敬畏。”对于广袤的宇宙、奇妙的自然、新奇的科技，孩子们的脑中总是有着各种各样的疑问。好奇，好问，就是科学发现的最原始的动力。科学部落格，倡导学生不做知识的搬运工，自己去发现知识，去探索未知。

推进两种学习路径：线下探究和线上互动。科学部落格活动寻找、发现了一种可以用于学生科学学习的技术，将传统的科学探究与基于网络的在线学习有机结合起来，充分发挥各自的独特优势，促进学生亲近自然、亲近生命、亲历科学，同时满足学生自主学习和协作学习的不同要求。

关注三个有效结合：一是科学性和人文性相结合，科学部落格活动属于科学活动范畴，讲究选题的合理性、过程的严谨性、推理的逻辑性、结论的正确性，同时，它又以图文并茂的日志方式呈现，呈现了自然之美、文字之美、科学之美和发现之美；二是课内活动和课外活动相结合，科学部落格对接了科学课堂学习活动和科学课外探究活动，让学生把课堂掌握的科学知识、科学技能和科学方法有效运用到课外探究活动中，去实践、去探索、去解决问题，“教”是为了“不教”，科学部落格让我们看到了“不教”之后，学生能做什么；三是个体发展和群体发展相结合，科学部落格是一个展示学生个体精彩的平台，同时很多学生在参与科学部落格活动中，又以自己感兴趣的话题为主题，自发地形成了一个个的学习“部落”，带动了学生的群体探究。

发展四种核心能力：观察记录能力、分享交流能力、批判性思维和创造创新能力。其中，观察记录能力是科学学科最基本的学习能力，而分享交流能力、批判性思维和创造创新能力则指向了21世纪的4C核心能力（Communication,Critical Thinking,Creativity and Innovation）。科学部落格，以互联网为平台，以客观世界为研究对象，以问题解决为基本导向，以科学探究为主要方法，引领学生实践创新，发展学生科学精神，全面对接中国学生发展核心素养培养。

关于科学部落格，大家可能还比较关注下面两个问题：

第一，这样的活动，农村的孩子会做吗？

由于这是一种基于网络的科学学习活动，它是否适合小学生，尤其是对农村学生是否适合，这是一个非常值得关注的问题。温州市首届小学生科学部落格评比，城镇学生占比62.4%，农村学生仅占37.6%，偏远山区参评学生极少。这一问题引起了我们的高度关注。为此，我们做了专题调查。调查发现硬件不足只是其中一个原因，相比影响更大的则是农村教师观念比较传统，不愿意接受新事物。我们及时跟进教研，启动了“科学部落格链接乡村儿童”行动。从第三届科学部落格评比开始，城镇学生和农村学生基本各占半边天，其中2014年和2017年，农村孩子的参评数量还大大反超城镇孩子。另外，我们还发现农村可作观察的资源相比城镇更为丰富，科学探索的空间更广阔。科学部落格活动，无贫富贵贱之分，它为每一位孩子搭建了展示的平台，就像唱卡拉OK一样，人人可参与，人人可展示。

第二，做了科学部落格，孩子容易犯上网瘾吗？

网络如猛虎，在这个互联网 + 时代，很多家长却是“谈网色变”。家长们非常关心的问题是，做了科学部落格，孩子有更多机会接触网络，会不会容易犯上网瘾？我们曾对部分科学部落格参赛学生做过问卷调查，并没有发现家长们担心的问题。很多孩子表示，做了科学部落格，“上网有了更好的去处”，他们认为这是一种“不会沉迷而有意义的网络冲浪”。科学部落格，让孩子重新认识网络，重新定位网络，学会利用网络进行学习，相互交流，展示自我。

我一直认为，科学教学有三种境界。第一种境界，是“教知识”；第二种境界，是“教探索”；第三种境界，不再是“教”学生如何探索，而是“支持学生自己去探索”。科学部落格就是一个支持学生自己去探索的平台，让我们一起静心等待花开。

施昌魏

2018 年元月

目录

第一章
科学部落格的前世今生

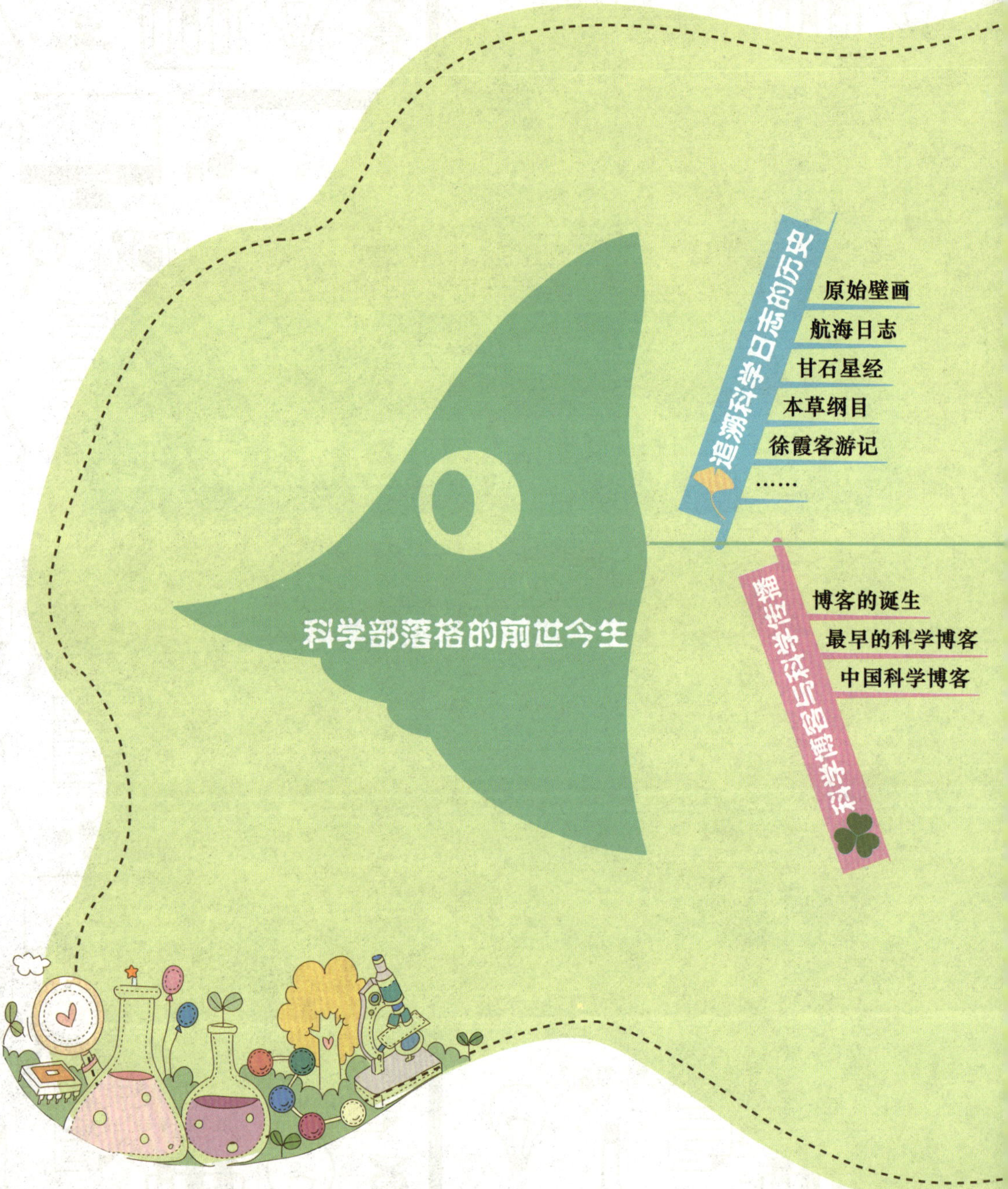
科学部落格的前世今生
追溯科学日志的历史
原始壁画
航海日志
甘石星经
本草纲目
徐霞客游记
……
科学博客与科学传播
博客的诞生
最早的科学博客
中国科学博客

- 科学部落格与学习变革
  - 活动背景
  - 实践过程
  - 实践成效
    - 激发了参与科学活动的热情
    - 创新了科学学习的新方式
      - 学会观察
      - 学会记录
      - 学会分享
      - 学会交流
    - 让学习评价更好玩
      - 评价方式更低碳
      - 内容呈现更全面
      - 内容呈现更全面
      - 成果受益更广泛

一、追溯科学日志的历史

我们知道，人类的祖先最早过的是群居的生活，依靠集体共同奋斗的力量向自然界夺取生产资料，这样的生活方式就同时产生了最原始的科学和技术活动。诸如如何保持火种，兽皮衣的缝制，石斧、弓箭、石矛的发明与制作，如何加强弓箭的力量，如何提高石斧的锋利程度，如何使骨针更细巧，这些应该是当时极有应用价值的科学研究课题。在这些原始的科技活动中，人类为了积累前辈的和他人的经验，并在本部落中推广和扩大已有的成果，表达认识、交流体会的形式当然也随之出现了，这就是最初的科技信息的交流。这种交流主要是以实际操作和口头语言来进行的。当然，远古人类在这种交流中必然要借助于口头语言以外的工具，于是洞壁上、兽骨和贝壳上的原始图画出现了。应当承认，这种传播原始科技信息的线条和图画，就是最早的科技写作作品。

船长的航海日志，从某种意义上讲，也是一种自然日志，上面记录着天气、星象、飞鸟、人类活动等相关事宜。例如，哥伦布是怎样向伊莎贝拉女王证明他到过“新大陆”的？给她发传真？给她看照片？都不是，他只有航海日志。自古及今，很多探险家都会在探险征程中带上一名自然观察家兼艺术家，在探险的过程中一丝不苟地写航海日志，用它记述、描绘途中的见闻。

我国古代劳动人民也一直在观察自然，记录自然。《春秋》记载，公元前613年，“有星孛入于北斗”，就是指哈雷彗星，这是世界上公认的首次哈雷彗星的确切记录，这一记录比欧洲早六百多年。战国时期，出现了世界上最早的天文学著作《甘石星经》，其中有丰富的天文记载，反映了那个时期人们对天文的认识。西汉关于太阳黑子的记录，被世界公认为是有关太阳黑子的最早记录。东汉时，张衡从日、月、地球所处的不同位置，对月食作了最早的科学解释。

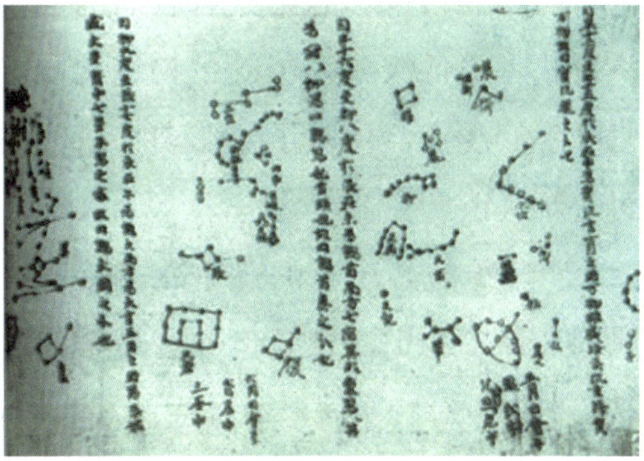

明朝时期，李时珍所著的《本草纲目》，以图文并茂的方式，记载药物一千八百多种，

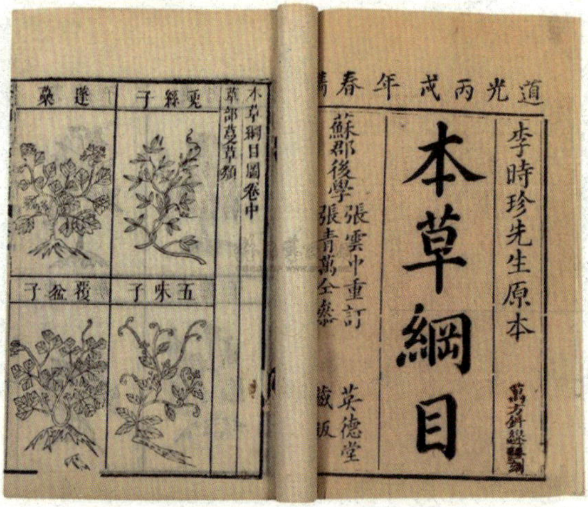

方剂一万多个，全面总结了16世纪以前的中国医药学，被誉为“东方医药巨典”。李时珍重视实地考察和试验观察，注意运用比较方法，所以他对药物的认识和总结具有较高的科学价值。《本草纲目》对药物的分类反映了由低级到高级的生物进化观。李时珍还提出“鸟产于林，故羽似叶”的观点，反映了他在动物适应环境、相关变异以及遗传特征等方面的新认识。

明朝徐霞客所著的《徐霞客游记》是中国最早的一部详细记录所经地理环境的游记，也是世界上最早记述岩溶地貌并详细考证其成因的书籍，游记中对石灰岩溶蚀地貌的观察和记述，早于欧洲约两个世纪。《徐霞客游记》也可以说是一份珍贵的植物科学日志，徐霞客很重视标本的研究价值，他在武当山等地冒险采集了榔梅；在尚山采集了当地一种形似菊花的特产——金莲花；在五台山采集了天茶花等珍稀名贵植物；在玛瑙山上采集了“石树”；在蝴蝶泉边采集了花树的枝叶。游记中记述了很多植物的生态品种，明确提出了地形、气温、风速对植物分布和开花早晚的各种影响。

二、科学博客与科学传播

随着科学技术的发展，特别是人类社会进入互联网时代，信息技术又为人类科技写作和科学传播提供了各种全新的写作应用，科学博客就是目前互联网发展最迅速的新应用之一。

博客一词来源于“Web 和 Log（网络日志）”的缩写，又音译为部落格或部落阁等，是一种通常由个人管理、不定期张贴新的文章的网站。它充分利用了网络双向互动、超文本链接、动态更新以及受众覆盖范围广的特点，将使用者的工作过程、思路经历、思想精华、闪现的灵感等及时记录和发布，萃取并链接全球互联网中最有价值、最相关、最有意思的信息与资源，使信息和知识传播更加迅速、直接、高效，并在超文本链

接技术的支持下，使信息资源得到最大限度的传播。博客最早出现在美国，并迅速风靡全球。

资料显示，由科学家撰写的博客最早出现在2003年，博主是美国明尼苏达大学的生物学家保罗·梅耶斯（Paul Myers）（http://scienceblogs.com/Pharyngula），最初它只是将博客作为课堂教学工具的补充进行撰写，向读者普及和探讨生物进化论的内容和发展，该博客很快在网络中引起了反响，每月浏览量、留言量发展迅速，累积至2008年就有约1500万的用户阅读记录。[ScienceBlogs由纽约的科学杂志出版商“种子媒体集团”（Seed Media Group）创办，是一个只接受邀请者写作的博客平台，其目的在于邀请各个领域的科学家在各自擅长的领域发表博文。]

中国科学博客的大规模出现始于2007年“科学网”博客频道（http://blog.sciencenet.cn/）的开通，该博客频道是中国科学界最早且唯一的群体博客社区。中国科学博客的作者主要是科学家、科学研究人员、科普作家、科学记者、科学编辑等。科学家施一公（http://blog.sciencenet.cn/u/施一公）、饶毅（http://blog.sciencenet.cn/u/饶毅）、鲁白（http://blog.sciencenet.cn/u/lubai）等都在上面开有博客。截至2018年1月，科学网博客频道点击量超过1000万的科学家博客有12个，最高点击量为4359万。

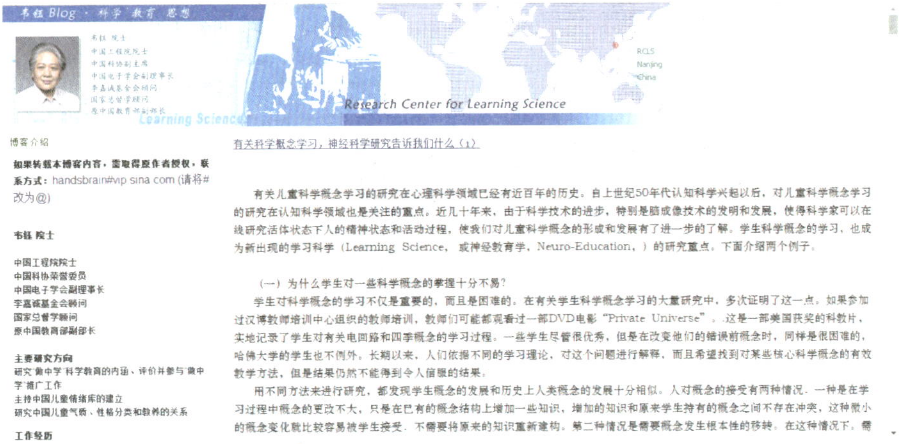
韦钰 Blog · 科学 教育 思想

韦钰 院士
中国工程院院士
中国科协副主席
中国电子学会副理事长
李嘉诚基金会顾问
国家总督学顾问
原中国教育部副部长

Learning Science
Research Center for Learning Science
RCLS
Nanjing
China

博客介绍

如果转载本博客内容，需取得原作者授权，联系方式：handsbrain#vip.sina.com (请将#改为@)

韦钰 院士

中国工程院院士
中国科协荣誉委员
中国电子学会副理事长
李嘉诚基金会顾问
国家总督学顾问
原中国教育部副部长

主要研究方向
研究"做中学"科学教育的内涵、评价并参与"做中学"推广工作
主持中国儿童情绪库的建立
研究中国儿童气质、性格分类和教养的关系

工作经历

有关科学概念学习，神经科学研究告诉我们什么（1）

有关儿童科学概念学习的研究在心理科学领域已经有近百年的历史。自上世纪50年代认知科学兴起以后，对儿童科学概念学习的研究在认知科学领域也是关注的重点。近几十年来，由于科学技术的进步，特别是脑成像技术的发明和发展，使得科学家可以在线研究活体状态下人的精神状态和活动过程，使我们对儿童科学概念的形成和发展有了进一步的了解。学生科学概念的学习，也成为新出现的学习科学（Learning Science，或神经教育学，Neuro-Education，）的研究重点。下面介绍两个例子。

（一）为什么学生对一些科学概念的掌握十分不易？

学生对科学概念的学习不仅是重要的，而且是困难的。在有关学生科学概念学习的大量研究中，多次证明了这一点。如果参加过汉博教师培训中心组织的教师培训，教师们可能都观看过一部DVD电影"Private Universe"。这是一部美国获奖的科教片，实地记录了学生对有关电回路和四季概念的学习过程。一些学生尽管很优秀，但是在改变他们的错误前概念时，同样是很困难的，哈佛大学的学生也不例外。长期以来，人们依据不同的学习理论，对这个问题进行解释，而且希望找到对某些核心科学概念的有效教学方法，但是结果仍然不能得到令人信服的结果。

用不同方法来进行研究，都发现学生概念的发展和历史上人类概念的发展十分相似。人对概念的接受有两种情况，一种是在学习过程中概念的更改不大，只是在已有的概念结构上增加一些知识，增加的知识和原来学生持有的概念之间不存在冲突，这种微小的概念变化就比较容易被学生接受，不需要将原来的知识重新建构。第二种情况是需要概念发生根本性的移转。在这种情况下，需

说到科学博客，还有一个人不得不提，她就是被誉为"中国部长博客第一人"的中国科协副主席、中国工程院院士、教育部原副部长韦钰，这位退居二线但仍然"日理万机"的"老太太"，一直在坚持做博客。从2004年至今，写了近200篇博文，"每一篇文章和回复都是自己写的，每一个字都是自己敲进电脑的"，这种精神着实令人敬佩。

除科学家个人博客外，还有一类是群博。科学松鼠会，就是一个"群博"的成功案例。科学松鼠会成立于2008年4月，松鼠会汇聚了当代最优秀的一批华语青年科学传播者，致力于科学传播工作。科学松鼠会的愿望是：让科学流行起来。他们认为："科学就像一枚难以开启的坚果，虽味美却不易入口，希望自己能够像松鼠一样，为大众剥开坚果的硬壳，将有营养的果仁剥出来，让人们领略到科学的美妙"。他们仅用了7个月的时间，就证明了自己是国内最成功的博客之一。2008年11月，科学松鼠会获得了第五届"德国之声"国际博客大赛颁发的"全球最佳博客"和"最佳中文博客"两项公众奖。紧接着又入选成为2008年中国十大科普事件。如今，这个以博客形式传播科学知识，并辅以线下实体活动的科学松鼠会网站日访问量超过2万次。

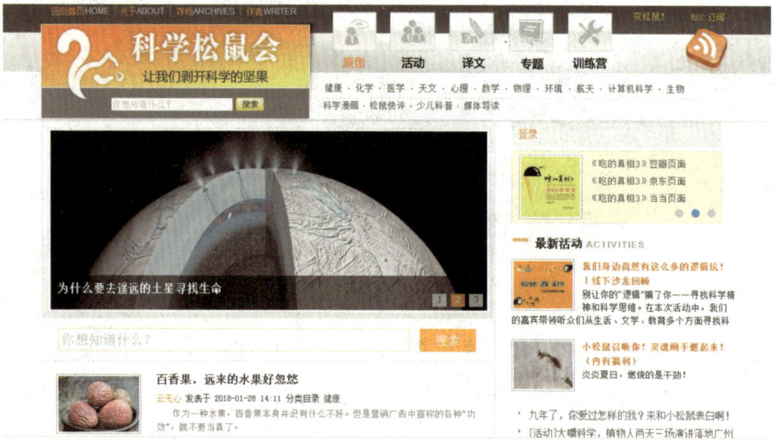

与电视、广播、报纸、杂志等传统媒体相比，科学博客具有强大的交互性、即时反馈性。科学博客创造了一种全新的传播文化和宽松的知识传播氛围，利用个体对知识信息的自由生产，以一种与知识产权保护相反的生产方式拓展了信息空间，它对信息空间的延伸创造了满足公众需求的另一个可能的传播渠道，造就了一个更具有发散性的信息平台。博客传播方式的出现，使科学知识资源得到了最大限度的扩散，一些有价值的科学思想、科学发现更容易得到讨论、交流，博客在科学传播中的应用拉近了科学家与公众的距离，成为了两者间互动交流的桥梁。

习近平总书记曾强调，科技创新、科学普及是实现科技创新的两翼，要把科学普及放在与科技创新同等重要的位置，普及科学知识、弘扬科学精神、传播科学思想、倡导科学方法，在全社会推动形成讲科学、爱科学、学科学、用科学的良好氛围，使蕴藏在亿万人民中间的创新智慧充分释放，创新力量充分涌流。当前，我国拥有世界上最大规模的科研人才队伍，发表学术论文和申请专利数量均位居世界前列。但是，目前大多数科研人员的活动范围和影响领域仅限于学术界，仅有很小部分科学家投入科学传播，愿意花时间与公众进行沟通。这些年，中国公民科学素养水平虽有大幅提升，但仍与欧美发达国家有不小的差距。因此，也期待更多的科学家能参与科学博客，投入科学传播。

三、科学部落格与学习变革

科学部落格，又名学生网络科学观察日志，是指学生带着自己的问题进行课外科学观察活动，通过网络平台（QQ空间、博客、校园网等）发布自己的观察发现和研究成果，并与他人开展基于网络的研讨与交流，促进观察研究活动不断深入的一种科学学习活动。“部落格”一词借鉴英文名称“Blog”，又赋予了小学生网络科学观察日志的特定内涵。“部落”有学习共同体之意，“格”则代表学生个性化学习空间。

科学部落格与科学博客有哪些不同呢？

	科学部落格	科学博客
行为主体	学生	科学家等有专业背景的人员
借助平台	QQ空间、个人博客、校园网、美篇等	个人博客
主要内涵	网络科学观察日志	综合性的个人网络站点
主要内容	观察报告和实验报告	内容丰富多样
主要受众	学生	科研同行和大众
主要功能	交流展示科学探索发现，用于科学学习，也能在一定程度上带动大众科学普及	交流科学研究成果，主要用于传播科学方法和科学思想

（一）科学部落格的活动背景

科学部落格是温州首创的一种基于小学生的科学学习活动，为什么要在小学生中推进这样的活动呢？

1. 科学部落格是互联网＋时代学生科学学习的新方式

2015 年 9 月 25 日，中国青少年宫协会儿童媒介素养教育研究中心在京发布《互联网＋时代的儿童在线风险和机遇——中国青少年宫儿童网络安全和媒介素养状况报告（2014~2015）》。报告显示，智能手机、平板电脑以及移动互联网应用正在改变当代少儿的媒介使用习惯，“00后”一代已成为“刷屏”主力军。幼儿园时期（3~6 岁）的儿童手机、平板电脑、电脑的接触率分别为 91.8%、83.4%、80.6%。幼儿园孩子 42.5% 每天看 30 分钟以上的电视，89.1% 在周末玩电子媒介，44.1% 玩网游，4.7% 有网友，21.2% 用手机上微信。到初中时，儿童的新媒介接触和使用技能进一步提升，拥有手机的达 77.8%，拥有 QQ 的达 91.8%，25.8% 玩网游开始以大型网络游戏为主，90% 加入 QQ 群，57.2% 有网友，33.7% 有陌生网友，33.5% 关注微信公众号。

互联网浪潮正向青少年儿童涌来，我们在关注网络安全问题的同时，更应该思考如何顺应时代的潮流，充分利用现代信息技术手段，改进教和学的方式，适应个性化学习的需求。传统科学学习主要基于课堂，科学探究受时间、空间限制，科学部落格正是基于这样的背景提出，旨在寻找、发现一种可以用于学生科学学习的技术，让学生学会基于技术的学习，让技术与科学学习联接。

2. 科学部落格是中国学生发展核心素养的新实践

学生发展核心素养，主要指学生应具备的、能够适应终身发展和社会发展需要的必备品格和关键能力。研究学生发展核心素养是落实立德树人根本任务的一项重要举措，也是适应世界教育改革发展趋势、提升我国教育国际竞争力的迫切需要。2016 年 9 月 13 日，中国学生发展核心素养研究成果发布。中国学生发展核心素养以培养“全面发展的人”为核心，分为文化基础、自主发展、社会参与三个方面，综合表现为人文底蕴、科学精神、学会学习、健康生活、责任担当、实践创新六大素养，各素养之间相互联系、相互补充、相互促进，在不同情境中整体发挥作用。其中与科学部落格关联密切的有“科学精神”中的“理性思维”“批判质疑”“勇于探究”，“实践创新”中的“问题解决”“技术运用”，“学会学习”中的“信息意识”等。“理性思维”表现为：崇尚真知，能理解和掌握基本的科学原理和方法；尊重事实和证据，有实证意识和严谨的求知态度；逻辑清晰，能运用科学的思维方式认识事物、解决问题、指导行为等。“勇于探究”表现为：具有好奇心和想象力；能不畏困难，有坚持不懈的探索精神；能大胆尝试，积极寻求有效的问题解决方法等。“信息意识”表现为：能自觉、有效地获取、评估、鉴别、使用信息；具有数字化生存能力，主动适应“互联网 +”等社会信息化发展趋势；具有网络伦理道德与信息安全意识等。科学部落格，以互联网为平台，以客观世界为研究对象，以问题解决为基本导向，以科学探究为主要方法，引领学生实践创新，发展学生科学精神，全面对接中国学生发展核心素养培养。

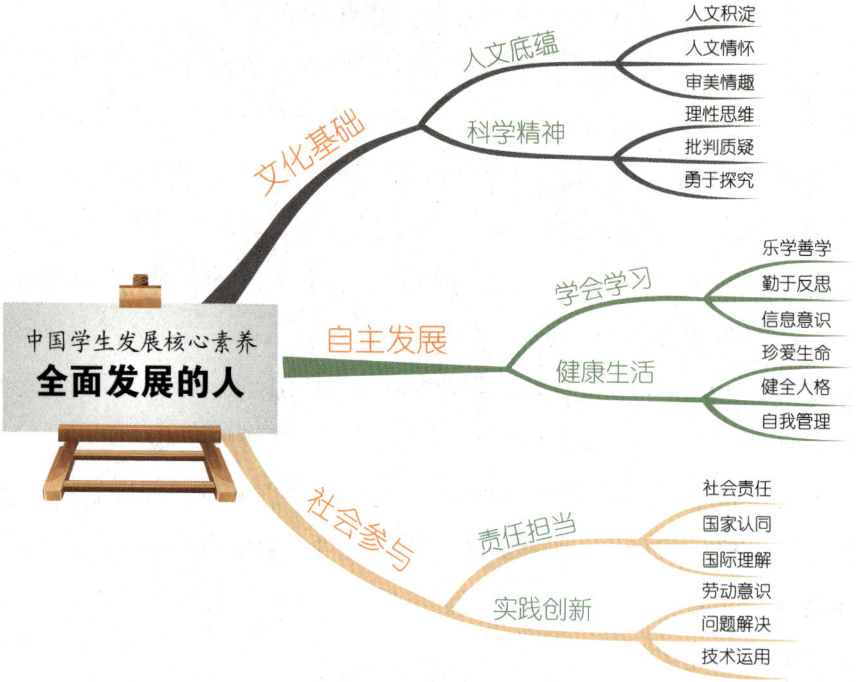

3. 科学部落格是小学生科学记录方式的新发展

科学记录是儿童科学学习的一种方式，“当儿童用记录来解释他们看到了什么和他们认为为什么会发生这样的现象时，他们必须理清思路，用其他人可以理解的方式组织他们的想法”（詹妮•费莉）。温州推进的“面向人人的科学记录行动”成效显著，促进了区域学生科学学习方式的变革。学生科学记录本上的信息记录从繁琐的文本记录逐步走向简洁的具有个性色彩的记录，从单纯的实验现象记录到旨在发展探究能力及态度情感价值观的发展性记录，从枯燥的知识记录到生动的过程记录再到关注学生自我评价能力的人本化记录，小学科学课堂一场悄悄的学习变革正在发生。但是，基于纸笔的记录方式无法满足学生多样化记录的需求，互联网背景下，科学部落格为学生科学记录和科学实践找到了新的载体。

4. 科学部落格是对小学生家庭实验室项目的新对接

小学生家庭实验室项目由温州市首先提出，并在全国产生重大影响，受到原国务院总理温家宝的关注。家庭实验室项目是指学生在家中寻找固定角落，确定专门研究项目，在家长、教师指导下，在家中完成的科学研究活动。家庭实验室项目不局限于课堂教学，从而弥补了常规科学课堂在时间和空间上的不足，实现了人人参与、人人发展、人人都能享受成功的教育价值。由于强调学生在实践过程中的动态生成，该项目大大改善了各个年级段科学课堂教学的效果，使学生实践能力、探究能力和创新能力得到了发展。此外，它还促使学生从生活中寻找资源、寻找素材，体现了课内外科学教育的有机结合，得到了广大家长和学生的欢迎。小学生家庭实验项目成果如何展示？回归课堂的交流展示无法满足每一位学生每一个家庭实验项目的展示需求，科学部落格利用网络“链接”一个个家庭实验项目，并带动学生群体探究。

5. 科学部落格是小学生科学学习评价改革的新尝试

《义务教育小学科学课程标准》指出：“学习评价必须做到主体多元，方式多样。不仅有以教师为主体的测评，还要有学生的自我测评、相互测评，以及家长对学生的测评。不仅要有终结性的测评，更要有过程性的测评；不仅要有量的测评，还要有质的测评；不仅有执笔形式的测验，还要有以活动、实验、项目报告等多种方式进行的测评。”《浙江省小学科学学科教学建议 30 条》也指出：“科学探究能力的评价，主要采用作业（作品）法、现场操作法和档案袋评价法等，可以依据学生的小论文、小制作、小发明、科学学习记录本、科学报告、网络日志等进行评估。”科学部落格活动为学生搭建了更为广阔的探究与交流的平台，使学生课外探究活动的落实成为可能，孩子们在这个平台上分享他们的研究成果，个体与个体之间互相讨论、互相学习、互相交流，共同进步，不仅有师生评价，还能呈现生生评价、自我评价等，评价主体更多元，评价内容更全面，是小学科学学科评价改革的新尝试。

（二）科学部落格的实践历程

科学部落格是温州首创的小学生科学学习活动，它的实践历程分为三个阶段：

第一阶段（2006~2009）：基于 Weblog 的科学观察日志尝试。2006 年，“惠风博客”（www.hfboke.net）启动，挂靠浙江省温州市实验小学校园网，这是国内较早的学生博客平台，发展高峰时共计学生博客 5000 多个（2011 年该平台由于服务器管理问题关闭）。为了展示学生家庭实验探究成果，我们在“惠风博客”平台开设了“科学日志”专栏。由于该活动技术简单、便捷，可以综合利用文本、图片、音频、视频等形式展示，适合小学生科学观察日志的表达，同时基于网络平台，可以突破传统科学学习的时空限制，轻松地与他人交流，体现科学探究活动的分享和互动，因此，学生参与热情非常高。3 年多时间，学生自发科学观察日志近千篇。

这就是科学部落格最早的萌芽。

第二阶段（2010~2015）：“小科学家”项目背景下的网络科学观察日志推广。2010 年，温州市“小数学家”“小文学家”“小科学家”培养计划启动，该项目取名“网络科学观察日志”，作为“小科学家”活动的一个重要项目，开始在全市各小学试点推广。为助推该项研究，鼓励更多学生通过网络分享交流科学观察研究成果，2011 年 9 月，温州市教育教学研究院举办全市首届小学生网络科学观察日志评比，温州全市各县共推荐 140 篇日志参评，近百篇日志分获一、二、三等奖。温州市小学生网络科学观察日志（科学部落格）评比至今已成功举办 7 届，这样的区域活动在全国尚属首例。我们及时对每次评比情况所获得的数据进行分析，以系统、客观、量化的方式对信息内容进行归类研究，不断修正、改进该项目实施。同时针对推进过程中出现的问题，教研活动不断介入指导引领。

该项目社会反响非常好，并引起温州各媒体的广泛关注。《温州都市报》2011 年 12 月 5 日刊登了《网络科学观察日志带动了学生的群体探究》的报道文章，《温州日报》2012 年 10 月 16 日刊登了《（网上科学观察日志）引发孩子网上科学学习革命》的报道文章。

88868886
2011年12月5日
温州都市报
WZDSB.NET
今日市区天气 8~18℃

网络科学日志带动孩子群体探究

市首届小学生网上优秀科学观察日志评比揭晓

“昙花一现”这一成语告诉人们昙花的花期特别短暂，但昙花开放的时间到底是多长呢？永嘉县瓯北镇第二小学学生金子琪用相机记录了自家昙花开放4小时18分钟的全过程。近日，他的一系列观察日记在温州市首届小学生网上优秀科学观察日志评比中获得了一等奖。此次共有25位小学生荣获一等奖，32位学生夺得二等奖，另有68人获三等奖。小学网络科学日志评比在省内尚属先例。

为进一步落实市“小科学家”培养计划，鼓励广大小学生利用假期积极探索科学，温州市教育教学研究院于今年暑期启动了小学生网上优秀科学观察日志评比活动。全市11个县（市、区）的数百名小学生积极参与，其中，五六年级学生人数最多。许多学生趁暑假开展科学探究活动，并将观察日记发表到博客或QQ空间中，这些网络科学日记内容丰富，许多都是图文并茂，并结合表格和数据分析等。

瓯海区实验小学应乐章同学的研究日记《谁是真正的花》引起了同学和亲友的关注，其中一篇日记的跟帖就达到几十楼，跟帖中有点评、有提问，还有对小应的探究精神的肯定。小应在解答跟帖问题的过程中进行了更加深入的研究。洞头县实验小学陈芍丹同学在7月3日至9月18日之间，不间断地观察、拍摄黄缘闭壳龟的孵化过程，这一组网络日记让人们看到了一个小生命的产生过程，十分生动。温州市实验小学金思彤研究7种不同的刺激物带给含羞草的不同反应……很多学生的网络日记都成为了同学之间的热帖。

“网络科学日记与科学记录本相比，其交流互动性更强。”温州市教育教学研究院小学科学教研员施昌魏称，其最突出的特点就是将孩子个体的研究扩展为一个群体的探讨，这样更有助于在小学生中形成科学探究的氛围。

施昌魏透露，网络科学日志评比的主要依据包括学生要独立观察、研究；日志要整洁清楚、图文并茂，有一定的访问量和评论等。新增这一评比还有一个目的，就是引导小学生科学地使用网络。为了避免孩子成瘾，一些家长不让孩子上网，然而这种封闭控制的做法对孩子的学习也产生了一定的阻碍，而网络科学日志的评比倡导孩子们使用网络做健康的持续性学习。

刘雪霏

[校园新闻]

温职院为违纪生烹制“心灵鸡汤”

温州日报

幸福周刊 追寻幸福 乐享生活 新学堂

2012年10月16日 星期二 主编:清洁 美编:邑琦 组版:仁爱 电话:88

2012年市小学生网上科学观察日志评比落幕，作品精彩纷呈

引发孩子网上科学学习革命

记者 蒋浩洁

可爱的含羞草每次会“害羞”多久？每天晚上合拢“睡觉”需要多少时间？含羞草“睡觉”与光线、温度有关吗？温州市广场路小学五年级学生任芷乐在暑期里花了20天时间，对养在自家阳台的一盆含羞草进行了多方面科学探索，每一步问题的提出、研究过程的记录和观察的结果发现，都图文并茂地展现在自己的网络空间里，和同学、朋友一起分享、交流。这是2012年温州市小学生网上科学观察日志评比中涌现出的一件优秀作品。

从去年开始，我市在全国率先开展小学生网上科学观察日志评比活动。与去年相比，今年无论是参加学生的数量和日志的质量，都远超去年。今年报名参评的学生有261人，日志除了有基本持续的观察记录外，还有不少科学发现，层次上大有提升。

小学生的网上科学日志内容丰富，可爱的小动物、植物和微小生物都是孩子们的科学观察对象，也有孩子记录了一些科学小实验的探究情况。龙湾区横街小学三年级学生钱俊晔，观察了自家养的两只仓鼠以及它们生下的四个宝宝，日志上不仅有文字和图片，还有视频记录，生动地展现了整个观察过程。来自温州市籀园小学的五年级学生周芷研对偶然在她家窗台做窝的乌鸫“生儿育女”进行详细的观察记录，展现了生命世界的神奇与精采。温州市少艺校的林子航对水黾的“水上轻功”充满好奇，他到市区杨府山公园捕捉了水黾，在水中加入洗洁精进行实验，通过显微镜放大观察，到市图书馆寻找有关水黾的图书，在网络上搜索资料，通过各种途径探寻“水上芭蕾王子”水黾脚部的秘密。温州实验小学五年级学生肖天悦和爸爸一起，通过改变泡泡液的配方、吹管的形状等方法来研究如何吹出超大泡泡来，通过网络分享成功的乐趣。

温州市教育教学研究院小学科学教研员施昌魏接受记者采访时说，开展小学生网上科学观察日志评比活动，旨在培养孩子的科学素养，让孩子能静下心来，一个星期、十几天甚至连续几个月地坚持观察，并通过网络日志发表自己的观察过程及发现。在观察中，孩子的记录水平会不断进步，利用网络查找资料、上传文件和视频、制作图片等综合能力也得到提高。同时，网络科学日志搭建了一个平台，让孩子们互相对话、交流和分享科学心得，也让孩子建立一个观念，网络可以用来更好地学习。

如何把科学日志做得更好，施老师给孩子们提出建议，要带着问题有目的地观察，力图在观察中解答自己的疑惑；要进行持续的观察记录，忌“三天打鱼两天晒网”，这是当下不少孩子极缺的科学品质；要学会更多的技术，如文字编辑、图片处理、视频上传等，才能让自己网上科学日志表达更方便、信息更具体、更具吸引力；另外，一些不利于人体健康的实验及具危险性化学实验，建议孩子不要去做。

2013年8月，网络科学观察日志走进《温州都市报》“善学堂”栏目，与广大学生、家长交流“网络科学观察日志可以做什么？”“该怎么做？”“家长该为孩子的研究提供怎样的帮助和支持？”等问题，《温州都市报》2013年8月19日做了大版面报道。

温州都市报 B5 开学周刊·爸妈会

2013年8月5日 / 星期一 / 责编:郑力 / 编辑:李跃 / 版式:海声 / 校对:黄静 / 电话:88096732

小学科学教研员明天做客“善学堂”

从网络科学日志开始 走近科学探究

为什么我的孩子对探究科学没兴趣？小学生的网络科学观察日志，可以做些什么，该怎么做？“科学观察”孩子难坚持怎么办？家长该为孩子的科学研究提供怎样的帮助和支持？

每到暑假，小学三年级以上的学生，都会接到学校通知，要求参加“网络科学观察日志”评比。可懒散在家的小朋友，对于科学研究根本无从下手。家长往往也爱莫能助，只能在一旁干着急。如何从生活中寻找网络科学观察日志的主题？怎样激发孩子研究科学的兴趣并持之以恒？明天下午，我们将邀请市教育科学研究院小学科学教研员施昌魏，教家长和孩子从生活中发现科学研究的乐趣。

施昌魏，温州市教育教学研究院小学科学教研员，中学高级教师，学生网络科学观察日志活动策划者。

活动时间：8月6日下午2:30-4:30

活动地点：bobo咖啡花园（市区学院西路59号）

参与对象：小学三年级以上学生和家长（共12位）

报名方式：关注“温都教育周刊”微信，回复“孩子或家长姓名+联系方式”。先报先得，额满为止。　温都记者 夏茹

2013 年 4 月，“区域推进学生网络观察日志活动的实践探索”申报并列入了浙江省教研系统立项课题，2015 年 1 月，获浙江省教研系统优秀结题课题，并获浙江省第六届教研课题成果评比一等奖。2015 年 5 月，该课题被确定为温州市第二批优秀教科研成果深化与推广项目，温州市广场路小学、温州市建设小学、瓯海区实验小学教育集团、瓯海区新桥小学教育集团、龙湾区瑶溪第三小学、龙湾区龙水第三小学、乐清市丹霞路小学、瑞安市实验小学、瑞安市马屿镇中心小学、瑞安市塘下镇中心小学、瑞安市锦湖实验小学、永嘉县瓯北镇中心小学、平阳县中心小学、平阳县鳌江小学、平阳县萧江镇第三小学、苍南新星学校、苍南县第三实验小学等 17 所学校立项了专项研究课题，参与推广与应用研究。

第三阶段（2015 至今）：从网络科学观察日志到科学部落格。2015 年 10 月，“网络科学观察日志”更名为“科学部落格”，“部落格”一词借鉴英文名称“blog”，又赋予了小学生网络科学观察日志的特定内涵，“部落”有学习共同体之意，“格”则代表学生个性化学习空间，这样的改变旨在引领该活动从更多关注静态的日志展示走向更多关注动态的互动交往。

2015 年 12 月，浙江省教育学会小学科学分会理事会年会活动在瓯海区实验小学举行，本次活动以科学部落格展示为主题，项目组做了“科学部落格——让科学探究嗨起来”专题报告，瓯海区实验小学教育集团等 5 个课题单位做了专题发言，全国著名特级教师、浙江省小学科学教研员喻伯军老师高度评价科学部落格：“科学部落格是科学课外拓展性课程的重要项目，它能激发学生主动探究的热情，打通课内和课外科学学习的路径。”

2016 年 12 月，“科学部落格：让技术与科学学习联接”获浙江省人民政府第五届基础教育教学成果二等奖。2017 年 12 月，论文《科学部落格：互联网 + 背景下的科学探究与分享》获 2017 中国教育学会年度论文一等奖，并在中国教育教学 2017 年学术年会现场受颁奖表彰。

（三）科学部落格的实践成效

作为温州首创的小学生科学学习活动，科学部落格活动经过十多年的实践探索，拓展了学生科学学习的时间和空间，重组了科学学习的流程，变革了科学学习的方式，改进了科学学习评价的方式方法。

1. 激发参与科学活动的热情

（1）城乡学生共同参加。

由于这是一种基于网络的科学学习活动，它是否适合小学生，尤其是对农村学生是否适合，这是一个非常值得探讨的问题。2011 年温州市首届小学生网络科学观察日志评比，城镇学生占了 62.4%，农村学生仅占 37.6%，个别偏远区域参评学生极少。这样的现象是否和地域差别有关？背后关联的是观念的问题，还是硬件的问题？为此，我们做了专题调查。调查发现，硬件不足只是其中一个原因，相比影响更大的则是农村教师观念比较传统，不愿意接受新事物。我们及时跟进教研，启动了科学部落格“走进区域、走进学校、走进乡村”活动。另外，通过研讨交流，我们还发现农村可观察的资源相比城镇更为丰富，科学探索的空间更广阔。2012 年全市十二个县（市、区）参报市级评比人数均达到规定标准，农村学校学生在本届科学部落格评比中成绩斐然。2013 年起，每届市级评比推荐参评学生中，农村学生参评人数与城镇学生基本持平。这说明科学部落格活动不仅适合城镇学生，也同样适合农村学生，关键是教师观念的转变，并给予活动指导与支持，积极为学生科学观察和展

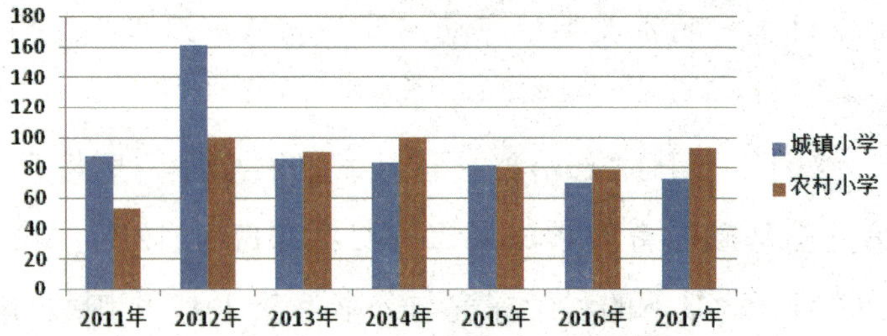

2011~2017 年温州市小学生科学部落格评比城乡学生参评人数统计

示交流活动搭建平台。

（2）各年级段学生全员参加。

2011~2017 年温州市小学生科学部落格评比各年级参评人数统计发现，学生较多集中在四、五、六年级段，分别占参赛总人数的 24.5%、35.7% 和 32.4%，这说明孩子们科学课堂的学习经历是开展科学部落格活动的基础，科学部落格为学生走向课外的科学观察学习活动提供了展示和交流的平台。值得关注的是，二、三年级的学生也参与了科学部落格活动，分别占参评总人数的 1.0% 和 6.3%，尽管这些孩子的记录与表达都比较幼稚，但参与观察探究的精神是难能可贵的（注：科学部落格比赛时间定于每年 9 月，主要展示暑期科学观察实验发现，二、三年级学生尚未有正式的科学课学习经历）。

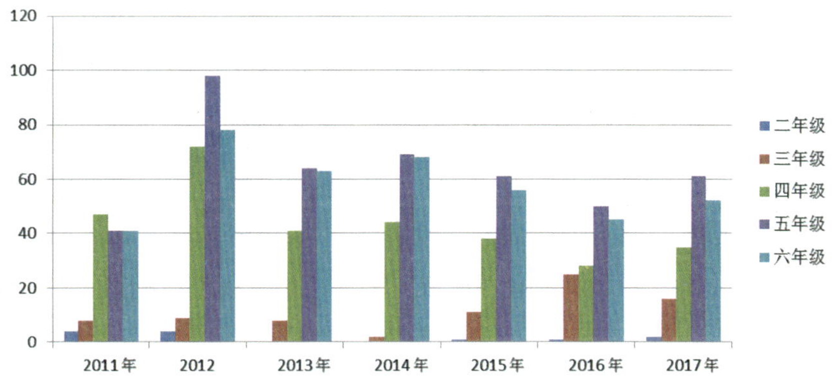

2011~2017 年温州市小学生科学部落格评比各年级参评人数统计

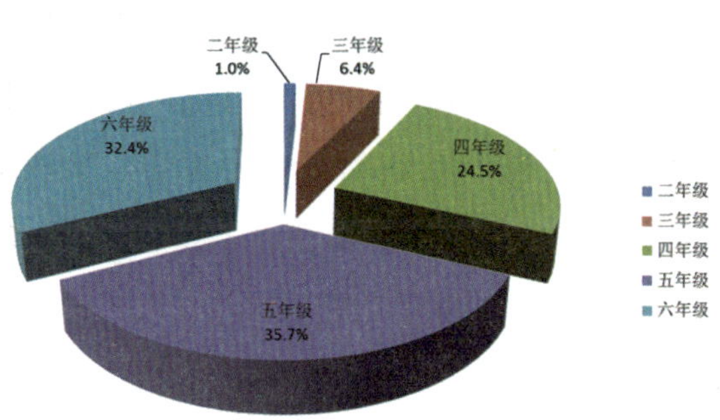

2011~2017 年温州市小学生科学部落格评比各年级参评人数汇总

（3）课内外科学探究有效联动。

科学部落格活动，凸显了兴趣性、选择性、活动性和层次性，满足了学生的个性化学习需求，架起了课内外科学教育联接的桥梁，把探究学习引向纵深。周子懿同学的科学部落格《显微镜下的各种发霉现象》发布了通过观察拍摄的上百张显微镜下的霉菌照片，绿茶的发霉、鸡汤的发霉、板蓝根的发霉、大蒜上的霉、白茅根凉茶的发霉、护手霜的发霉……令人大开眼界；韩虡同学的科学部落格《小鸭子观察日志》则呈现了 24 个视频资料，分享了丰富的观察信息；陈芍丹同学在 7 月 3 日至 9 月 18 日之间，不间断地观察、拍摄黄缘闭壳龟的孵化过程，这一组网络日记让人们看到了一个小生命的诞生过程，十分生动；周芷妍同学的记录《窗外的鸟窝》，前后跨时 77 天，在这么长时间里，孩子们静下心来，每天坚持观察记录，这是一种非常重要的科学品质，该日志点击量达 30000 多人次；应乐章同学的研究日记《谁是真正的花》引起了同学和亲友的关注，日记跟帖达到 200 多条，跟帖中有点评、有提问，还有对小应的探究精神的肯定，应乐章同学在解答跟帖问题的过程中进行了更加深入的研究。这些观察活动基于课堂，又超越课堂，我们期待孩子们能做世界的探索者、发现者，期待更多的“小发现”能积累、形成“大发现”。

2. 创新了科学学习的新方式

科学部落格具有探究时空灵活性、信息资源多元性、学习活动探究性、交流分享交互性和学习任务立体性的特点，在这样的超媒体世界里，学生科学学习由固定课堂时间走向项目自由时间，从教室走向网络，从被动走向自主，从个体走向群体，让孩子们学会观察、学会记录、学会分享、学会交流，创新了学生科学学习的方式。

（1）学会观察。

苏霍姆林斯基说过：“观察对于儿童之必不可少，正如阳光、空气、水分对于植物之必不可少一样。”达尔文也认为：“我既没有突出的理解力，也没有过人的机智。只是在觉察那些稍纵即逝的事物并对其进行精细观察的能力上，我可能在普通人之上。”科学部落格活动让孩子们学会关注身边的世界，带着一双会发现的眼睛去观察世界，探索未知，很多孩子围绕一个项目，坚持几个星期甚至几个月的连续观察，这也是观察能力的提升。

（2）学会记录。

科学记录本身就是学生学习科学完整过程的一部分，通过科学记录，学生效仿科学家最重要也最持之以恒的职责——记录数据和发现。科学部落格的记录形式更加多样，绘图记录、照片记录、视频记录、音频记录等都是科学记录方式的一种发展，而基于网络的文本上传、图片上传、视频上传、音频上传等更是对现代技术的应用，用网络日志呈现科学发现则是科学学习方式的创新。

（3）学会分享。

学会分享，是科学研究一种重要的社会行为。很多科学家的科学发现，先会和一定圈子里的科学家群体进行分享交流，聆听意见，再将最后的科学成果分享给大众，这也是科学研究的价值所在。科学部落格的分享，不仅仅是让别人来分享自己的科学发现和成果，还能让别人一起分享探究的情感——快乐和成功，这是一种境界，一种智慧，一种升华。

（4）学会交流。

现代的孩子，特别是独生子女，因为教育环境的缺失，沟通和交流已经是一个重要问题。科学部落格活动，或是留言，或是评论，或是回复，都是一种跨越时空的交流。聚焦一项研究，很多学生自主结成一个个研究的“部落”，共同学习，共同成长。

很多同学在这样的分享交流中找到了学习的成就感，正像《窗外的鸟窝》作者周芷妍同学说的那样：

“随着鸟儿的渐渐长大，我的博文越写越多，我的博客也受到更多人的关注。一位叫‘都市草庐’的博友最先光顾我的博客，他鼓励我说：‘朋友的博文我认真看了一遍，恭喜朋友有这样一个观察的好机会，或许这辈子绝大多数人都不会有这样的经历，朋友可不要放弃这次机遇，认真观察、认真记录，让大家共享。’看了这位叔叔的评论，我获得了一种成就感，觉得自己的行动很有价值。于是我更加认真地记录鸟儿成长的过程。后来有一位退休了的记者爷爷转载了我的博文，并给了我许多建议，还鼓励我继续观察。我的心情非常激动，想不到有这么多人关心我，鼓励我。”

3. 让学习评价变得更好玩

科学部落格将科学学习评价由作业完成变为成果展示，由被动接受变为主动呈现，方式更低碳，信息更全面，评价更多元，受益更广泛。

（1）评价方式更低碳。

传统的学生科学项目评比活动，通常要提供纸质稿，每个评委一式一份，浪费大量的人力物力资源。科学部落格评价活动，无需提交任何纸质材料，一段网址或一个二维码就能呈现学生科学探究的全部信息，在大力倡导节约低碳的时代，这种评价的组织方式更显其价值和意义。

（2）内容呈现更全面。

基于二维码技术的科学部落格

以纸质材料为基本载体的传统学生项目评价活动，内容基本以文字为主，彩色图片印刷价格贵，音频、视频刻录成本高，使用极为不便。而科学部落格可以将更多信息乃至音频、视频、动画充分呈现，信息内容更为全面，“一页平台，无限精彩”。

（3）评价主体更多元。

传统学生科学学习评价，评价主体单一，即便进行类似现场答辩，评委有限，问题也有限。科学部落格不受场地、地域甚至国家的限制，互联网让全球学生的合作成为可能，参评学生需要进行超越时空的答辩，所有的学生、家长、老师及其他网友都是学习者、交流者，同时也是评价者，评价主体更多元。

（4）成果受益更广泛。

传统学生科学活动的分享与传播受局限，一项优秀科学研究成果，基本上就学生本人、指导师和评委得以看见，评比结束了，成果也就自然消失了，这是一种极大的浪费。科学部落格通过网络平台，一段网址或一个二维码，就可以跨越时空，无限分享。学习活动可以同步进行，也可以异步进行，可以实时进行，也可以非实时进行，受益更“嗨”更广泛。因此，它是科学普及的重要途径，是普及科学知识、弘扬科学精神、传播科学思想、倡导科学方法的重要渠道，做好科学部落格活动，有利于在全社会推动形成讲科学、爱科学、学科学、用科学的良好氛围，使创新智慧充分释放，使创新力量充分涌流。

有人说，科学教学有三种境界：第一种境界，是“教知识（teaching knowledge）”；第二种境界，是“教探索（teaching explore）”；第三种境界，不再是“教（teaching）”学生如何探索，而是“支持学生自己去探索（support students to explore themselves）”。科学部落格就是一个支持学生自己去探索的平台。

第二章

怎样做科学部落格

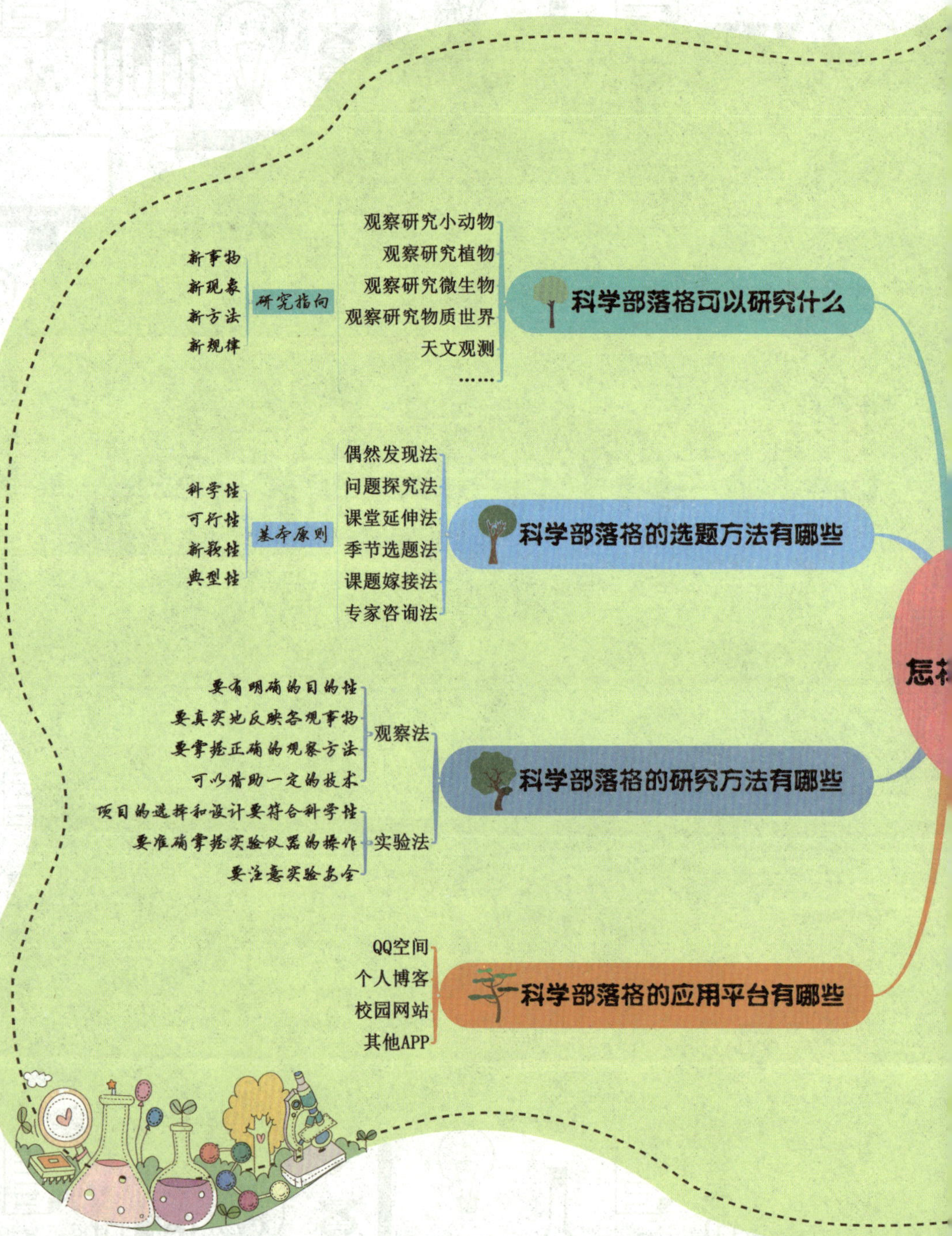

怎
科学部落格可以研究什么
观察研究小动物
观察研究植物
观察研究微生物
观察研究物质世界
天文观测
……
研究指向
新事物
新现象
新方法
新规律
科学部落格的选题方法有哪些
偶然发现法
问题探究法
课堂延伸法
季节选题法
课题嫁接法
专家咨询法
基本原则
科学性
可行性
新颖性
典型性
科学部落格的研究方法有哪些
观察法
要有明确的目的性
要真实地反映客观事物
要掌握正确的观察方法
可以借助一定的技术
实验法
项目的选择和设计要符合科学性
要准确掌握实验仪器的操作
要注意实验安全
科学部落格的应用平台有哪些
QQ空间
个人博客
校园网站
其他APP

学部落格

- 如何确定科学部落格的题目
  - 表述要准确
  - 用词要得体
  - 文字要简洁
  - 方法与路径
    - 多读
    - 多练
    - 多改
- 如何撰写观察日志
  - 单一时间的观察日志
  - 多个时间的观察日志
  - 四要素
    - 标题
    - 前言
    - 正文
    - 结尾
- 如何撰写实验日志
  - 单一主题实验报告
  - 多个主题实验报告
  - 八要素
    - 实验名称
    - 实验目的
    - 实验器材和装置
    - 实验步骤
    - 实验结果
    - 分析和结论
    - 收获和体会
    - 附件材料
- 如何参与科学部落格的互动评论
  - 锦上添花
  - 火眼金睛
  - 指点迷津
  - 勇于提问
  - 抒发情感
- 如何评价科学部落格做的怎样
  - 内容真实
  - 记录详实
  - 观察深度
  - 互动积极
  - 项目首创
  - 有新发现

一、科学部落格可以研究什么

科学部落格活动的第一步，就是要确定研究的对象，考虑研究什么问题，这就是选题。选题的正确与否将直接关系到科学探索研究的成效，有人说，好的选题是成功的一半，可见选题的重要性。

2011~2017 年温州市小学生科学部落格评比选题内容统计发现（见下图），小学生科学部落格选题内容主要有观察小动物、观察植物、观察微生物、实验探究和实践调查五个类别。其中观察植物类日志最多，7 届评比共计 653 篇，占总数的 52.53%；实验探究类日志居第二，7 届评比共计 286 篇，占 23.01%；观察动物类日志共计 240 篇，占 19.31%；实践调查类日志共计 38 篇，占 3.06%；观察微生物类日志最少，共计 26 篇，占 2.09%。

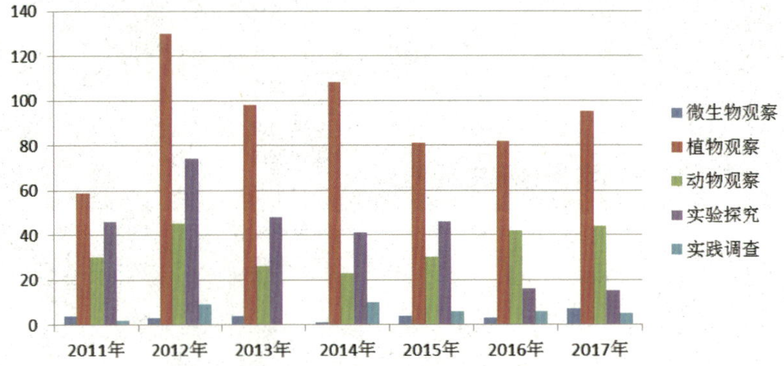

2011~2017 年温州市小学生科学部落格评比选题内容统计

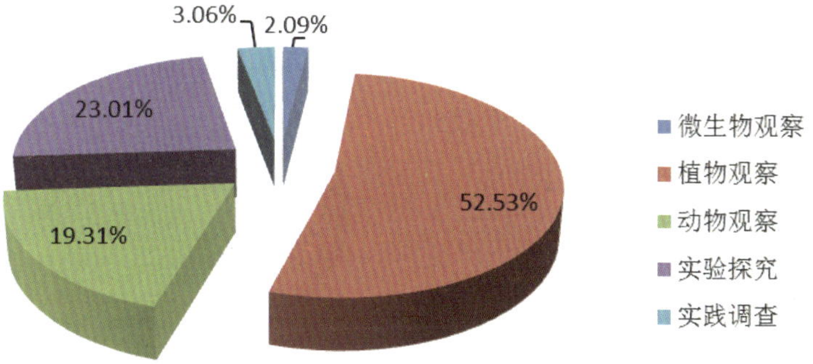

2011~2017 年温州市小学生科学部落格评比选题内容占比汇总

观察植物类优秀日志列举：

凤仙花治疗灰指甲的初步实验观察记录（温州市实验小学　薛涵尹，2017）

植物“圈养”与“放养”的对比实验研究（瓯海区实验小学　郭韫泽，2017）

蜗牛养殖记（温州市籀园小学　伊遥、金逍，2017）

芽菜无土培育观察记（乐清市虹桥镇第一小学　吴昱萱，2016）

葫芦成长记（平阳县昆阳镇练川小学　雷咏，2016）

有趣神奇的紫甘蓝（温州市实验小学　林沐曦，2015）

双线竹芋叶子竖立的研究（瑞安市实验小学　翁谢佳，2014）

水培叶菜的观察研究（温州市实验小学　廖思楠，2013）

含羞草对不同刺激的观察和探究（温州市籀园小学　周奕博，2013）

含羞草之“谜”（温州市广场路小学　任芷乐，2012）

谁是真正的花？（瓯海区实验小学　应乐章，2011）

……

观察动物类优秀日志列举：

“角斗士”锹甲虫的饲养观察日志（瑞安市塘下镇中心小学　倪敬哲，2017）

揭开魔法鱼的神秘面纱（温州市蒲鞋市小学　黄靖雅，2017）

滩涂上的“小精灵”——飞云江招潮蟹习性观察日志（瑞安市安阳实验小学　吴泓译，2017）

半月斗鱼成长记（温州市广场路小学　彭子倩，2017）

“王八”VS“海归”——乌龟与巴西龟的观察比较（瓯海区实验小学、高炯宇，2016）

独角仙观察日记（龙湾区永中第二小学　章晗奕，2014）

太空小鱼——深海红龙成长记（温州市蒲鞋市小学　董欣然，2013）

黄缘闭壳龟孵化过程观察日记（洞头县实验小学　陈芍丹，2011）

……

观察微生物类优秀日志列举：

食用菇家庭种植的观察研究（温州市实验小学　金暄皓，2016）

显微镜下，夏天各种发霉现象的观察（温州市黄龙第一小学　周子懿，2012）

关于发霉的观察与实验（温州市百里路小学　徐艺珂，2011）

……

在生命科学领域观察活动中，观察植物最多，观察小动物次之，观察微生物最少。问卷调查发现，这是因为小学生身边的植物资源易找，观察方式以静态观察为主，观察条件与技术简单，因此选题最多；小学生对观察小动物也比较感兴趣，但相对植物的静态观察而言，动物类的动态观察，在观察条件与技术上都有着更高要求；微生物观察由于观察资源少，而且一般需要借助一定的观察仪器，对观察的条件和技术要求较高，所以参与研究的学生占比最小。

由此可见，学生科学部落格选题，要从观察资源、观察条件和观察技术三方面给予考虑。有合适的观察资源，科学部落格活动才不会成为“无米之炊”；要准备相应的观察工具和条件，如在家庭实验室中添置一些放大镜、显微镜等常用工具，科学部落格活动才会“如虎添翼”；要学习基本的观察技术和方法，比如如何进行动态观察，如何使用放大镜、显微镜，观察到的现象与数据如何生成图示、图表，观察结果如何分析等，只有这样，科学部落格活动才会“事半功倍”。

科学部落格活动以科学观察为主要方法，包括自然观察和实验观察。在选题上，要关注对微小世界的探索，如用显微镜来观察生物，看看植物表皮细胞，观察昆虫的口器，观察放大世界下的矿物质……将微小世界放大，观察物镜下的微观世界，你将发现不一样的乐趣。

另外，要时常“仰望星空”，关注对天文世界的探索。因为除了我们眼前所能见到的太阳、月亮、明亮的星辰，在肉眼

甚至望远镜所能识别的范围之外，浩瀚的宇宙、神秘的星辰里还有更多的奇迹正在发生着，宇宙还有很多的秘密，等待着我们去发现。

二、科学部落格的选题方法有哪些

正如爱因斯坦所说：“提出一个问题往往比解决一个问题更重要，因为解决问题也许仅是一个数学上的或实验上的技能而已，而提出新的问题，新的可能性，从新的角度去看旧的问题，却需要创造性的想象力，而且标志着科学的真正进步。”这就要求我们要具备广博的知识、敏锐的洞察力、丰富的联想力

和深刻的思维力。如何进行科学部落格选题，下面介绍几种常见的选题方法，供大家参考。

（一）偶然发现法

在科学史上，很多重大发现都来自偶然。17 世纪，英国著名化学家波义耳在女友去世后，一直把女友最爱的紫罗兰花带在身边。在一次紧张的实验中，放在实验室内的紫罗兰，被溅上了浓盐酸，波义耳急忙用水对冒烟的紫罗兰进行了冲洗，然后插在花瓶中。过了一会儿，波义耳发现深紫色的紫罗兰变成了红色的，波义耳立即敏感地意识到紫罗兰中有一种成分遇盐酸会变红。那么，这种物质到底是什么？别的植物会不会有同样的物质？别的酸对这种物质会有什么样的反应？这对化学研究有什么样的意义？这一奇怪的现象以及一连串的问题，促使他进行了许多花木与酸碱相互作用的实验，由此他发现了大部分花草受酸或碱作用都能改变颜色，其中以石蕊地衣中提取的紫色浸液最明显，它遇酸变成红色，遇碱变成蓝色。利用这一特点，波义耳用石蕊浸液把纸浸透，然后烤干，这就制成了实验中常用的酸碱试纸——石蕊试纸。在以后的三百多年间，这种试纸一直被广泛应用于化学实验中。

2017 年 9 月，著名昆虫学家赵力老师新发现了世界最长昆虫——中国巨竹节虫，这一发现的过程也是一次的“不期而遇”。那天赵力老师用相机拍摄灯光诱惑来的各种昆虫直到凌晨，正准备收拾设备离开的时候，突然发现远处路面上一个长长的黑影摇摇晃晃地向灯光移动，像是一段树枝，被风刮着在路面上漂移。可当他定睛一看，发现那个黑影移动的方向和路面被风吹动的落叶明显是相反的，于是他好奇地走了过去，

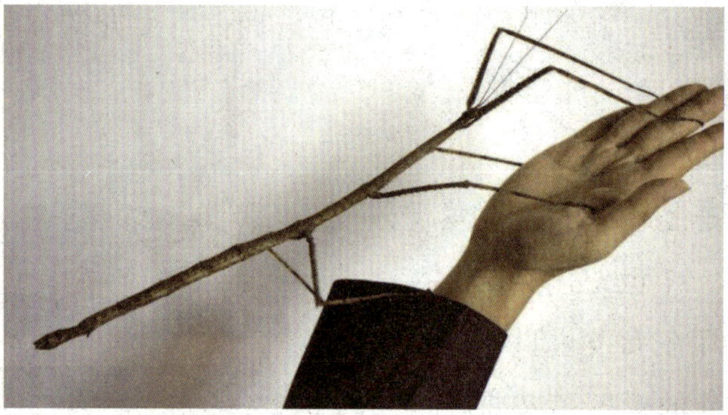

发现了一只仿佛来自外星的巨大昆虫，它的身体长度竟长达 36.1 厘米，包括足全长超过 62.4 厘米。这可比馆藏于伦敦自然历史博物馆的世界最长的陈氏竹节虫（学名 Phobaeticus chan's）全长还要长 5.7 厘米，而身体则比前者长 0.4 厘米。就这样，赵力老师发现了目前世界上未发现的昆虫新种，刷新了世界上已经被人类发现的 807625 种昆虫中的最长纪录，轰动世界。

华罗庚曾说过：“科学的灵感，绝不是坐等可以等来的。如果说，科学上的发现有什么偶然的机遇的话，那么这种偶然的机遇只能给那些学有素养的人，给那些善于独立思考的人，给那些具有锲而不舍精神的人，而不会给懒汉。”在日常生活中，我们常常会遇见一些偶然的现象。如果不去思考，偶然的发现就会滑过去，什么结果也没有。如果我们善于发现，勇于探究，那就可能有新的科学发现。

2011 年暑假，小周同学放学回家，走到窗前给昙花浇水时，她惊喜地发现在两个花盆之间有一个棕色的鸟窝，转头看看花盆，发现盆中的泥土只剩下三分之二了，多半都被那鸟儿衔去筑巢了。而筑巢的鸟儿到底是何方神圣？它们有哪些特点？它们有着怎样的习性？在接下来长达 2 个多月的时间里，小周同学每天坚持观察拍照，上传博文，记录两只乌鸫的筑巢、生蛋、孵卵的过程，还记录了小乌鸫破壳而出的精彩瞬间，甚至还记录了乌鸫长大离巢的过程。其中的不少发现令人大开眼界，该博文在新浪博客点击量30000多。（详见第四章“科学部落格案例评析”）

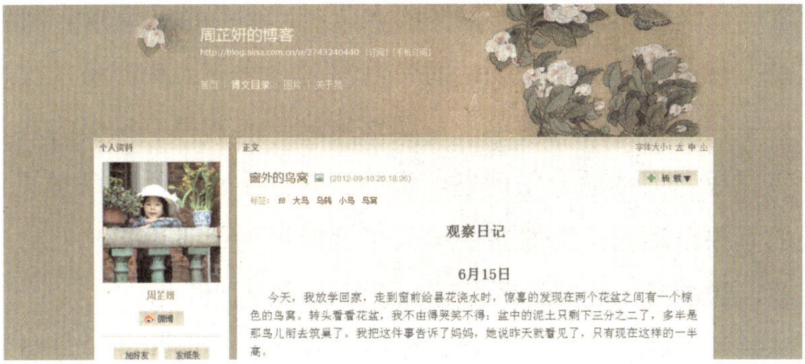

小应同学在登温州大罗山的途中偶遇“杨梅花”，“杨梅花”花中开花，到底哪部分是真正的花呢？这一问题深深吸引了小应同学，在接下来的三个月里，他不断对它进行观察研究，不断有新发现：在解剖“杨梅花”后，揭开了它“花中开花”之谜；在简易显微镜的帮助下，看到了“杨梅花”的花粉，明白了为什么刚开出的小花是黄色，后来变成白色；在访问养花工人后，了解到不能给它施复合肥，否则会烧根致死；通过实验室里的对比实验，发现了“杨梅花”居然能让面包腐烂得更快，与原来认为的“它的花期长会有保鲜功能”截然不同。在“杨梅花”的研究中，小应同学在大自然中找到花序大家族里的好多成员：穗状花序（鸡冠花）、圆锥花序（狗尾草）、肉穗花序（玉米）、头状花序（蒲公英）……学到了很多植物学的知识。

（二）问题探究法

有道是：聪明的人会说，精明的人善听，高明的人善问。科学研究的前提是发现问题、提出问题，而带着问题思考的人更容易发现科学的秘密。如牛顿看到了树上的苹果自动落地这一人们司空见惯的现象，由于他一直在思考天体动力学问题，进而突然产生创造性的联想灵感——由树上的苹果自动落地而联想到苹果离开树后为什么不向相反的方向运动的问题，经过深入的探索研究后，他发现了万有引力。

在科学探究的过程中，我们也要善于发现和提出问题。可爱的含羞草每次会“害羞”多久？它是每天“睡觉”吗？它每天几点钟“睡觉“呢？“睡着”需要多久呢？每天“睡着”的时候环境是怎样的呢？含羞草“睡觉”与光线有关吗？含羞草“睡觉”与温度有关吗？“睡着”的含羞草如何“醒来”？“醒着”的含羞草如何让它“入睡”？小任同学在暑期里花了 20 天时间，对养在自家阳台的一盆含羞草进行了多方面科学探索，以问题为线索一步一步展开研究，进行记录。她将每一步问题的提出、研究过程的记录和观察的结果发现，都图文并茂地展现在自己的网络空间里，和同学、朋友一起分享、交流。在与大家交流的过程中，她不断调整、改进研究方法。这样的观察研究活动给她带来极大的收获，正如她自己所言：“科学真奇妙，我要继续去探寻！”（详情见第四章“科学部落格案例评析”）

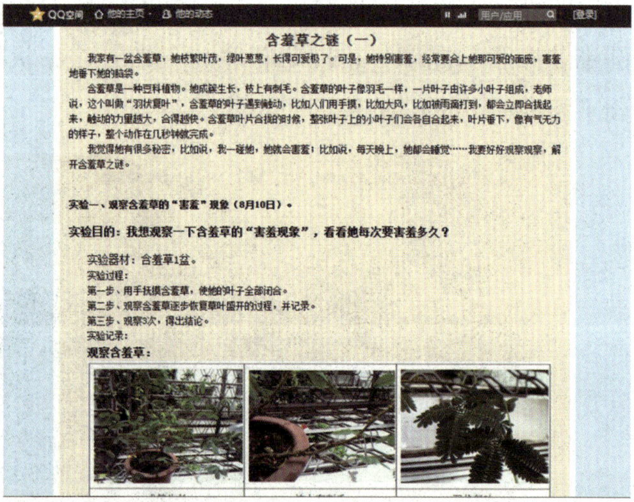

日常生活和学习中，你肯定也会有一

些感兴趣的问题，比如，你家周围有哪些植物？它们都开花吗？它们何时开花？它们的果实和种子是怎样的？哪些昆虫靠它们过活？它们的叶子什么时候脱落？它们的种子是怎样“安家落户”的？你家周围生活着哪些动物？它们是如何生长繁殖的？动物们是如何获取食物的？不同的动物对食物分别有什么特别的偏好？在连续的两个月内，天上的月亮形状发生了怎样的变化？每天里，月亮何时升起，何时落下？它在天空的运行轨迹是怎样的？月亮的阴晴圆缺是否会对动植物产生影响？……你能不能从这些问题开始科学观察研究活动呢？

（三）课堂延伸法

在现行的科学教材中，就有很多的主题观察活动，由于课内时间有限，不少学习活动难以完成，如种植凤仙花、饲养蚕宝宝等活动，就非常适合回家继续探究，边观察边记录，用科学部落格进行分享交流。另外，科学课上还有很多值得进一步观察探究的内容，也可以用科学部落格活动加以落实，如对蜗牛的观察。在课堂上，我们可以观察到蜗牛的身体结构，蜗牛是怎样运动的，用棉签触碰蜗牛观察它的应激反应等，但是蜗牛还有很多的特点课堂上是难以发现的，如蜗牛如何繁殖，如何产卵，如何孵化，是怎样长大的……对这些探究内容进行有效地整合，也可以成为撰写科学部落格的课题。

举个例子，三年级科学课上，我们认识了蚂蚁，知道蚂蚁是一种昆虫，蚂蚁的身体分成头、胸、腹三个部分，头上长有触角，胸部长有6只脚，观察蚂蚁的运动和应激反应等。蚂蚁还有哪些秘密呢？作为生命体，蚂蚁是如何繁殖的？如何孵化的？如何成长的？如何衰老的？如何吃食的？如何排泄的？……这些问题在科学课上根本无法找到答案。小倪同学利用暑期进行“小蚂蚁，大研究”行动，通过近两个月的观察，他发现：原来，小小的蚂蚁真的是个大大的世界，这么有趣，这么不可思议！他感慨：原来许多习以为常的地方，真的藏匿着很多不为人知的秘密，而我们却常常忽略了。（详见第四章“科学部落格案例评析”）

除了将课内探究主题进行延伸外，我们还可以依据各年级科学课程内容的特点，结合自己已经获得的知识和已经掌握的科学技能进行课外科学探究活动的延伸，充分挖掘与课堂学习横向和纵向相关的探究主题。例如三年级我们观察研究过植物和动物，也种植过植物，饲养过小动物，了解了植物和动物的生命周期。在这样的基础上，我们可以选择相似的植物和小动物进行观察探究，比如在研究了凤仙花的生命周期之后，我们可以选择含羞草、向日葵等进行观察研究；在研究了蚕宝宝的生命周期后，我们可以再研究蝴蝶、蜻蜓等昆虫的生命周期。

另外，在实际科学课堂学习中，经常出现一些实验现象和结果与书本结论不一致的问题，这样的问题留待课后继续探究，用科学部落格分享交流，不仅能使知识得到补充和延伸，而且能为大家提供创造性思维萌发的土壤和能力展现的舞台。例如，《磁力大小会变化吗》一课，教材呈现相互吸引的磁铁数量增加（在一定范围内）磁力会增加，但实际操作中，很多同学都发现并不是所有磁铁都有这样的规律，不同形状的磁铁磁力大小变化的规律可能会不同。那么研究“磁铁数量增加，磁力大小会怎样变化”就可以作为一个课题开展研究了。

（四）季节选题法

或许，变幻的四季就是一个不间断的观察日志最显著、最可行的主题，春、夏、秋、冬，在每个时期，可以观察、记录的自然事物不胜枚举。下面的表格，可以帮助我们了解在不同季节里应该关注、聚焦哪些问题，哪些变化。

季节性观察主题参考

	动物	植物	其他
春	（1）观察寻找从北方赶来的鸟类，如燕子、黄莺等的主要活动； （2）观察蝴蝶、蚯蚓、青蛙、蟾蜍等在春天的活动； ……	（1）寻找第一批绽放的花； （2）观察记录第一次看到的树木发芽； （3）观察春季盛开的常见花卉：金盏菊、虞美人、郁金香、花毛茛、风信子、水仙等； （4）按海拔的高低顺序记录先后发芽、开花的植物； ……	（1）记录温暖天气和寒冷天气的变化轨迹； （2）在泥浆里寻找动物的脚印； ……
夏	（1）夏季是青蛙、蟾蜍、乌龟、蜘蛛、蚯蚓等动物的生育高峰，观察记录它们的生命活动； （2）观察研究夜间活动的各种动物：蟋蟀、猫头鹰、老鼠等； ……	（1）记录野外各种植物的生长情况； （2）开辟一个种植园，种植并观察记录植物的生长； （3）观察夏季盛开的常见花卉：凤仙花、金鱼草、荷花、火星花、芍药、石竹等； ……	（1）观察天气变化； （2）观察记录月相； （3）观察星空； ……
秋	观察各种动物的活动变化、过冬准备和南迁现象。如候鸟迁徙、蝴蝶迁徙、蜻蜓迁徙，蜘蛛、潮虫等向黑暗的地方迁徙，研究蟋蟀、蝉、蚱蜢的叫声变化。 ……	（1）观察秋季开花的常见花卉，如一串红、万寿菊、石蒜、翠菊、大丽花等； （2）观察植物的叶子变色现象、落叶现象； （3）观察植物的果实和种子； ……	（1）观察天气变化； （2）观察记录月相； （3）观察云； （4）观察落日； ……
冬	探究不冬眠的动物，如哪些动物不冬眠？在哪能找到不冬眠的动物？不冬眠的动物吃什么？ ……	（1）观察冬天开花的植物，如腊梅等； （2）观察落叶树的树干、落叶； （3）观察研究常绿植物； ……	（1）观察天气变化； （2）观察雪花； ……

当然，这只是个提示，也许很快你会发现你所处的地域环境有自己的不同特点。由于我国地域辽阔，各地的四季特征都各有不同，动植物也完全不同，世界范围则更为多样化。

（五）发散思维法

一个小朋友回家告诉爸爸，苹果切开后里面有星星，爸爸怎么也不相信。小朋友没有按照常规的切法，而是把苹果横放着，拦腰直接切下去，真的，从横切面看，苹果核就像一个清晰的五角星。

我们平时不知吃过多少苹果，但总是规规矩矩地按照纵切的方法把它们一切两半，却从未想过里面还会有其他的图案！而横切苹果，就是一种发散思维，就是一种创新做法。正所谓“横看成岭侧成峰，远近高低各不同”，不同的角度观察事物，观察到的结果往往是不一样的，换一个角度，也许就会有新发现。科学部落格的选题尤其需要这样的发散思维，能向上下左右四面八方想开去。正确把握发散思维，一是在思维过程中善于排除干扰，二是要触类旁通、闻一知十，三是要具有超常的独特见解、不人云亦云。

（六）课题嫁接法

课题嫁接，即从别人的研究中再选题。翻阅各年度小学生科学部落格获奖项目的选题，凡是能获奖的，都在某一个方面有值得学习借鉴的地方。纵观这些项目，有些领域的研究已经有一定的深度，而有些领域的研究还刚刚开始乃至基本空白，不妨就此展开你的观察探索活动。如，2011 年温州市实验小学金思彤同学进行了含羞草的观察研究，后来围绕这个主题，有几十篇的关于含羞草的科学部落格，从各个方面、各个角度，对含羞草展开后续观察研究活动。

（七）专家咨询法

如果的确想不出要研究的课题，我们还可以向有关科学老师、专家请教，他们经验丰富，知识渊博，熟悉科学部落格的研究现状与前沿信息，向他们请教，我们将获得很多启迪，从而找到自己可以研究的、有价值的科学部落格课题。

不管用怎样的方法进行科学部落格选题，都应该符合以下基本要求：

（1）选题要有科学性。所选课题必须有科学依据，能基于实证，基于数据进行观察实验研究，能通过信息分析和逻辑推理获得一定的观察结论。另外，研究的问题，要有正确的导向和思想教育，避免出现伤害动物、伤害自己、破坏环境，甚至暴力等不良行为。

（2）选题要有可行性。科学部落格活动在课外进行中，必然会受到各种因素的制约，应该充分考虑实施时的可行性。一要看自己已有的知识结构和水平能不能达到课题实施的要求。如“低温低湿的天气下阻燃塑料继电器外壳耐冲击力的实验研究”，这种选题就大大超出小学生的科学研究能力范围，最后只能由成人包办。二要看是否具备完成活动的条件，如本区域的气候条件，实验材料获得，父母是否支持等。

（3）选题要有新颖性。要体现观点新、论据新和视角新，如果能选择尚未被发现且具有重要意义的对象进行观察，能指向对未知世界的探索，或对自然规律的新发现，那就是一个极有意义的选题。如，“基于尿不湿的种植实验探究”（2017），该研究旨在充分利用尿不湿，变废为宝，通过对比实验探究明确了尿不湿种植植物的可行性，“采撷尿包精华，助力油菜抗旱”，就是这项研究的实用价值。而相关文献研究表明，全世界目前仅有一项类似研究（墨西哥科学家利用尿不湿种植专门喂牛的蘑菇，2014），因此，这样的研究就很有创新性和现实意义。

（4）选题要有典型性。选题切口要小，研究要聚焦，不要泛泛而谈。有一篇实验日志题为《探秘“三叶草”》，它的研究方案是这样设计的：

(一) 研究光照对紫色三叶草叶子张合的影响。

1. 研究夜间台灯照射，紫色三叶草的叶子会不会张开。

2. 研究不同瓦数台灯的照射，紫色三叶草的叶子张开的时间。

3. 叶子张开的紫色三叶草，在台灯移走后会不会合拢以及合拢的时间。

(二) 研究盐的不同浓度对三叶草发芽率的影响。

1. 配制不同浓度的盐水，观察其对三叶草种子的发芽率的影响。

2. 移植已发芽的种子，用配置的不同浓度的盐水浇灌，观察植株生长状况。

(三) 研究遮光不同的三叶草植物气孔的张合状况。

这样的研究不聚焦，重点不突出，实验（二）与其他两个实验没有任何联系。要缩小研究切口，聚焦研究主题，“光照对紫色三叶草叶子张合的影响”或“遮光不同的三叶草植物气孔的张合状况研究”，都是不错的主题，可选择其一进行深度研究。

总之，只有通过不断实践、认识、再实践、再认识，才能使自己的知识更广博，观察能力更敏锐，联想能力更丰富，科学部落格的选题才会更具科学性、可行性、新颖性、典型性和创造性。

三、科学部落格的研究方法有哪些

小学生科学部落格活动强调亲历科学实践过程，获取真实、可靠的第一手材料。观察和实验是收集科学事实、获取事实材料的基本途径，是科学实践的主要手段，也是形成论点的实践基础。

（一）观察法

观察法是指观察者根据一定的研究目的、研究思路，用自己的感官和辅助工具去直接观察被研究对象，从而获得具体信息资料的一种方法。观察不同于一般的感觉或观看。首先，在于它是有目的、有选择、积极主动的反映过程，常同积极的思维相结合；其次，观察要求全面地把握被观察对象的各种属性，常要借助一定的手段、方法和技巧，按既定的要求进行。

英国物理学家、化学家，也是著名的自学成才的科学家法拉第曾说过，“没有观察，就没有科学，科学的发现和发明诞生于仔细的观察之中”，可见观察的重要性。那么，运用观察法开展科学部落格研究活动，具体有哪些要求呢？

1. 观察要有明确的目的性

科学部落格活动中的观察，都是为了完成特定的任务，围绕一定的目的进行的。青少年学生由于年龄特点，自制力弱，注意力稳定性差，观察活动往往容易漫无边际，漫不经心，注意力容易被转移，混淆观察的事物与背景的界限，这样就不能获得预期的效果。因此，科学部落格的观察活动，首先必须明确目的和要求，只有目的明确，观察才有方向和重点，只有明确每一个观察活动和主题的关系，制订合理的观察计划，才能收获良好的效果。

2. 观察要真实地反映客观事物

观察法最根本的要求就是真实，也就是说要实事求是地反映客观事物。胡适说："有几分证据讲几分话，有七分证据不说八分话。"这就是强调科学观察研究要实事求是。实事求是首先是要坚持观察的客观性，观察者要对事实负责，有就是有，无就是无，不能无中生有，也不能指有为无，尤其要防止预先抱有成见而对客观事物造成的歪曲和偏见。其次，要注意观察的全面性，即要多层次、多角度地审视观察对象，切忌把局部当成整体，一叶障目，由片面性导致"盲人摸象"的错误。再次，观察要及时记录，记录内容要详细、准确，及时记录就是对科学事实的尊重。

3. 观察要掌握正确的方法

正确的方法是有效观察的重要基础，只有掌握正确的观察方法，才能让每一项观察活动有条不紊地进行。观察方法包括：

（1）方位观察法，即按一定顺序进行观察，对于要观察的事物，可以从整体到局部，或从上到下，或从左到右，或由表及里进行观察。

（2）主次观察法，先分清哪些是主要的或主体的事物，哪些是次要的或陪衬的事物，然后从主到次、从大到小进行有次序地观察。

（3）时序观察法，即按时间先后次序对事物进行有目的的观察，例如早晨、中午、傍晚，或春、夏、秋、冬，或每隔一段固定的时间进行一次观察活动。

（4）周期观察法，这是一种常用于研究动植物生长过程的观察方法，如对一种植物，从它的发芽、长叶、开花、结果等过程进行一系列的观察，再如对一种昆虫，从卵、幼虫、蛹、成虫的过程进行的一系列的观察。

（5）动态观察法，这是专用于动态对象的即时观察方法。观察时，不仅要注意它的形状、大小、位置，而且要随时随地注意它的变化与活动。

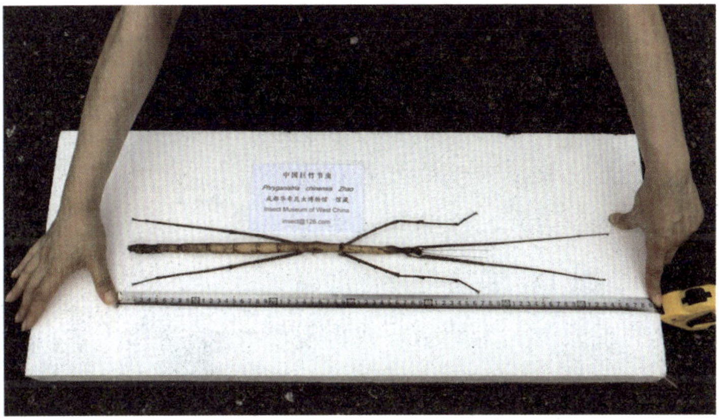

用尺子测量中国巨竹节虫的长度

4. 观察可以借助一定的技术

观察一般利用眼睛、耳朵等感觉器官去感知观察对象。由于人的感觉器官具有一定的局限性，观察者往往要借助各种现代化的仪器和手段，如放大镜、显微镜、照相机、录音机、显微录像机等来辅助观察，技术的使用将大大方便我们的观察（常用工具的使用详见第三章“科学部落格的技术支持”）。

（二）实验法

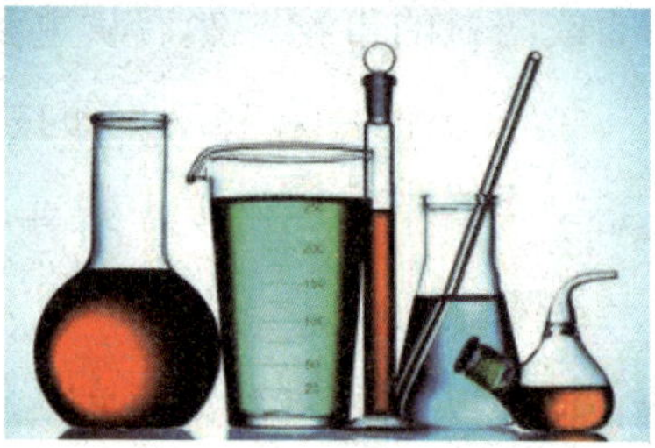

实验法是指人们根据研究的目的，借助一定的仪器或设备，人为地控制、干预或模拟自然现象，使研究对象在有利于观察的条件下发生或重演，从而获得科学知识，探索自然事物规律的一种研究方法。

实验法和观察法一起，是人们获取自然信息、发现科学规律的基本手段。正如伊万·彼得罗维奇·巴甫洛夫所说："观察是收集自然现象所提供的东西，而实验则是从自然现象中提取它所需要的东西。"实验法与观察法相比，更有其优越性。首先，实验既可以对自然现象和自然过程进行简化，又可以进行强化，实验者可以采取各种措施，排除自然过程中各种偶然的或其他无关因素的干扰，去除各种假象的蒙蔽，把现象的本质从非本质的背景中凸显出来，方便研究者对研究对象的正确把握。其次，实验法还能使在自然条件下难以出现，或者即使出现也不易被观测到的现象，人为地引发或再现出来，使它处于容易观察的条件下，从而强化研究对象的特点。

实验法的一般步骤：①发现并提出问题；②搜集与问题相关的信息；③作出假设；④设计实验方案；⑤实施实验并记录；⑥分析实验现象；⑦得出结论；⑧表达与交流等。

运用实验法开展科学部落格研究活动，具体有哪些要求呢？

第一，实验项目的选择和设计要符合科学性。也就是说，要使实验项目的设计严格遵循一定的科学原理，要分析各种因素在实验过程中所起的作用，设想并排除那些可能存在的干扰因素的影响，以保证实验结果的准确性。

第二，要准确掌握实验仪器的操作。为确保操作技术的准确无误，要充分做好实验的准备工作，要逐一熟悉各种仪器的性能、使用方法和安全注意事项。一切准备就绪方能开始实验。

第三，要注意实验安全。在实验室工作时，任何时候都要穿着实验服，不能用手直接拿药品，不能直接把鼻孔凑近容器口去闻气味，不得品尝任何药品的味道，一些实验还需佩戴专用的护目镜。

案例：科学家怎样做研究

关于记忆你了解多少

沈义栋

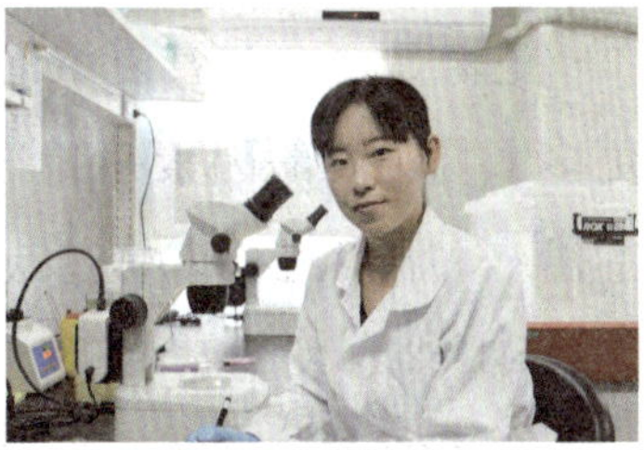

宋梦娇

★ 看一看，想一想

温暖的阳光透过教室窗户照在你身上的时候，是不是让你昏昏欲睡？当你迷迷糊糊的时候，用冷水洗把脸会不会突然清醒？温度会不会影响你的学习效率？

中国科学院生物化学与细胞生物学研究所的生物学家沈义栋研究员和他的助手

宋梦娇主要从事衰老和相关疾病的研究。人类在步入老年的过程中，记忆能力会慢慢减退。他们想了解更多关于记忆是如何运作的知识。生活中一些常见的现象给了他们灵感，他们认为，通过研究温度对人的影响，也许能揭示一些关于学习和记忆的奥秘。

科学家做什么

温度如同空气一样，虽然看不见、摸不着，却时刻影响着每个人。尽管我们是恒温动物，但我们的体温其实一直处于细微的波动中。夏天闷热的天气让我们心烦意乱，这时，吹一吹冷风能一扫疲倦，让我们瞬间神清气爽。冬天寒冷的天气让我们不想动弹，只有回到温暖的房间里才能恢复活力。仔细想想，学校是不是也因为这个原因，才会放“寒暑假”而不是“春秋假”呢？

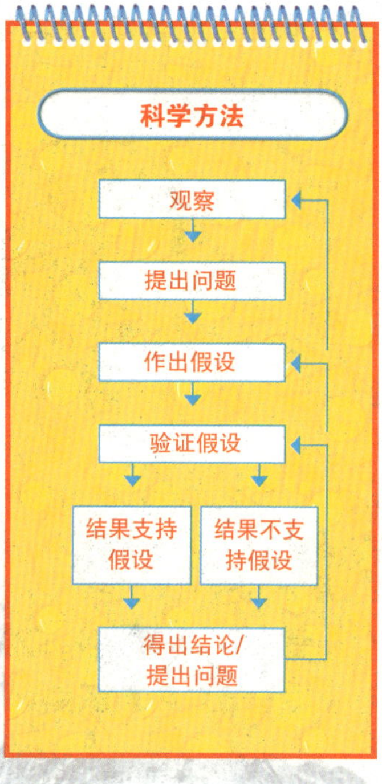

人在进行体力和脑力活动时，会产生大量热量，沈义栋就很喜欢喝冰水，这能让他在紧张的工作中集中精神。对此，他提出了一个问题：温度是否会影响人类学习和记忆的能力呢？宋梦娇说：“这很有意思，我很想知道下次考试前是应该找一个凉爽的地方喝着冰镇果汁复习，还是应该晒着太阳或待在吹着热气的空调旁复习。”

记忆是一个非常复杂的过程，沈义栋和宋梦娇运用科学方法了解了更多影响记忆的因素并提出了这样的假设：人类的记忆需要一个最适宜的温度，温度过高或者过低都不利于记忆。

科学家怎样验证假设

人类的大脑活动非常复杂。在研究人类的大脑活动前，科学家会先

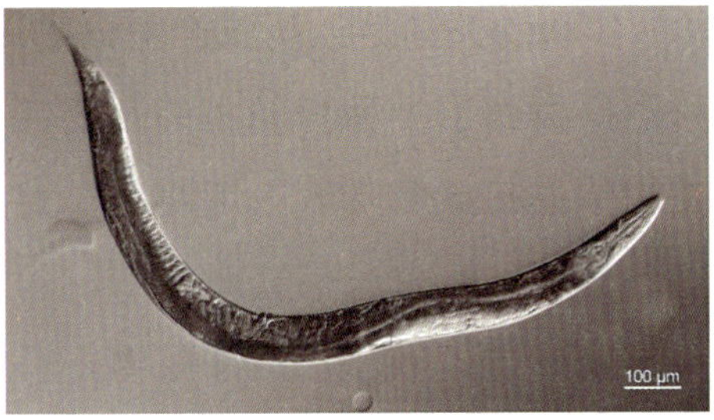

显微镜下的线虫

选择与人类拥有相似生理功能的低等生物的大脑进行研究。秀丽隐杆线虫（以下简称“线虫”）是一种多细胞无脊椎动物，它拥有初级、简单的神经系统，具备基础的认知能力。线虫对温度非常敏感，它们最适宜的生长温度为20℃。当温度升高或降低5℃时，其寿命可能缩短或延长近10天。沈义栋决定以它们作为研究对象来设计实验。

宋梦娇首先要在最适宜的温度下将线虫培养为成虫，以确保温度对发育因素的影响不会干扰到本次实验。这是因为科学家通常要保证除了研究因素以外的其他因素都保持不变。接着，宋梦娇会把这些线虫平均分成三份，分别在低温（15℃）、最适宜温度（20℃）和高温（25℃）三个温度条件下完成接下来的实验。

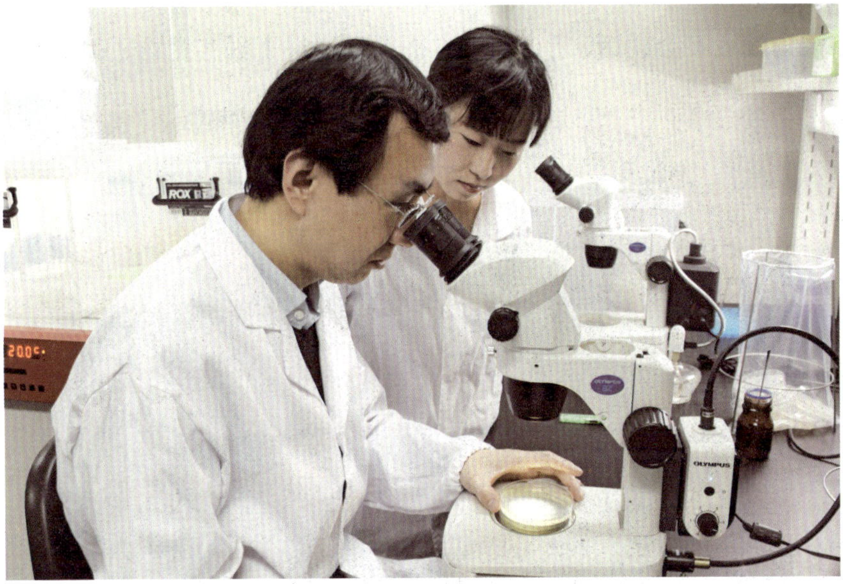

沈义栋和宋梦娇正在观察线虫

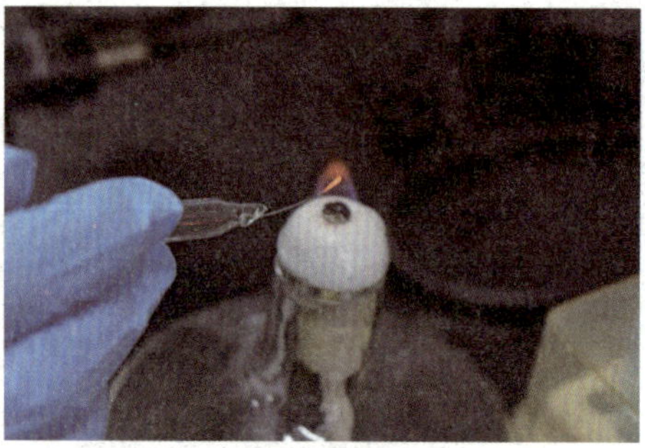

宋梦娇正在对实验仪器进行高温消毒

实验的关键是让线虫产生记忆。科学家找到了一种和线虫的食物味道相似的化学物质——丁酮。在自然条件下，线虫虽然喜欢丁酮，但并不会把它当成真正的食物。科学家把丁酮涂抹于培养皿盖子的内侧，让线虫一边吃着食物一边闻着丁酮的气味，持续半小时。这个过程是让线虫熟悉丁酮的气味。当线虫熟悉了丁酮的气味后，再让它们饿半个小时。在这个过程中，不给线虫提供任何食物和丁酮。反复 7 次后，线虫就会记得，有丁酮气味的地方就会有食物，而没有丁酮气味则意味着没有食物。接着，这样的训练会中断 1 天。沈义栋和宋梦娇只需要观察在没有食物的环境下，当线虫再次闻到丁酮气味时是否会记得丁酮和食物之间的联系，就能判断它们是否记住了训练的内容。

因为线虫不会说话，所以检测它们是否记得丁酮和食物之间的联系，

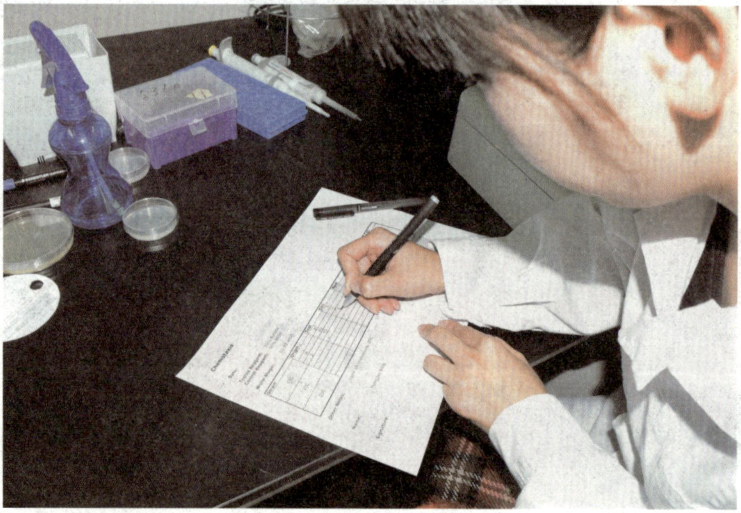

宋梦娇正在记录数据

要看它们是否会爬向丁酮的方向，就像人类饥饿时都会被食物的香味吸引一样。这时，宋梦娇需要事先准备一块画了起点圈、加丁酮的测试圈和加乙醇（俗称酒精）的对照圈的圆形琼脂板，测试圈和对照圈内都添加了可以让线虫爬进圈里就无法行动的麻醉剂。生物学实验中经常用到对照，来判断实验因素是否发生作用。本实验中的乙醇同样有气味，但是和食物无关，可以很好地验证丁酮对线虫是否产生吸引。

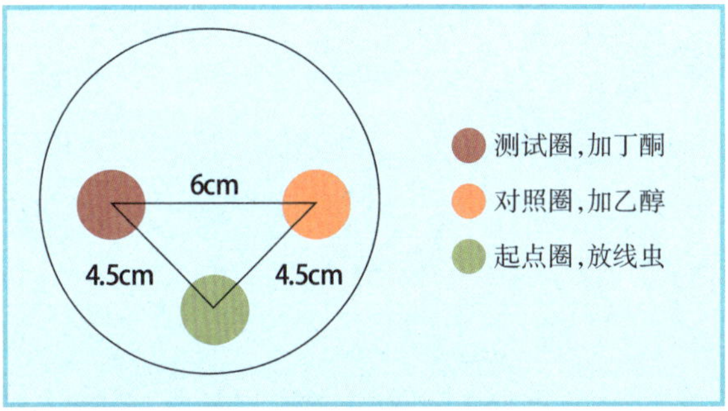

实验中所用的圆形琼脂板示意图

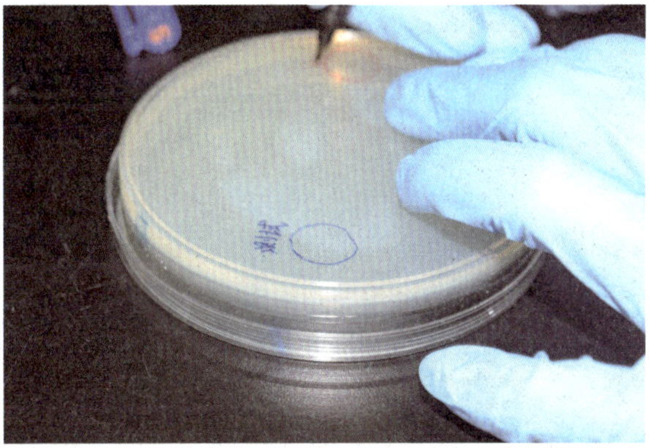

宋梦娇正在准备圆形琼脂板

科学家怎样分析数据

在这个实验中，宋梦娇想要获得的数据是未经训练以及中断训练 1 天后线虫爬向丁酮的比例。她需要把线虫放在起点圈里，待线虫自由爬行 1 小时后，记录起点圈、测试圈、对照圈和剩下其他区域内线虫的数量，就能按照趋向性计算公式算出线虫选择爬向丁酮的比例。

$$趋向性(CI)=\frac{测试圈中线虫数-对照圈中线虫数}{线虫总数-起点圈中线虫数}$$

下面是 2 次实验收集到的数据。

用未经训练的线虫进行实验时收集到的数据

温度	起点圈	丁酮圈	乙醇圈	其他	趋向性（CI）	平均值
15℃	5	89	17	18	0.581	0.555
	4	58	12	17	0.529	
20℃	4	31	7	13	0.471	0.474
	0	28	7	9	0.477	
25℃	8	60	13	14	0.540	0.490
	5	62	19	17	0.439	

用中断训练 1 天后的线虫进行实验时收集到的数据

温度	起点圈	丁酮圈	乙醇圈	其他	趋向性（CI）	平均值
15℃	2	163	12	37	0.712	0.606
	1	65	13	26	0.500	
20℃	1	68	0	13	0.840	0.805
	1	52	2	11	0.769	
25℃	6	74	10	31	0.557	0.422
	8	42	16	33	0.286	

接下来，宋梦娇需要将 2 次实验中中断训练 1 天后线虫的 CI 平均值与未经训练的线虫的 CI 平均值进行比较，从而计算出线虫的长期记忆指数，以进一步明确不同温度下线虫记忆能力的改变情况。

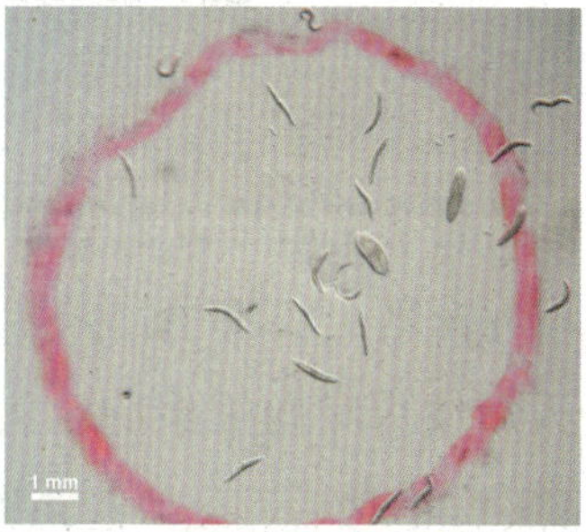

测试圈中的线虫

长期记忆指数（Long Term Memory Index）

= CI 中断训练 1 天后 − CI 未经训练

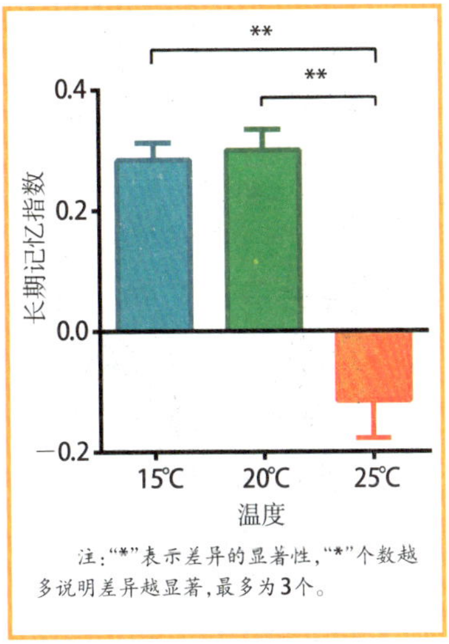

不同温度下线虫的长期记忆指数

这些数据表明了什么？当温度较低时，线虫的记忆能力并没有太大改变；但当温度偏高时，选择丁酮的线虫比例减少了，甚至比未经训练的线虫还要少！这说明高温不仅使线虫的记忆能力变差了，甚至可能扰乱了记忆，让它们变得不再喜欢丁酮。沈义栋和宋梦娇需要重新检查他们的实验过程，查看是不是有其他因素影响了实验结果。如果有的话，他们必须修改实验步骤，重新实验。

科学家怎样得出结论

沈义栋和宋梦娇仔细检查和记录了他们的实验过程，现在，沈义栋可以判断他们得到的数据是否支持他们的假设。温度会影响线虫的记忆吗？低温并不会影响记忆，而高温不仅会降低记忆能力，而且可能还会发生更糟的事——在高温下学习甚至不如不学习！

这个实验的结果有意义吗？当然有。在科学家眼中，奇怪的现象背后一定有未知的科学原理。虽然沈义栋和宋梦娇的实验结果让他们知道，改变温度并不会让线虫的记忆力变得更好，但高温对线虫记忆具有显著不利影响的发现依旧让他们非常兴奋。

有时候，实验结果并不总是与假设相符，甚至还会得到意料之外的结果，这些结果往往会引出新的问题。在本实验中，沈义栋想知道高温导致记忆变差是否和一种叫作环磷腺苷效应元件结合蛋白（CREB）的减少有关。现在，他们正计划给线虫注射一种能够让神经细胞中的记忆蛋白显示绿色荧光的标记物，这样他们就能亲眼看到，实验中线虫的神经细胞里究竟发生了什么变化。

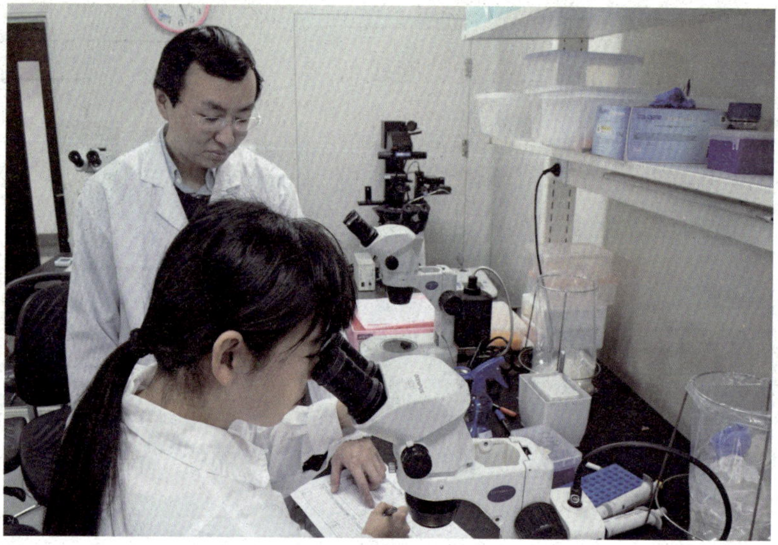

沈义栋和宋梦娇希望研究新的问题

（本案例取自青云在线“STEM 未来计划”项目，见浙江教育出版社出版的《STEM 工作室 E2》一书）

四、如何确定科学部落格的题目

普通日记，一般不需要写题目，而科学部落格是聚焦某一主题的观察研究活动，一个好的题目能起到画龙点睛的作用。科学部落格是基于网络平台的交流活动，在这个碎片化阅读的时代，一般来说，只有少数人会阅读全文，多数人只会阅读

部落格的题目。读者在收集资料时，最先找到的也是日志题目，读者往往是先对题目进行判断再做阅读决定的。如果文不对题或题目不能确切表达日志主题，那自然就不能准确地反映出日志的内容，从而使文章失去读者。由此可见，写好日志题目的重要性。

（一）怎样的题目才是好题目

1. 表述要准确

科学部落格的题目是观察主题和中心内容的高度概括，必须用最精练的语言来表达日志期望阐述的问题，恰如其分地反映研究的范围和表达的深度，如《发现、探秘世界最长昆虫——中国巨竹节虫》，这个题目既明确了观察对象，又概括了观察对象的主要特征，这样的题目就是一个好题目。尤其要注意的是，标题不能使用过于笼统的、泛指性很强的词汇和华丽的辞藻，要避免模棱两可和过分夸张。

例 1：《蔬菜成长记》（温州市小学生科学部落格参评作品，2017）

点评：该题目太笼统，标题的论述对象和范围不清楚，哪种蔬菜？记录的是什么内容？都没有说清楚。

例 2：《我家“小可爱”们的成长记》（温州市小学生科学部落格参评作品，2017）

点评：题目中的“小可爱”到底是什么？是植物？小动物？本日志实际上是对四种植物——红豆、米豆、黄豆、花生的发芽、生长的观察，建议改为《红豆、米豆、黄豆、花生的生长对比观察研究》。

例 3：《有一种生命叫“成长”》（温州市小学生科学部落格参评作品，2016）

点评：该日志实际记录的是白菜、西瓜、丝瓜三种植物的生长变化过程，题目表述模糊，读者从题目上根本无法了解到底写的是什么内容。另外，本日志内容太杂，主题不聚焦，研究欠深度，可聚焦一种相对罕见的植物做深度观察，题目改为《××生长记》。

例4：《不同种类水生植物对污水净化作用的实验研究》（温州市青少年科技创新大赛作品，2017）

点评：本实验研究的并非很多的水生植物，仅仅是对狐尾草和香菇草两种水生植物的研究。所谓的净水效果也只是基于实验测定的水体总磷、总氮数值变化，建议改为《狐尾草和香菇草对污水总氮、总磷净化作用的实验研究》，这样的题目就能凸显主要内容了。

2. 用词要得体

科学部落格题目尽量不用或少用缩写语、符号、术语，不用有歧义的词，以避免读者曲解。很多的科学日志，不仅科学专业的人员会读，相关学科和其他学科的人员也会读，命题要顾及各种各样读者的需求。

例1：《我的那些“鸟事”》（温州市小学生科学部落格参评作品，2016）

点评：此文实际上记录的是对一种名为玄凤珍珠鹦鹉的观察，“鸟事”一词欠妥，极容易产生误解，建议修改为《玄凤珍珠鹦鹉生活习性的观察研究》。

例2：《“肉”来“肉”往》（温州市小学生科学部落格参评作品，2017）

点评：该日志内容为多肉的种植，标题华而不实，不能体现文章的中心思想，读者容易产生误解。

例3：《锲而不舍，鲹鱼终活》（温州市小学生科学部落格参评作品，2017）

点评：该日志题目的定调太高，文章的标题和内容不相符。该日志实际上就是研究一种太空鱼（鲹鱼）生长繁殖的过程，可改为《鲹鱼的生长与繁殖观察记》。

3. 文字要简洁

科学日志题目不宜过长，要尽可能删除可有可无的字和词，短一些可使主题内容更集中、更突出，能提高标题的信息量。

例 1：《我和绿萝的夏天——水培绿萝和土培绿萝的对比研究》（温州市小学生科学部落格参评作品，2017）；《一段不寻常的探究之路——蚕宝宝的成长探秘》（温州市小学生科学部落格参评作品，2016）；《暑期网络观察日志一则——三种浇灌液下的绿豆发芽实验》（温州市小学生科学部落格参评作品，2015）

点评：这些题目冗长而不精练，主标题可有可无。可删除其主标题，分别改为《水培绿萝和土培绿萝的对比研究》《蚕宝宝成长探秘》《三种浇灌液下的绿豆发芽实验》即可。

例 2：《植物的记忆力研究——我的暑假科学日志》（温州市小学生科学部落格参评作品，2016）

点评：《植物的记忆力研究——我的暑假科学日志》标题前面的内容本来就是完整的题目，后面的就是画蛇添足了，可删除，同时应明确研究对象，可改为《×× 植物的记忆力研究》。

另外，科学日志题目偏长是一种通病，不少作者可能是想在题目中呈现出全部内容，因而不多加几个字，总觉得不够全面，以至于有的题目多达四五十字，不知所云。一般科学观察日志题目在 20 字以内为宜，如果遇到无论如何简化也缩短不了的题目，可以采用再加副标题的办法引申主题。

例：《滩涂上的“小精灵”——飞云江招潮蟹习性的观察日志》（温州市小学生科学部落格参评作品，2017）

点评：该日志原标题为《滩涂上的“小精灵”》，题目虽富有新意，但无法准确表达日志内容，加了副标题“飞云江招潮蟹习性的观察日志”，日志内容就明确了。

（二）科学日志的题目常用格式有哪些

科学日志的题目通常格式有：

（1）×××× 观察记；

（2）×××× 种植记；

（3）×××× 养殖记；

（3）×××× 成长记；

（4）神奇的 ××××；

（5）×××× 之谜；

（6）发现 / 探秘 ××××；

（7）关于 ×××× 的研究；

（8）对 ×××× 的习性观察；

（9）对 ×××× 的初步探索；

（10）×××× 的一生；

（11）对 ×××× 的实验探究；

（12）显微镜底下的 ××××；

（13）对 ×××× 的研究与探索；

（14）关于 ×××× 的观察与分析；

（15）×××× 和 ×××× 的对比观察；

（16）×××× 和 ×××× 的对比实验研究；

（17）×××× 对 ×××× 影响的实验探究；

（18）××××（主标题）——×××× 的观察日志；

……

（三）撰写出好的科学日志题目的方法和途径有哪些

（1）多读。多读范文，不仅要注意范文的写作格式，学习范文的表达方式和语言选用，更要学范文的题目选取。

（2）多练。做任何事情都一样，认识和实践是两回事，需要我们在深刻认识的基础上进行认真的练习和实践。

（3）多改。俗语说“文章不厌百回改”，特别是题目，需要下苦功，百般推敲和修改。修改题目要注意做到准确、合理、通顺等，要有勇气请别人改，或请专家指点，做到精益求精。

五、如何撰写观察日志

为了科学探索研究活动的需要，对某一自然现象或事物进行有目的、有计划的观察，从而获取客观事物的第一手资料，并经过分析和综合，得出客观事物特点或规律的日志，称为观察日志。要写出高质量的观察日志，必须进行有效的观察活动，而有效的观察活动除了需要正确的观点作为指导外，还需要明确而具体的观察目的，需要观察者有一定的知识预备，需要观察者具有良好的对客观事物的分析和综合能力。

观察日志的格式一般分标题、前言、正文和结尾四部分。

（1）标题。标题要明确，让人一看标题就能大致了解观察的对象和内容，能引发阅读的兴趣。（确定标题的方法见前一部分“如何撰写科学部落格的题目”）

（2）前言。前言又叫引言、导言、绪言等，它是文章的开头、引子，好比一出长剧的序幕，必须认真写好。前言的内容包括：进行观察研究的理由、目的、背景等。在说明理由时，涉及的内容有：希望解决什么问题，有什么作用和意义等，并介绍已有的研究基础及其存在的问题，本研究有什么特点及涉及的范围等。

例 1：《神奇的魔法鱼》（温州市小学生科学部落格参评作品，2015）

在我国，鱼自古就是一种吉祥物，意味着年年有余，可见中国人的爱鱼之心！我也不例外，自从我家里有了鱼缸后，我就喜欢上养鱼，经常在网上学习如何喂食、换水、供氧、温度控制等。有一次，我无意间在网络上看到了一篇关于孵化魔法鱼的内容，觉得非常神奇。魔法鱼融生态、观赏及趣味性于一体，在饲养过程中可以提高动手能力，培养爱心、耐心和责任心，体验大自然的奥秘，见证生命的奇迹！我很好奇：鱼是怎么从卵中孵化出来的？于是，我想自己亲手实践一下。

点评：这篇日志前言非常简洁，研究的出发点就是出于对“魔法鱼是怎么从卵中孵化出来的”非常好奇，想亲手实践一下，了解魔法鱼的孵化过程。

例 2：《滩涂上的“小精灵”——飞云江招潮蟹习性观察日志》（温州市小学生科学部落格参评作品，2017）

我小时候特别喜欢到飞云江畔的堤坝上玩。退潮时，大片大片的滩涂便呈现在我眼前。这时我总会发现许多长着大钳子的招潮蟹。一天，我在外滩堤坝上骑自行车，又看见了这些滩涂上的“小精灵”。这时我突然心生疑惑：它们的生活习性是怎样的呢？它们的天敌有哪些呢？对外界刺激的反应情况又是怎样的呢？在了解了招潮蟹一般的生活习性后，暑假里我又对招潮蟹对外界刺激的反应这一习性进行了观察和实验，也有了一些发现。

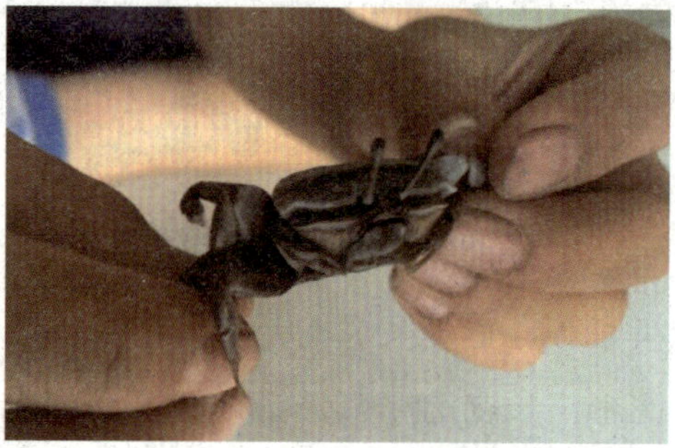

点评：该日志前言部分清楚交代了被观察对象的来源，介绍了本次观察活动的主要目的：了解招潮蟹的生活习性、应激反应以及它们的天敌有哪些，让读者通过阅读前言，就可以了解日志的基本内容。

例 3：《观察中国斗鱼》（温州市小学生科学部落格参评作品，2012）

中国斗鱼，你们可养过？在我国许多地方的河流里、池塘里，甚至水田里，都能看见它漂亮的身影。它是我国较为常见的观赏鱼，体型扁平，身上有蓝绿等多色斑纹，个性勇敢、坚韧，生性好斗，它们甚至会主动攻击和撕咬同一鱼缸中的任何一种鱼类。它们之间也会相互搏斗，特别是雄性斗鱼，要是碰上合适的斗争对象，它非追着斗个你死我活，不然决不收手。斗鱼是非常具有挑战性的鱼种。

斗鱼虽然很常见，但现在想在钢筋水泥的城市里找到它们却是可遇不可求的。五一节假日，我到三垟湿地游玩，在清澈的湖水里，很幸运地找到几条活蹦乱跳的斗鱼。怕影响学习，老爸将这几条斗鱼寄养在奶奶家。暑假开始了，我软磨硬泡终于将斗鱼抱回了自家。

点评：该日志前言对中国斗鱼进行了简单的介绍，同时介绍了本次观察活动的斗鱼来源，描述的内容清楚有序。建议对本次观察活动的目的和想要解决的主要问题进行介绍，方便读者了解日志的主要内容和意义。

（3）正文。正文是日志的核心部分，这一部分要对观察得到的第一手资料进行具体的叙述、归纳、整理。

例：《揭开“魔法鱼”的神秘面纱》（温州市小学生科学部落格参评作品，2017）

7 月 14 日　星期五　晴　室温 35℃

魔法鱼长大了一点，通过透明的鱼体可以看见它们那红色的小心脏。我将它们连同土壤一起从孵化杯转移到鱼缸中，加入了更多的氧气珠。每天用吸管将刚孵化出来的丰年虾从容器里吸出来，把它们滴到鱼缸里，刚开始魔法鱼还有些害怕这些小虾，面对小虾东躲西藏，但过一会儿，它们就发现这些小虾相当美味，将小虾们一扫而光。

7月17日　星期一　晴　室温35℃

我又孵出了给鱼吃的丰年虾，虾多得瓶子都要给它们“占领”了。每天给小鱼们喂食两次丰年虾，这是我一天中最喜欢做的事情。每周换一次水。每每有新的发现我都会开心地叫妈妈一起来分享。鱼儿已经长出了胸鳍，非常小，而且是透明的，要仔细观察才能发现。

7月30日　星期日　台风　室温27℃

距离第一次孵化魔法鱼已经有20天了，第一批孵化出来的鱼已经有0.8厘米了（下面称为1号鱼），体型也越来越魁梧，第二批孵化出来的鱼体型稍小（下面称为2号鱼），大约0.6厘米，和昨天孵化的最后一批小鱼（下面称为3号鱼）相比，似乎有10倍大。鱼的数量却越来越少，很多小鱼在孵化没几天后就不见了踪影，可能是鱼儿太多，而鱼缸太小，容不下这许多的鱼儿玩耍。1号鱼的肚子都变成了

白色，所有的鱼都很可爱。

7月31日 星期一 大雨 室温27℃

我发现第一次孵出来的鱼很大了，可以清晰地看到胸鳍、背鳍、腹鳍和尾鳍了，晚上用灯照过去，鱼体变得透明，没有眼皮的鱼儿们都是睁着眼睛睡觉的。百度贴吧上说小鱼40天左右就会变色，我想给它们吃些增色剂，颜色是不是会更好看。我用小勺往鱼缸里加增色剂，小鱼们以为是它们往日所吃的丰年虾，纷纷赶过来抢食，它们吃进去又吐出来，好像在玩杂技，好一会儿才把它吃进肚里。小鱼真是太可爱了。

……

8月25日 星期五 晴 室温30℃

晚上我又忍不住去看我的鱼儿们，你猜我发现什么了，鱼儿身上的颜色都不见了，通体透明，只有尾鳍上还留有原先的色彩，难道它们真的会魔法？百度说鱼之所以显红色，是因为氧气与血红蛋白结合形成红色的氧合血红蛋白，而鱼晚上睡觉时呼吸频率降低，体内血液中氧气浓度下降，氧合血红蛋白含量降低，所以颜色变浅。

暑假就快要结束，我的观察日志也要告一段落了，我将鱼儿的生长发育过程汇总成表格记录下来。接下来的时间里我依然会照顾好我的鱼儿们，上学以后我还可以目睹它们的成长，但是我

不能把它记在日志上面。我希望我的鱼儿能快快地、健健康康地长大。

魔法鱼生长发育观察记录表

时间	6小时	7天	13天	19天	25天	31天	44天
体长	0.3cm	0.6cm	0.7cm	0.8cm	1cm	1.3cm	2cm
发育	有尾巴了	长出背鳍	长出胸鳍、腹鳍	清晰地看见背鳍、胸鳍、腹鳍、尾鳍	尾鳍有红颜色，小鱼会吃饲料	尾鳍出现蓝颜色，腹部出现红颜色，背鳍、胸鳍、腹鳍上有黑色斑点	颜色更鲜艳了

点评：这篇科学日志以作者一个多月对魔法鱼的观察研究为基础，对魔法鱼的生长变化进行了生动具体的描写，正文结合照片、视频等图文并茂地呈现观察发现。正文最后将鱼儿的生长发育过程汇总成表格记录下来，特别关注了魔法鱼体长变化的数据以及生长变化的基本情况，使人一目了然。

科学部落格正文内容要生动而丰富，要注意精选材料，严密组织，特别注意照片、视频的选择要有典型性，不能只是材料的堆积。另外，如何将正文描写生动、具体，给读者留下深刻印象，这是至关重要的，建议大家向优秀科普作品学习，向语文课状物类文章学习。

例1：《发现、探秘世界最长昆虫——中国巨竹节虫》（《大自然探索》2018年1月，赵力）

……

我将它带回到灯下，仔细端详着眼前的这只巨虫：发达的脚长满尖锐的小齿，像多刺的植物枝条，尤其是前足，齿很发达，并且排列整齐，宛如锯片；身躯大约大拇指粗，褐色透绿，很像树枝但又比较光滑；头呈椭圆形，一对圆溜溜的复眼看上去晶莹剔透，带着灵气，两条细细的触角大约 10 厘米长，在深夜清冷的空气中晃晃悠悠地摆动……

第二天，我仔细测量了这只巨虫的尺寸，结果让我兴奋不已！巨虫的身体长度竟长达 36.1 厘米，包括足全长超过 62.4 厘米。这可比馆藏于伦敦自然历史博物馆的世界最长的陈氏竹节虫（学名 Phobaeticus chan′s）全长还要长 5.7 厘米，而身体则比前者长 0.4 厘米。显然，这是目前世界上未被发现的昆虫新种，是昆虫中最长的种类，是最长，不是之一！

……

点评： 著名昆虫学家赵力老师对中国巨竹节虫的记录关注了脚、身躯、头部等更多细节，还运用比喻、拟人的手法，把中国巨竹节虫描写得非常生动，用测量、数据把观察对象描述得十分具体。

例 2：《金蝉脱壳》《语文五年级上册》（苏教版）

……

开始脱壳了！蝉虫整个身体来回地抽搐了几下，背上立刻裂开了一道口子，蝉背露出来了。背上那一层保护甲的颜色也在很快地变化着，先是极淡的绿色，一会儿变成了深绿色。接着，头钻出来了，前面一双透明发亮的大眼睛，像两颗花椒籽一样又黑又亮。六只脚出来了，整个身子在慢慢地活动。最有趣的是蝉尾出壳的情景。未出壳的蝉尾使劲地抖动着，伸着。蝉儿把它已经出壳的上半身腾空向后仰去，又敏捷地向前扑来，再用前脚抓住蝉壳用力一抽，又白又嫩的蝉尾就出来了。整个动作配合得自然协调。脱壳的蝉儿静静地趴在蝉壳上，过了好一阵子，才依依不舍地离开了蝉壳。

刚出壳的蝉儿除了背上那一层保护甲外，全身都是灰白色的，折叠的翅膀也只有一点点。但是，很快就发生了奇迹般的变化。又小又嫩的翅膀逐渐大了起来，很快盖住身子，像两把扇子长长地拖在身后。蝉儿的肚子在不停地颤动着，每颤动一次，身上的颜色就由浅而深地变化一次，渐渐地变成了深绿色，变成了棕黑色。翅膀上出现了排列整齐、图案精巧的斑纹。蝉触角也显现出一道道灰白色的光环。

……

点评：这是《语文五年级上册》苏教版的一篇课文，文中对“金蝉脱壳”的过程观察描写非常生动，根据“金蝉脱壳”的过程，按“背—头—脚—尾”的先后顺序做了准确而生动的描写，让读者从整体上把握蝉脱壳的过程，全面而深刻地感受大自然的无限奇妙，这样的描写很值得我们借鉴。

（4）结尾。结尾是观察日志的结束语，常以理论高度对被观察的客观事物规律作出总结，或阐述观察的感受和感想，或指出探索活动的创新之处，或指出新的问题和研究方向。

例 1：《揭开“魔法鱼”的神秘面纱》（温州市小学生科学部落格参评作品，2017）

在魔法鱼的养殖和观察过程中，我有了以下领悟：

1. 学会使用百度引擎，整个暑假我和百度成了好朋友。因为是第一次养鱼，可谓一窍不通，只能边学边养。从“百度百科”里我得知魔法鱼是原产于非洲的鳉鱼，一般是一年生的。“百度知道”告诉我孵化魔法鱼要用矿泉水或者太阳晾晒24小时的自来水，否则水中的氯会毒害鱼卵和小鱼；还告诉我应该如何喂食、如何换水等。我还经常会去“百度贴吧”看看别人养魔法鱼的经验，偶尔也会发表我自己的养鱼心得。

2. 学会使用手机图片处理软件，明白了一张好照片背后的心酸。在整个养鱼的观察记录过程中，我几乎天天都在给鱼儿们拍照片。刚开始技术生疏，鱼儿又小又没有鲜艳的色彩，还不断游动，几乎没能得到一张满意的照片。后来我学会了连拍，学着固定手机，等待鱼儿进入我的镜头，不断地拍，时而清晰、时而模糊、时而一尾、时而两尾，往往从几十张照片中才能找得到一张能拿得出手的照片，还需要剪切编辑再上传。

3. 学会使用简单的电脑视频编辑软件，并第一次在空间日志中插入视频。在此之前我只会拍视频，不会编辑，对于那些能进行视频编辑的人甚是崇拜。但在写日志的过程中，我跟着妈妈学会使用“爱剪辑”，在所拍的视频里面添加文字和声音，然后用“狸窝全能视频转换”去除“爱剪辑”软件的片头和片尾广告。由此，我对自己有了全新的认识，没有什么技能是不能学会的，只要肯花时间去研究。

4. 学会使用显微镜和临时装片的制作。魔法鱼卵的第一次孵化过程是在瓯海中学的生物实验室里进行的。我跟着妈妈一起制作鱼卵的临时装片，然后把装片放在显微镜下仔细观察，用相关的计算机软件对看到的景象进行记录，整个过程可以用高大上来形容。

5. 明白了不可尽信网络，要勇于探索。作为养鱼“小白”，我不得不经常求助百度，百度也给我提供了非常多的经验，但在实验过程中，我也发现了百度的内容不可尽信，比如说土壤具有强酸性有利于鱼卵孵化等。我们要敢于质疑，小心求证。

这个暑假通过养鱼，除了学会一些技能外，我还认识了魔法鱼，知道小鱼喜欢吃虾，不喜欢吃饲料，大鱼喜欢吃饲料，不喜欢吃虾。魔法鱼在无形中培养了我的爱心、耐心和责任心，在不知不觉中，我爱上了养鱼，鱼的每一次成长都让我非常欣喜。我会静静地在一边看，看鱼玩耍的样子，它们经常会把我逗得哈哈大笑。我非常喜欢这次养鱼活动，它让我领悟了很多我以前不知道的东西，我感谢它们让我见证生命的奇迹、大自然的奥妙，日后我将继续去探索影响魔法鱼卵孵化和生长的各种因素。

点评： 这篇日志的结尾部分用“四个学会”和“一个明白”阐述了作者观察的感受和感想，学会使用百度引擎，学会使用手机图片处理软件，学会使用简单的电脑视频编辑软件，学会使用显微镜和临时装片的制作，明白了不可尽信网络，要勇于探索。我想这也是科学部落格活动的重要价值和意义，对学生而言，这些发展的重要性，从某种角度上看，甚至超过科学观察研究活动本身的价值和意义。

例 2： *《游行一万里之斗鱼的奇妙旅行》*（温州市小学生科学部落格参评作品，2016）

【我的发现】

1. 水温波动比较大，这一个多月里最高水温达 31 摄氏度，最低水温达 15℃，平均水温为 26.55℃。鱼缸里的水温，会随着换水而变化，最大温差达到 6℃，但是如此波动的水温对斗鱼的影响并不大。

2. pH 和 TDS 值的波动也很大：pH 最大值 8.3，最小值 2.63；TDS 最大值 2053，最小值 60。但是这些外界环境的不稳定因素，都没有对鱼的存活造成太大的影响。

通过对观察记录的数据分析得出，斗鱼在保证有充足氧气的条件下，能够对 pH 和 TDS 值等水质、气温环境具有较强的适应性。只要氧气充足，斗鱼就能耐受得住旅行中各种条件变化带来的影响。斗鱼比我们想象的要坚强得多！

【我的收获】

1. 学会了饲养和照顾斗鱼，更加深入地认识了斗鱼，了解了斗鱼的生活习性和喂食要注意的事情，积累了饲养斗鱼的点滴经验，也收获了快乐。

2. 学会了借助工具科学地观察、记录的方法，及时地记录修整。

3. 我的观察能力、动手能力都得到了提高。养成了坚持观察一件事物的习惯，锻炼了我的意志力，让我变得爱思考、爱提问、爱假设，并还会想办法提问，也学会了碰到难题及时查资料和向大人、向电脑请教。

4. 通过观察研究，我知道了 TDS 测试笔和 pH 测试笔的功效，以后可以用来帮助家人做好水质测量的工作，也希望能伴随着我的旅行做更多景点的水质测试，了解祖国大江南北的水质的区别。

5. 我懂得了水质的好坏和氧气的多少都关系着鱼类的生存。水质越好，鱼类生存的机会越大，水质越差，越会降低鱼类生存的机会。我们一定要保护好环境，让鱼类能一直和我们快乐地生活在这个地球上。

【我的思考】

通过这一个月的跟踪观察记录，让我对斗鱼产生了更加深厚的兴趣。

之后，我将继续观察和研究：

斗鱼是怎样繁殖的？

斗鱼宝宝又是怎么长成斗鱼妈妈的？

多条斗鱼一起饲养会不会出现问题？

斗鱼的种类有多少，不同种类的斗鱼饲养的方法是不是一样的呢？

……

点评：该日志的结尾分为“我的发现”“我的收获”和“我的思考”三部分，全面而具体。“我的发现”主要是根据观察事实，对斗鱼的生活习性和适应环境能力的研究发现进行总结；“我的收获”阐述了自己的感受和感想，积累了饲养的经验，学会了观察记录，培养了能力，养成了研究的好习惯；“我的思考”主要阐述活动后的思考和后续研究的问题。

关于观察日志的记录格式通常有两种。单一时间的观察日志，要在标题下方另起一行写上日期，要写清楚年、月、日，紧跟着后面写上星期几，最后写天气情况（用简单的文字描述即可）。格式如下：

日志标题：××××

×年×月×日，星期×，天气×

前言：×××××

正文：×××××

结尾：×××××

如果是多个时间的科学观察日志，建议为每个时间的观察活动添加小标题，同时在每个小标题下方添加时间记录。格式如下：

日志标题：××××

前言：×××××

正文：

观察一：××××（小标题）

× 年 × 月 × 日，星期 ×，天气 ×

观察过程：××××

观察小结：××××

观察二：××××（小标题）

× 年 × 月 × 日，星期 ×，天气 ×

观察过程：××××

观察小结：××××

观察三：××××（小标题）

× 年 × 月 × 日，星期 ×，天气 ×

观察过程：××××

观察小结：××××

……

结尾：×××××

需要特别指出的是，在观察活动中，一些基本信息的记录非常重要，一定要做好如实记录。如：

（1）日期。日期是一个非常重要的证据，有助于判定年份、季节和月份等，有助于我们对一个观察对象的生长变化过程作分析，因为有很多事物的规律还与季节因素直接关联，比如，春天万物呈现怎样的景象？冬天动植物又有哪些变化？

（2）时间。一些观察活动需要精确的时间记录，还有一些观察活动用“清早”“中午”“黄昏”等类似的时间名词就可以了，比如，我们可以观察分析一些动物清早有哪些动静，夜间行为与其他时间有什么区别？

（3）天气。天气状况会影响大多数生物的活动，所以观察日志要关注天气因素，如气温（影响动植物的活动频率和生长速度）、气压（影响动物的行为）等。这些信息可以在地方性报纸或者“农历”上找到，记录这些数据，有助于综合分析观察现象，发现客观事物的真正规律。如，有些植物只在日照较长的时期开花，有的植物则在日照较短的时期绽放，有的植物只在夏天将尽的时候开花，而有的植物则在早春时节就开始争奇斗艳了。再如，一年里，动物们的求偶婚配除了受天气状况的制约以外，还与光照次数和光照质量息息相关。

观察日志是科学部落格活动的基本呈现形式，很多科学部落格活动都离不开观察。观察日志通过对科学研究的记录、分析和总结，培养对科学的热爱，扩大认识的视野，锻炼研究的能力，培养持之以恒的毅力，提高观察、分析、推理能力及文字表达能力。

观察日志可以记录哪些内容？

（1）观察、认识一种植物：观察研究它的根、茎、叶、花、果实、种子的特点。

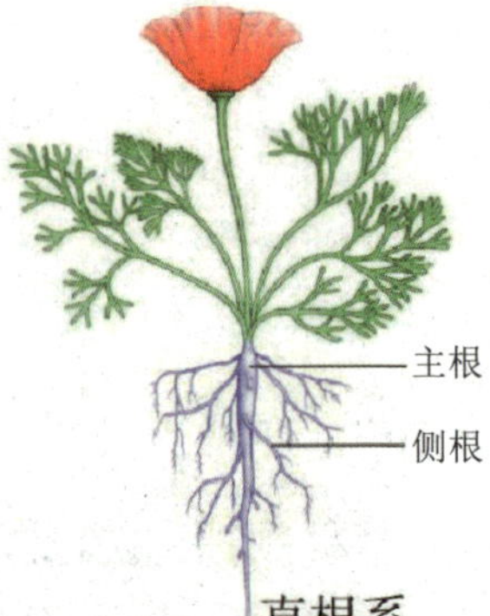

直根系

（2）研究一种植物的生命过程：观察植物种子的萌发、生长、开花、结果、衰败的过程，了解它的生命周期。

（3）了解一种植物的基本特征：观察研究植物的物质构成、应激反应、光合作用、生长繁殖等。

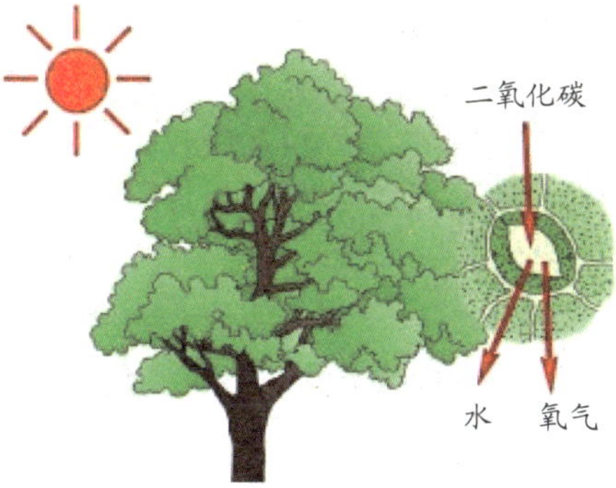

（4）观察、认识一种动物：观察研究它的身体结构、外部形态、运动方式、生活习性等。

（5）研究一种动物的生命过程：观察动物的出生、生长、发育、死亡的过程，了解它的生命周期。

（6）了解一种动物的基本特征：观察研究动物的食物需求、应激反应、繁殖行为等。

（7）观察、认识一种微生物：观察微生物的基本结构，探索微生物和环境之间的关系。

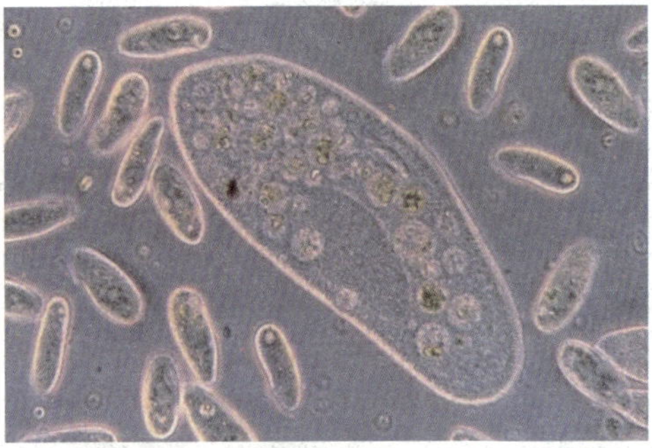

（8）观察、认识身边的物质世界——岩石、矿物等

（9）对天文现象的观测研究。

……

观察日志的撰写尤其需要注意真实可靠。因为观察日志是一种科学研究的报告，要像科学家的研究报告一样，无论是观察到的现象、过程，还是数据等，都必须实事求是，客观存在，准确无误。对于观察过程的描述，要忠于客观现实，不能带有个人的主观情感，更不能用自己主观的情感去代替甚至“改变”客观的现象，要力求记录事实的本来面目。对于观察结论的描述，应从实际出发，有结论就写结论，有怎样的结论就写怎样的结论，得不出结论的不要随便做出结论。

六、如何撰写实验日志

实验日志，指在科学研究活动中，为了检验某一种科学理论或假设，通过观察、测试、分析、综合、判断等实验方法，如实地把实验的全过程和实验结果用文字形式记录下来的研究报告。实验日志是一种说明性文体，是对事物的概念、性质、结构、发展变化过程及其规律性的解说。除了用文字进行说明外，还可用图表辅助说明，同时把装置、器材等展现在读者面前。

实验日志的基本要素一般有：实验名称、实验目的、实验器材和装置、实验步骤、实验结果、分析和结论、收获和体会、附件材料等。

（1）实验名称。实验名称的拟定，要力求明确、简洁、醒目，能集中地反映实验内容。（实验题目的确定参考“如何确定科学部落格的题目”）

（2）实验目的。实验目的要明确，一般需说明实验性质，是验证型实验还是设计型实验，是创新型实验还是综合型实验。要求抓住最主要的几点，无需面面俱到。

（3）实验器材和装置。实验器材应分类登记其名称、数量、规格等，实验装置可以画图或照片表示，并附以文字注解。实验使用的装置和测试仪器不是标准设备时，要尽量说清楚型号、精度和生产厂家等信息，并对测试精度作出检验和标定，因为科学实验研究成果必须能接受他人的检验，介绍实验材料、装置和操作方法或工艺流程，目的在于方便别人重复这一实验。

（4）实验步骤与过程。写出主要操作步骤。

（5）实验结果。要记录实验现象的描述，实验数据的处理等。应仔细观察实验现象，如实记录实验过程中事物的发展变化结果，不遗漏任何一个项目和数据。对于实验结果的表述，有以下几种方法：

a. 文字叙述：根据实验目的将原始资料系统化、条理化，用准确的专业术语客观地描述实验现象和结果，要有时间顺序以及各项指标在时间上的关系。

b. 图片：用图片记录实验结果，并辅以文字说明。

c. 表格：用表格的方式使实验结果突出、清晰，便于相互比较，尤其适合于分组较多、且各组观察指标一致的实验，表格可以使组间异同一目了然。

d. 图示：将实验数据转换成为柱形图、折线图、饼图、条形图、散点图等，或用实验仪器直接描记出实验结果的曲线图，这些图示的变化趋势形象生动，直观明了，有利于说明实验结果（图表的制作见下一篇“科学部落格的技术支持”）。

以上四种方法在实验日志中，可任选其中一种或几种方法并用，以获得最佳效果。

对于实验结果，应当尽量避免把所有的实验数据都照抄在实验日志上，应经过分析、整理，绘制成图或表列入文中，同时要交代数据处理方法和误差分析。在整理实验结果时，不能只选取符合自己预期的数据、现象，而随意抛弃那些和自己预料相反的数据、现象。一切与自己预料相反的数据、现象，都必须在找到确凿证据说明其确系错误的之后方可剔除。否则应一一罗列起来，认真对待。因为在这些现象背后往往隐藏着重大发现，这些数据、现象很可能是一些重要的实验结果。这种情况在科学史上不乏其例。

（6）实验结论与讨论。就是根据实验结果发表自己的见解，运用相关的理论知识对所得到的实验结果进行解释和分析，从实验结果中归纳出的一般性、概括性的判断。它不是实验结果的简单重复，而是更深一步的认识，是从正文部分的全部材料出发，经过分析、归纳、判断、整理，得到的新的观点。实验结论的表述要简练、准确、严谨、客观，要尽量克服主观片面性，不能用已知的理论或生活经验硬套在实验结果上，更不能由于所得到的实验结果与预期的结果或理论不符而随意取舍甚至修改实验结果。如果实验结果和预期结果不一致，这时应该分析其异常的可能原因。如果本次实验失败了，应找出失败的原因及以后实验应注意的事项，这也是很好的实验结论。

（7）收获和体会。阐述实验的感受、感想和收获，也可以指出实验研究的一些不足之处，或遗留未解决的问题，以及提出这些问题可能的关键点、今后研究的方向等。

（8）附件材料。更多原始资料应以附件的方式附在本次实验日志文本之后，包括实验研究的照片，其他过程性的记录和数据等。

单一主题的实验日志基本结构如下：

实验名称：××××

研究者及合作者 ×××，实验日期（× 年 × 月 × 日）

实验目的

××××××××××

实验器材和装置

××××××××××（实验装置可以画图或照片表示）

实验步骤

1. ××××××××××
2. ××××××××××

……

实验结果

××××××××××

分析与结论

××××××××××

收获和体会

××××××××××

附件材料

1. ××××××××××
2. ××××××××××

……

多个主题的实验日志基本结构如下：

实验名称：××××

研究者及合作者 ×××

前言（背景和意义）

××××

实验过程

实验 1

××××

实验日期及地点

× 年 × 月 × 日 ×××

实验目的

×××××××××

实验器材和装置

×××××××××（实验装置可以画图或照片表示）

实验步骤

1. ×××××××××

2. ×××××××××

……

实验结果

×××××××××

实验 2

××××

实验日期及地点

× 年 × 月 × 日 ×××

实验目的

×××××××××

实验器材和装置

×××××××××（实验装置可以画图或照片表示）

实验步骤

1. ×××××××××

2. ×××××××××

……

实验结果

××××××××××

……

分析与结论

××××××××××

收获和体会

××××××××××

附件材料

1. ××××××××××

2. ××××××××××

……

例：《不同模拟条件对夏季水果玉米种子发芽的影响》（2011 年温州市小学生科学部落格评比参赛作品，作者：温州市水心小学 张君恺、黄嘉屹、毛静怡）

一、前言

上学期春季开学的时候，戴老师带领我们科技社团的同学开展种植实践活动。我们找了一些桂圆、柚子和火龙果种子，将它们种在楼顶挖来的黄金土中，为了避免太阳暴晒，我们就把花盆摆放在了科学办公室里。每天中午，我们都兴奋地跑去浇水，期盼着种子快快发芽长大。可是几个月过去了，只有几粒柚子种子发出了细细的芽，且只有 3—4 厘米高，其他种子丝毫不见动静，有的被水冲到土壤表面，还发霉了。而盆中的黄金土则变得硬邦邦的，像石头一样。这究竟是怎么回事呢？我们观察了一下学校新买来的盆栽都是用黑土壤栽种的，难道与土壤有关？老师让我们分析原因，除了土壤的问题，还可能是什么原因导致种植失败。我们提出了以下这些猜测：

1. 黄金土肥力不够了，也许黑土壤的肥力好一些。

2. 科学办公室光照时间短，温度相对校园其他地方较低。

3. 科学办公室空气流动性差，可能摆在室外会好一些。

二、实验过程

为了解决以上这些问题，我们询问了农科院的阿姨，她建议我们可以利用水果玉米种子进行试验。于是，在老师和农科院阿姨的带领下，我们利用暑假时间到学校开展科学研究。我们设计了以下 3 个实验，探究 2 种不同的土壤、室内外环境以及光照等不同模拟条件对夏季水果玉米种子发芽的影响。

（一）实验 1：不同的土壤对玉米种子发芽的影响

实验材料:

玉米种子（120 粒）、花盆 12 个、标签、黄金土和混合营养土、喷壶、铲子。

实验步骤:

（1）挑选大小相近的饱满的 120 颗玉米种子，平均分成 12 组。

（2）在 6 个花盆中放入 2/3 的黄金土，在另 6 个花盆中放入混合黑土，并分别用水淋湿。

（3）先在每一个花盆中间等距放入 10 颗玉米种子，再将土加到与盆口相距 1 厘米左右，然后再将每个花盆浇透水。

（4）将 3 个装黄金土的花盆与 3 个装混合黑土的花盆摆在科学办公室，并分别标上 1~3 号，将剩余的 6 个花盆摆放在德育办公室，同样标上 1~3 号。

（5）每天给玉米种子浇水，并观察和记录玉米种子的发芽情况，用计算平均值的方法来比较分析各组间的差异。

实验结果:

表1　科学办公室不同土壤的玉米种子发芽情况比较
（发芽数量单位：颗，最高芽长单位：厘米）

时间	土壤类型	发芽数量				最高的芽长			
		1号	2号	3号	均值	1号	2号	3号	均值
第一天	黄金土	5	4	2	3.7	1.5	0.5	0.5	0.83
	混合黑土	1	3	4	2.7	0.5	0.5	1	0.7
第二天	黄金土	8	7	10	8.3	4	4	3.5	3.83
	混合黑土	5	7	9	7.0	3.5	4.5	3	3.67
第三天	黄金土	8	7	10	8.3	6.5	7	7	6.83
	混合黑土	8	9	9	8.67	7	6	6	6.33
第四天	黄金土	8	9	10	9.0	9.5	10.2	10.2	8.67
	混合黑土	8	9	9	9.97	9.5	9	9	9.17
第五天	黄金土	8	9	10	9	12.5	14	12.5	13
	混合黑土	9	9	9	9	13	12	12	12.3

表2　德育办公室不同土壤的玉米种子发芽情况比较
（发芽数量单位：颗，最高芽长单位：厘米）

时间	土壤类型	发芽数量				最高的芽长			
		1号	2号	3号	均值	1号	2号	3号	均值
第一天	黄金土	5	4	3	4	1	1	1	1
	混合黑土	1	2	1	1.33	0.5	0.5	0.5	0.5
第二天	黄金土	10	10	7	8.33	4	3.5	4	3.83
	混合黑土	10	7	8	8.33	4	2.5	3.5	3.33
第三天	黄金土	10	10	7	8.33	6	3.5	4.5	4.67
	混合黑土	10	8	8	8.67	6	5	6	5.67
第四天	黄金土	10	10	7	8.33	7.5	5	6	5.83
	混合黑土	10	8	8	8.67	7.5	7.5	8.5	7.83
第五天	黄金土	10	10	10	10	9	6	6	7
	混合黑土	10	8	8	8.67	8	9	12	9.67

分析与讨论：

我们将摆在科学办公室的不同土壤的玉米发芽数量和发芽高度分别制成如下统计图：

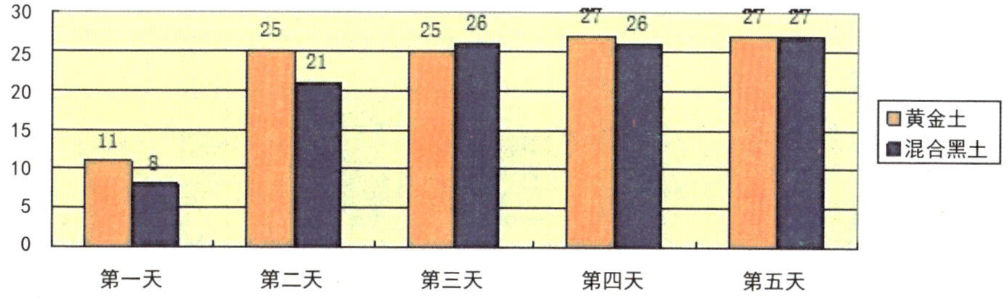

图 1　科学办公室不同土壤的玉米发芽数量统计图

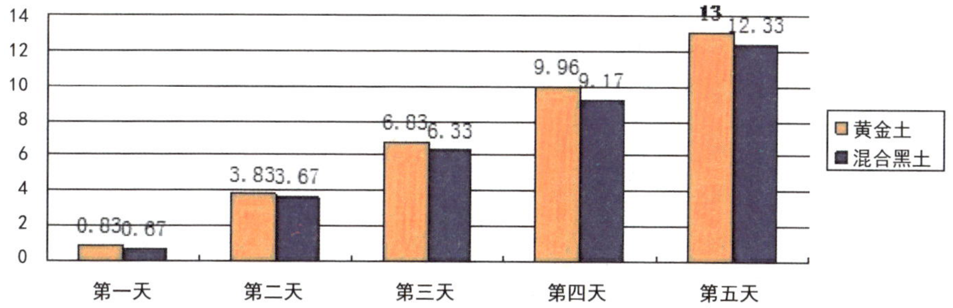

图 2　科学办公室不同土壤的玉米发芽高度统计图

从统计图中，可以发现在科学实验室环境中，不适合种植柚子、火龙果、桂圆的黄金土在刚开始的几天平均发芽数量，都略高于黑色混合土，但后期混合黑土里的玉米发芽数量逐渐提高；而发芽的平均高度两者在前期基本差不多，到了后期黄金土里的玉米更高一些。

那么在德育办公室的两种玉米是否也是这样？我们同样制成统计图：

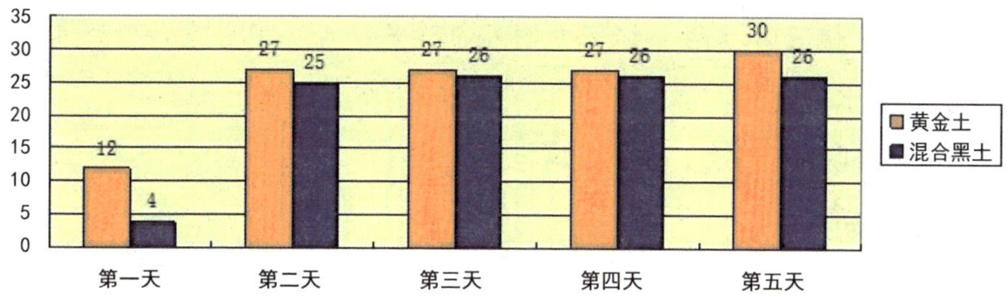

图 3　德育办公室不同土壤的玉米种子发芽数量统计图

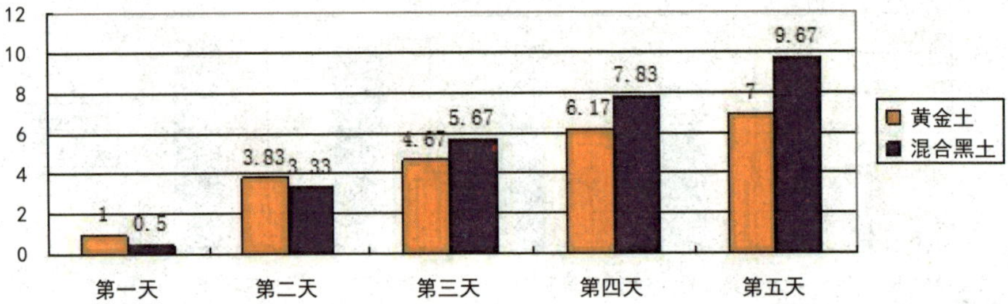

图 4　德育办公室不同土壤的玉米发芽高度统计图

可以发现刚开始同样是黄金土的发芽率比混合黑土的要高，但后来逐渐差距缩小，而刚开始黄金土中的玉米长得比较高，而后来混合黑土中的玉米超过了黄金土中玉米的高度。

综合比较科学办公室和德育办公室的玉米发芽情况，我们会发现在玉米发芽初期，黄金土中的玉米发芽率和生长速度都明显优越于在混合黑土中的玉米，而在玉米生长后期，差距逐渐缩小，甚至德育办公室的黑土玉米的生长高度反而超过了黄金土玉米。为什么会出现这种情况，这两种土壤分别具有怎样的特性呢？我们又针对这两种土壤进行了进一步的实验。

实验步骤：

1. 用肉眼和放大镜观察两种土壤的颜色、颗粒大小。

2. 取两个大小相同的透明塑料杯；在杯底各戳 4 个大小相同的小洞。

3. 分别在两个杯子中倒入等量的黄金土和混合黑土。

4. 将两个杯子分别放在一张纸上。

5. 用量杯同时往两个杯子中倒入同样多的水，用秒表计时，观察两种土壤的渗水速度。

6. 用 pH 试纸测试土壤的酸碱性。

结果与分析：

首先，我们用量杯量取了 50 毫升的水，同时往两种土壤中倒，我们发现混合黑土的水立刻渗了下去，21 秒时底部就开始出水，而黄金土的水只渗下去一部分，还有一部分留在土壤上面下不去，2分钟了底部还未出水，3分钟后，混合黑土已经全部出水完毕，而黄金土的底部还是干的，水分全部被上部的土壤吸收了。于是，我们在3分钟后，又分别往两个杯中加了50毫升的水，这回，黄金土终于在45秒时开始出水。可见黄金土的保水性能比较强，而混合黑土的吸水、透气性比较强。接着，我们又用pH试纸测试土壤的酸碱性，发现两种土壤的酸碱度都在5和6之间，属于弱酸性，差别不大。

表3 两种土壤特性的比较

土壤类型	颜色	颗粒	保水性	酸碱性
黄金土	金黄色	颗粒较硬，大小不均匀	较好	弱酸性
混合黑土	黑色，有白色小颗粒	颗粒较软、由珍珠岩、干水苔、泥炭土组成	易吸水、透气性强	弱酸性

由此可见，黄金土具备良好的保水性能，这使得我们的玉米种子在发芽初期能够吸收足够多的水分，导致黄金土的种子长势反而要优越于营养丰富的混合黑土。

（二）实验2：室内外环境对玉米种子发芽的影响

实验材料：

玉米种子（120粒）、花盆12个、标签、黄金土、混合营养土、喷壶、铲子、干湿温度计。

实验步骤：

1. 挑选大小相近的饱满的120颗玉米种子，平均分成12组。

2. 在6个花盆中放入2/3的黄金土，在另6个花盆中放入混合黑土，并分别用水淋湿。

3. 在每一个花盆中间等距放入10颗玉米种子，再将土加到与盆口相距1厘米左右，然后再将每个花盆浇透水。

4. 将3个装黄金土的花盆与3个装混合黑土的花盆摆在科学办公室，

并分别标上 1~3 号，将剩余的 6 个花盆摆放在百草园，同样标上 1~3 号。

5. 每天给玉米种子浇水，并观察和记录各个环境不同时段的温度、湿度和光照情况及玉米种子的发芽情况。

6. 做出实验分析。

实验结果：

表 4　室内外环境对玉米种子发芽的影响
（使用土壤：黄金土；发芽数量单位：颗，最高芽长单位：厘米）

日期	摆放地点	发芽数量				最高的芽长			
		1 号	2 号	3 号	均值	1 号	2 号	3 号	均值
第一天	科学室	5	4	2	3.67	1.5	0.5	0.5	0.83
	百草园	0	0	0	0	0	0	0	0
第二天	科学室	8	7	10	8.3	4	4	3.5	3.83
	百草园	0	4	0	1.33	0	0.5	0	0.17
第三天	科学室	8	7	10	8.3	6.5	7	7	6.83
	百草园	0	4	3	2.33	0	1.5	0.5	0.67
第四天	科学室	8	9	10	9.0	9.5	10.2	10.2	8.67
	百草园	5	8	4	5.67	2	2	1	1.67
第五天	科学室	8	9	10	9	12.5	14	12.5	13
	百草园	8	8	4	6.67	3.5	4	1.5	3

表 5　室内外环境对玉米种子发芽的影响
（使用土壤：混合黑土；发芽数量单位：颗；最高芽长单位：厘米）

日期	摆放地点	发芽数量				最高的芽长			
		1 号	2 号	3 号	均值	1 号	2 号	3 号	均值
第一天	科学室	1	3	4	2.7	0.5	0.5	1	0.7
	百草园	0	0	0	0	0	0	0	0
第二天	科学室	5	7	9	7	3.5	4.5	3	3.67
	百草园	1	5	0	2	0.5	0.5	0	0.33
第三天	科学室	8	9	9	8.67	7	6	6	6.33
	百草园	4	8	2	4.67	1.5	3	2	2.17
第四天	科学室	8	9	9	8.33	9.5	9	9	5.83
	百草园	4	8	7	6.33	4	5	3	4
第五天	科学室	9	9	9	9	13	12	12	12.33
	百草园	4	9	7	6.67	4.5	8	5	5.83

表 6 室内外的温湿度、光照条件比较

时间	科学办公室			德育办公室			室外百草园		
	温度	湿度	光照	温度	湿度	光照	温度	湿度	光照
7.29 14:00	32℃	66%	一般	39℃	55%	一般	32℃	27%	充足
7.30 15:30	30.5℃	58%	一般	34℃	42%	一般	37℃	36%	一般
7.31 16:00	30℃	70%	一般	32℃	64%	一般	34℃	66%	一般
8.1 17:40	30℃	72%	一般	33℃	62%	一般	30℃	72%	一般
8.2 11:30	30.5℃	67%	一般	38.5℃	38%	一般	51℃	24%	充足
8.3 9:30	32.5℃	58%	一般	38.5℃	47%	充足	49℃	28%	充足

分析与讨论:

从表 6 中可以发现室外的温度要远高于室内，阳光比室内充足，而湿度要远低于室内，结合表 4 和表 5，可以发现这样的环境反而不利于玉米的生长。同样是黄金土，室内的玉米 7 月 30 日平均发芽率为 36.67%，而室外的玉米则毫无反应，到 8 月 3 日室内玉米发芽率已经达到 90%，而室外的玉米发芽率仅为 66.67%；同样在混合黑土中，7 月 30 日室内的玉米发芽率为 26.67%，室外的玉米也是没有反应，在 8 月 3 日，室内的玉米发芽率为 90%，而室外的是 66.67%。而平均高度更是远远低于室内的玉米。由此可见，温度和湿度对种子发芽率的影响是很显著的，通过上网查找资料，我发现原来玉米发芽的最低温度是 6~7℃，在这个温度下发芽缓慢，种子在土中时间长，发芽最适温度为 10~12℃，最快是 25~30℃。在适宜的温度范围内，随温度升高发芽出苗速度加快。但在高温下发芽容易受阻。因此，农民们在生产上为争农时又不坏种，一般在耕层 5~10 厘米，温度稳定在 6~7℃时就确定为玉米的适宜播种期。而土壤水分对玉米萌芽十分重要，玉米种子吸收水分在自身质量的 45%~50% 时才会发芽，土壤过干种子吸水不足，土壤湿度过大氧气就会不足，均会影响种子发芽。最适宜玉米种子发芽出苗的土壤湿度为 65% ~70%。

（三）实验 3：光照条件对玉米种子发芽的影响

实验材料:

水果玉米种子（60 粒）、培养皿 6 个、标签、喷壶、纸巾。

实验步骤:

1. 纸巾折叠后平整地铺满培养皿底部

2. 将 10 颗种子均匀地放在 1 个培养皿中的纸巾上，保持种子间距 1 厘米左右

3. 在培养皿中轻轻注入水，观察是否能被纸巾充分、均匀吸收，以水分能没过一半种子的高度为宜。

4. 3 个培养皿放在房间中的书桌上，另外 3 个培养皿放在该房间一处抽屉中，关上后制造 24 小时避光黑暗的条件。试验期为 2015 年 7 月 29 日至 8 月 2 日共 5 天。之后每天观察水果玉米种子的发芽情况，记录胚根、胚芽的数量和最高长度。

实验结果:

表 7　不同光照条件下水果玉米胚根、胚芽数量变化

试验期	生长情况	抽屉无光	桌上有光
第 2 天	胚根	27 颗，最长 2 厘米	9 颗，最长 2 厘米
	胚芽	没有	没有
第 3 天	胚根	29 颗	11 颗，最长胚根 4 厘米
	胚芽	15 颗，最长胚芽 4.5 厘米	2 颗，最长 1 厘米
第 4 天	胚根	29 颗，都脱水枯萎了	11 颗，都脱水枯萎了
	胚芽	15 颗，最长胚芽 7 厘米，淡绿色，营养不良的样子	4 颗，最长胚芽 2 厘米，淡绿色，营养不良的样子
第 5 天	胚根	29 颗，都脱水枯萎了	11 颗，都脱水枯萎了
	胚芽	15 颗，最长胚芽 7 厘米，淡绿色，营养不良的样子	4 颗，最长胚芽 2 厘米，淡绿色，营养不良的样子

分析讨论:

1. 光照不是种子发芽的必要条件。由表7可知,无论是在黑暗的抽屉中,还是在有光照的室内桌子上,试验开始第2天后都有一定量的水果玉米种子开始长出胚根,在第3天后都开始长出胚芽。

2. 放抽屉中的种子发芽情况明显好于放桌子上的。试验开始2天后,抽屉中的种子出根率高达90%,远远超过桌子上30%的出根率。3天后,桌子上胚芽只有2颗,比放抽屉培养皿中的种子胚芽数量少了13颗,而且胚芽长得比较短,这个情况一直延续到第4天、第5天。由此我们可以推断,用培养皿培育水果玉米,在抽屉无光条件下要明显优于室温有光的条件。

3. 本次试验结果符合我们科学课学过的知识,即光照不会影响种子发芽。经过分析,没有光照更利于种子发芽。我们大胆推测原因,其一,黑暗不会影响种子发芽,其二,黑暗的抽屉小环境,更利于夏季保湿和冬季保温。本次试验中,可能是放在桌子上的培养皿由于天气热的原因(室温30℃左右),水分挥发较快,进一步延缓了种子发芽的速度。由于培养皿环境不足以维持种子生长的需要,到4~5天后,2组种子的胚根、胚芽都不同程度地出现脱水和枯萎现象。实际生产中,往往需要把培育好的种子移入土壤中。

三、结论与体会

从以上四个小实验中,我们发现玉米种子的发芽率与我们预计的并不完全相同。

1. 黄金土虽然不适合种植柚子等植物,但是对于玉米的种植还是可行的,不过后期的营养要跟进,否则就不如混合黑土。

2. 同时玉米种子的发芽适合在温湿度较高的地方,但温度太高、太干燥、光照充足并不适合玉米生长。

3. 光照不影响水果玉米种子的发芽速度,而温度和湿度是决定水果玉米发芽的决定性条件。在日常生活中，由于温度和湿度适宜，不适合养花的科学实验室反而是夏季水果玉米种子发芽比较理想的场所。

此外，我们思考，是否种子发芽的条件和养花的条件一致呢？为什么适合种子发芽的科学实验室却屡屡败给鲜花？看来，我们还要继续通过科学实验，进一步挖掘其中的科学奥秘。

在撰写实验日志时，由于研究设计不同，叙述形式也不尽相同，常常可以采用以下几种形式，可根据需要灵活运用：

（1）目的和意义—实验过程和结果—分析与讨论—结论—收获和体会；

（2）目的和意义—实验过程—结果和讨论—结论—收获和体会；

（3）目的和意义—实验过程和结果—分析和讨论—收获和体会；

（4）目的和意义—实验过程和结果—结论和收获。

那么，实验日志可以记录哪些内容？

（1）研究一种植物的基本生存需求：通过对比实验、变量控制等方法，研究水分、阳光、空气、空间和营养等因素对一种植物生长的影响，了解植物与环境之间的关系。

（2）研究一种动物的基本生存需求：通过对比实验、变量控制等方法，研究一种动物对食物、空间、应激性等条件因素的需求，了解动物与环境之间的关系。

（3）探究物质的基本特性：用实验的方法研究身边物体的特点或材料的性能，探究物质的变化。

（4）研究能量的不同表现形式：机械能、声、光、热、电、磁。

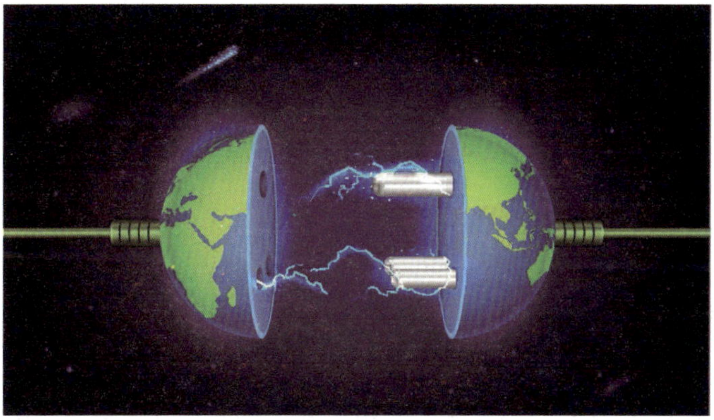

七、科学部落格的应用平台有哪些

学生会选择怎样的平台展示自己的科学部落格？哪些平台更适合展示科学部落格呢？2011~2017 年温州市小学生科学部落格评比日志应用平台统计发现，科学部落格的应用平台有 QQ 空间、个人博客、校园网平台等。其中，学生选择最多的是 QQ 空间，在 7 届评比 1243 篇日志中，共有 824 篇发布在 QQ 空间，占日志总数的 66.29%；其次是个人 Blog，共 299 篇，占日志总数的 24.05%；校园网、微博和其他平台分别占 4.99%、0.48% 和 4.18%。

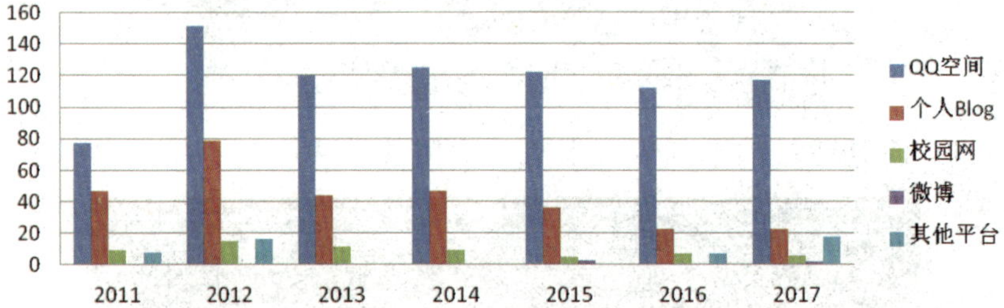

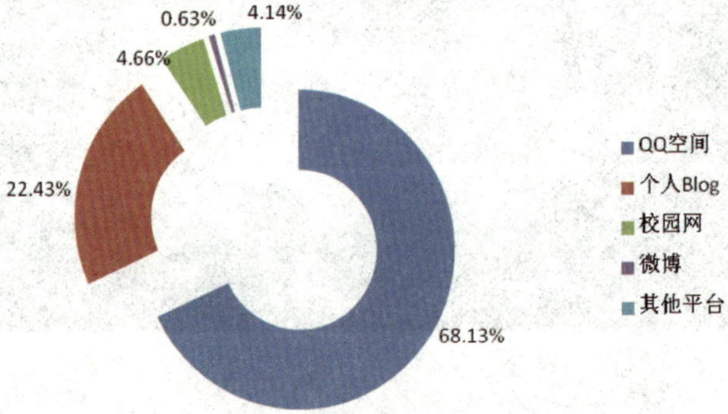

2011~2017 温州市小学生科学部落格评比参评作品应用平台统计

学生更多选择在 QQ 空间发表科学部落格，是因为大部分孩子都有自己的 QQ，在 QQ 空间里发表日志比较便捷，交流也方便。

博客是以网络作为载体，简易迅速便捷地发布自己的心得，及时有效轻松地与他人进行交流，再集丰富多彩的个性化展示于一体的综合性平台。一些孩子拥有自己的个人博客，也为科学部落格展示活动提供了方便。

微博，即微型博客，它的操作轻松便捷，但由于受篇幅限制（140 字文字更新信息限制，包括标点符号），不太适合科学部落格的展示。基于选择校园网的科学部落格所占比例不高，校园网的科学日志是基于共同的学习群体，交流活动往往参与的人数多，而且有一定交流深度，

另外，很多的校园网络平台缺少稳定性。

随着技术的发展，一些新的应用平台也逐渐出现在学生科学部落格活动中，如近几年出现的“美篇”APP，就是一款好用的图文编辑工具，能发100张图片，任意添加文字描述、背景音乐和视频，能快速写出像公众号一样图文并茂的文章，操作简单方便，非常适合学生科学部落格活动。

八、如何参与科学部落格的互动评论

互联网的本质特征就是：互动和联接。互联网时代是一个任意互动、无限联接的时代。互动，包括人与人的互动，人与物的互动，人与信息的互动。科学部落格活动基于网络平台进行跨越时空的分享、互动和交流，它将带来学生科学学习方式的变革，同时推动科学普及和科技创新，这也是科学部落格活动的核心价值所在。

阅读完一篇科学日志后，很多人选择了“悄悄地来，悄悄地走”，也有些人会留下一两个表情包“飘过”。我们到底该如何参与科学部落格的有效互动呢？可以从以下几种视角发表评论：

（一）锦上添花

从赏识角度出发，真诚赞美他人科学日志中的“闪光点”。

例：《探寻千日红的神秘面纱》（2011）

2011-9-5　19:33:07| 学生：方瑜

你写的观察日记真好，将一天一天的事记录得清清楚楚，十分具体，让我们知道了千日红是由十至一百朵小花组成的，而不是花中开花。

2011-9-5　19:00:59| 学生：王涵

你写的观察日记可真生动，既通顺又自然，我要好好向你学习！！

（二）火眼金睛

从批判角度出发，帮助他人指出观察或实验的不足之处，使之更加完美。

例：《凤仙花治疗灰指甲的初步实验观察记录》（2017）

2017-8-22　22:15　小雨的精彩

观察得好仔细！但是你的凤仙花叶子都有好多黄色的斑点，用什么方法能杀虫呢？

《我家“小可爱”们的成长记》（2017）

2017-07-11　05:46　乐清陈朋

图文并茂，记录得很清楚。日志中的图片突出用箭头会更好。

（三）指点迷津

从引导角度出发，对科学部落格中的片面认识、困惑现象等，给予纠正或解释说明。这种评论为教师、家长所写居多。

例：《摔跤吧，甲虫！——“角斗士”锹甲虫的饲养观察日志》（2017）

2017-09-18　19:18　秋月

里面内容很多，建议前面做个目录，让读者能用最短的时间了解研究的内容。

《揭开魔法鱼的神秘面纱》（2017）

很棒，看了你的日志，我也收获了很多！探究实验再深入细致些，会更好！

（四）勇于提问

从探讨角度出发，针对小伙伴的观察研究，自己有困惑和难题的留言请教。

例：《探寻千日红的神秘面纱》（2011）

2011-9-8　19:38:31| 学生：赵嫣柔

你的文章写得很好，能让我们很清楚地知道“千日红”的特点。我有一个问题：“千日红”为什么又名“杨梅花”？“杨梅花”的名字又是怎么来的？

（五）抒发情感

从感悟角度出发，写下自己读了这篇科学日志后的真实感受，包括引起共鸣的内容。

例：《探寻千日红的神秘面纱》（2011）

2011-9-5　18:56:45| 学生：叶佳欣

看了你这篇日志以后，我也懂得了学习科学要善于发现事物，并仔细观察，还要及时记录下来，才能学好。

《凤仙花治疗灰指甲的初步实验观察记录》（2017）

2017-8-23　20:32 _喵喵倒立_

观察日志写得太赞了。读了你的实验，我就马上跑阳台上又认认真真观察了好几遍自己种的凤仙花。

《蜗牛养殖记》（2017）

2017-10-08 丹玛

仔细看完了观察日记，观察具体细致，描写详实有趣，对生活有如此的兴趣与热爱，多有意思啊！

在科学部落格活动中经常发表评论，对自己而言是学习、锻炼的过程，对他人而言则是尊重和帮助，积极的评论互动能进一步提高同学们的分析能力、阅读能力、语言表达能力、沟通交流能力，在真诚的互动过程中进一步激发作者科学观察研究的积极性，增强其发表科学日志的欲望和热情，发展良好的人际交往，同时引发别人对你的关注。

九、我们如何评价科学部落格

科学部落格的评价，既要基于科学观察日记的要求，又要兼顾网络日志的特点，还应指向学生核心素养的发展。我们主要从内容是否真实，记录是否翔实，观察是否深度，互动是否积极，项目是否首创，是否有新发现等六方面加以评价。

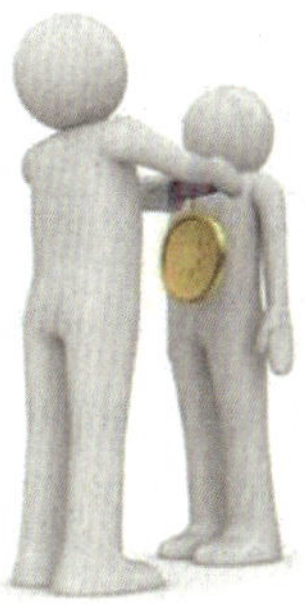

（1）内容真实。科学部落格的日志内容必须是学生本人在科学观察探索中发现的，必须是学生通过观察、考察、实验等研究手段亲自获得的，不能凭空捏造、猜测，要展示真实的探究过程，内容原创，杜绝抄袭。教师或父母可以参与具体的过程指导，但不能包办代替。进行记录阐述的时候，要对观察对象进行真实的记录，使用准确、合适的语言描述，不得出现任何夸张、渲染、移花接木等不真实的情况。

（2）记录翔实。能综合运用文字、图片、音频、视频、动画等，充分呈现自己观察发现成果，分享丰富的观察信息，有具体现象和数据支撑，媒体运用合适，文本表达准确，呈现清楚，方便读者的阅读。

在科学观察过程中，除了直接用数码技术拍摄外，还可以用绘图方法等进行记录。在对动植物进行描绘的时候，要以严谨的态度尽量把握它的细节特征。你可以画得不够好看，但不要犯想当然的错误。如果绘画形式不能表现得更准确，我们还可以用文字加以补充描述。比如当我们画一朵植物花朵时，对非重瓣的花朵最好能细数花瓣数量，表述雌雄花蕊。有时单画花朵还不够，最好加入对其植株高度、叶片形状、边缘有无锯齿或叶裂、叶片是对生还是互生等情况说明。

（3）观察深度。不能单靠一两个现象就急于下结论，提倡重复实验多次观察。一个实验结论的得出，至少要重复三次以上实验，样本越多，就越接近事物真相。鼓励学生沉下心来做探究，进行持续观察、长时观察和深度观察，提高观察品质。观察有深度，学习和思考才会有深度，才能发现别人难以发现的现象和规律。

例：《米饭的实验》

为了验证“三碗米饭”实验，某学生准备了三碗米饭，每天上学前，从冰箱里捧出其中两碗米饭，一碗尽说赞美话，另一碗用力骂，还有一碗米饭则静静躺在冰箱里，从未被理睬。一月后，他发现三碗米饭的情况是这样的：一直被赞美的米饭还是白白的，只是有点冰，变干了，变硬了；被用力骂的米饭变得又黑又臭；而原本应该变得更臭的不理不睬的米饭，居然只是变黄了。由此，他得出结论：对米饭的态度不同，结果也会不同：说好话的会发酵，散发出香气；用力骂的会变黑发臭；而不理不睬的更糟糕，甚至会流出脏水。（摘自《南方都市报》）

该案例中的实验结论得出，最大的问题就是样本太少，没有重复实

验的验证，结论也就缺少说服力。

（4）互动积极。科学部落格不同于一般的观察日记，它更大的价值和意义在于分享与交流，通过互联网平台，带动更多的人共同参与探究。因此，日志须具公开性，不得加密限制，要有一定的访问量，一定数量的评论，作者要及时对他人的提问和评论进行回复，体现与同学、同伴及其他访问者之间的互动、分享和交流。

2011-9-5 18:56:45 | 学生：叶佳欣

看了你这篇以后，我有个问题想问你，就是：为什么“千日红”是由许多小花组成的呢？我也懂得了：学科学要善于发现事物，并仔细观察，还要及时记录下来，才能学好。

2011-9-5 19:00:59 | 学生：王涵

你写的观察日记可真生动，既通顺又自然，我要好好向你学习！！

2011-9-5 19:33:07 | 学生：方瑜

你写的观察日记真好，将一天一天的事记录的清清楚楚，并记录的十分具体。让我门知道千日红是由十至一百朵小花組成的，而不是花中开花。

2011-9-8 17:46:21 | 学生：应乐章

答叶佳欣同学的问题：为什么“千日红”是由许多小花組成。有许多小花密集而成的紫色整体叫做千日红的“花序”，而不是一朵花。因为千日红是“球状花序“，又叫“头状花序”。

2011-9-8 19:37:18 | 学生：胡莼窈

应乐章，你的观察日记写的真好，有加图片还能写的那么长，你还把一天天记的仔仔细细的，我真是佩服你呀！

2011-9-8 19:38:31 | 学生：赵嫣柔

你的文章写得很好，能让我们很清楚的知道“千日红”的特点之类的！我有一个问题：“杨梅花”为什么又名“千日红”？

（5）项目首创。所谓首创，首先指选题、立意上有创意，有新意；其次，指观察方法、研究途径上有创新，选用了更为合适、合理的探究手段、技术或方法。

例：《可溶性不规则实心物体体积的测量》（2017）

点评：某同学在吃糖的时候，产生疑惑，如何测量不规则实心物体的体积大小呢？他采用的办法有：①包裹排水法：用胶带纸把方糖包裹，用排水法计算。②替代法：先后用酒精、食用油、四氯化碳、饱和糖溶液等其他液体代替水，用排“水”法计算。③用流动性强的固体（面粉）替代水，用排“水”法计算。④可塑性强的黏土制作模型来代替方糖测量。⑤利用数学中容积的内容，用嵌入法，嵌入后出现的“洞”就是该物体的体积大小。并分析比较几种方法的利与弊。

（6）有新发现。科学的核心是发现，人类观察自然，研究各种现象的最终目的是为了发现现象产生和变化的背后原因，探索自然的规律。从这个角度上看，科学部落格的最大价值，就在于通过观察、实践、探索，发现新的事物，发现新的规律，提出新的观点，或产生新的独特见解。

例 1：《虎皮鹦鹉啄食剥壳的探究》（2017）

点评：在饲养虎皮鹦鹉的过程中，作者发现食物上面有一层小米壳，小米仅 2 毫米长，鹦鹉是怎样用尖尖的喙啄开这么小的小米食取果肉的，由此展开本项目的研究。通过多角度录像记录、慢镜头观察、图像解析等方式进行多项实验，探究发现：①虎皮鹦鹉啄食，并不像猜测的那样用它的喙把小米壳啄开的，而是将小米整个啄入嘴巴的；②虎皮鹦鹉啄食并不是单靠上下两个喙，它用上喙勾，用下喙推并伸出舌头舔、卷，来吃食物的；③虎皮鹦鹉剥小米壳，是用上下喙挤压，来回搓动，使干燥的小米壳爆裂，然后用舌头卷食果肉并吐出果壳。这就是一种研究的新发现。

例 2：《金银花繁殖技术研究》（2017）

点评：小爷爷单位退休后承包了 3 亩地，自己种金银花，金银花都有哪些繁殖方式？什么样的繁殖方式适合小爷爷的地里？作者研究了不同繁殖方式对金银花繁殖情况的影响，通过问题提出、实验方案的设计和实施，以种子繁殖、扦插繁殖、嫁接繁殖、压条繁殖等不同的繁殖方式进行试验，根据试验结果通过分析比较，从而得出在温州郭溪进行金银花繁殖的最佳方法是采用扦插的繁殖方式。

当然，研究结论的得出还必须符合科学性原理。例如，某同学要研究小学生非常喜欢玩的玩具——水晶宝宝是否有毒，他设计实验去研究水晶宝宝是否会影响生物体的生长状况，分别选用了有品牌和没有品牌的水晶宝宝对锦鲫生存状态和绿豆发芽情况进行了研究，发现水晶宝宝不管有无品牌，鱼的生长状况都不理想，绿豆虽然都有发芽，但是接下去继续生长的趋势也不好，从而得出“水晶宝宝是一种有毒物质”这样的结论。这种结论的得出显然是不科学的，因为每种生物对它的生存环境，包括阳光、水分、空气、营养、空间等，都是有特定需求的，改变了生存环境中的任何一个因素，都会对生物体的生存产生影响。因此，不管水晶宝宝是否有毒，从这个实验本身来说，是无法得出“水晶宝宝是一种有毒物质”这一结论的。

以下是我们研制的学生科学部落格评价标准：

温州市小学生科学部落格评比活动评价表

一级指标	二级指标	评价要点	权重
内容	内容真实	必须是学生本人在科学观察探索中发现的，必须是学生通过观察、考察、实验等研究手段亲自获得的，不能凭空捏造、猜测或成人包办代替，要展示真实的探究过程，内容原创，杜绝抄袭。选择适合观察探索，且有一定研究意义的内容	20
	记录翔实	通过文字、图片、音频、视频、动画等充分呈现自己的观察发现，分享丰富的观察信息，媒体运用合适，文本表达准确，呈现清楚，方便阅读	15
过程	观察深度	提倡持续观察、长时观察和深度观察，不能单靠一两个现象就急于下结论，鼓励学生沉下心来做探究，提高观察品质	15
	互动积极	日志须具公开性，不得加密限制，要有一定的访问量，一定数量的评论与回复，体现与同学、同伴及其他访问者之间的互动、分享和交流。日志页面设计合理，富有美感	20
创新	项目首创	选题首创，或在研究方法上有创新	10
	有新发现	在观察实践的过程中能有自己新的发现，或能产生新的独特见解	20

十、教师如何支持学生的科学部落格活动

科学部落格是学生课外进行的自主实践活动，充分体现了科学学习的探究性、自主性和创造性。在这样的活动中，教师需要做什么？基于科学部落格的小学生课外探究学习活动要经历“日志选题—观察记录—成果展示—互动交流”四个阶段，在这四个阶段中，教师需要有效介入指导引领。

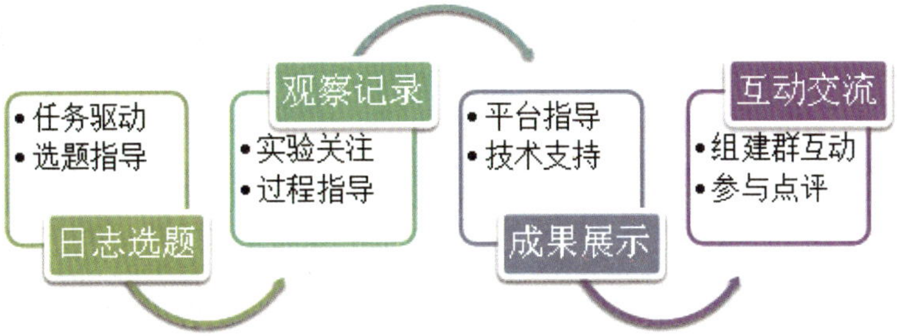

1. 日志选题阶段

该阶段主要是做好任务驱动和选题指导。要通过班级宣传、现场展示、制作海报等多种形式发动，激发兴趣。选题是学生最困惑的事，要降低选题难度，增加学生参与的广度。教师要指导适度，慢慢渗透选题，让选题接近学生的学习和生活，可以在此基础上为学生整理各年级段科学

部落格活动选题参考手册，降低选题的难度和神秘感，使得更多的学生愿意去尝试。然后再逐步放手，让学生提出自己的研究问题。随着科学部落格活动的逐步开展，学生提出问题的能力将逐步提升，选题内容也必将越来越丰富。

2. **观察记录阶段**

该阶段主要是做好实验关注与过程指导。科学部落格活动是一种自主学习活动，学习时间从课内走向课外，学习空间从教室走向网络，有的学生需要经历从扶到放的过程，教师要给予关注和适当的指导。另外要及时做好家校沟通，要争取家长对学生科学部落格活动的支持，及时了解学生观察探索过程中遇到的问题，给予适度的帮助和支持。

3. **成果展示阶段**

该阶段主要做好平台推荐和技术支持。因为不同的平台各有优缺点，教师需要帮助引领。学生第一次上传日志，上传图片、音频、视频等资料，都可能需要老师帮忙，因此，每位教师自己也必须掌握一定的网络技术，才能更好地回答学生提出的问题，为学生科学部落格活动提供全方位的支持。

4. **互动交流阶段**

该阶段互动交流是科学部落格的重要环节，是科学部落格区别于一般科学观察日志的特征，也是科学部落格活动的主要价值所在，通过网络平台联接更多的探索主题，自主形成更多的学习“部落”，带动群体探究。教师可以创建 QQ 群、微信群等，方便学生在群平台发布自己的部落格。也可以为学生的部落格创建二维码，创作科学部落格海报，帮助学生宣传、推广，引起更多同伴、同学乃至家长的关注和交流。

在交流中，教师要有效引领学生参与互动研讨，而不是让学生留一堆表情飘过。同时，教师自己也要积极参与点评活动，正像一位科学老师描述的那样，“科学老师或班主任老师的一段留言会让孩子们受宠若惊，这种成就感将成为学生学习的原动力，激发学生更加投入地去探索、发现科学”。

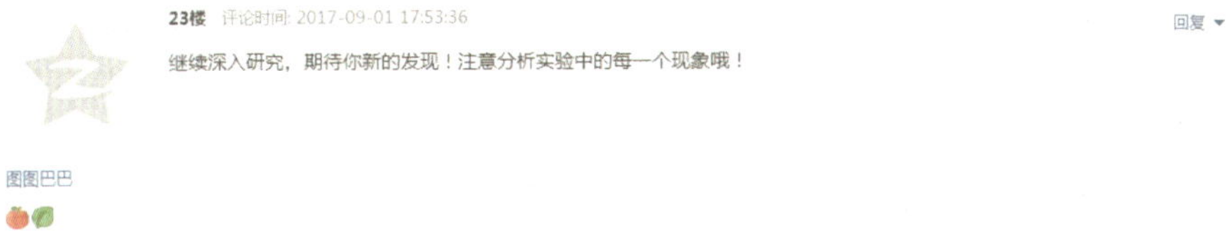

为鼓励学生科学部落格活动的热情，教师还要设计一个相应的评价激励机制，来调动学生参与的积极性。可以根据学生在科学部落格活动中的具体表现，评定“科学部落格之星”“科学达人”“小科学家”等，并给予相应的奖励，比如烧杯、量筒、滴管、注射器、塑料管、试管、试管夹、放大镜、显微镜等科学部落格活动需要的工具，从而有效鼓励激发学生，引领更多学生参与科学部落格实践。

第三章

科学部落格的技术支持

科学部落格的技术支持

- 选题阶段
- 观察记录阶
  - 使用观察工具
    - 如何使用放大镜
    - 如何使用普通光学显微镜
    - 如何使用简易便携式显微镜观察
    - 如何记录、保存显微镜下的图像
- 分享交流阶段
  - 把数据转化为图表
    - 柱形图
    - 折线图
    - 饼图
    - 雷达图
    - 散点图
    - ……

- 用思维导图做日志构思
  - 什么是思维导图
  - 如何制作科学部落格思维导图
  - 用软件绘制科学部落格思维导图
- 建一个家庭实验室
  - 家庭实验室类别
    - 家庭种植实验室
    - 家庭饲养实验室
    - 技术工程实验室
    - 家庭化学实验室
    - 家庭综合实验室
  - 家庭实验基本仪表仪器
- 用美篇做科学部落格
  - 如何创建日志
  - 如何导入日志图片
  - 如何添加日志标题
  - 如何设置日志封面
  - 如何添加背景音乐
  - 如何进行图片编辑
  - 如何添加日志内容
  - 如何删除、增加和调整日志内容
  - 如何插入视频
  - 如何编辑视频
  - 如何预览日志
  - 如何选择日志模板
  - 如何日志设置访问权限
  - 如何进行日志分享
  - 如何更新日志内容
  - 如何统计访问情况
  - 如何进行评论和回复评论
- 用QQ空间做科学部落格
  - 如何创建科学观察日志
  - 怎样修改科学观察日志
  - 怎样在日志中插入图片
  - 怎样调整图片大小、位置
  - 怎样在日志中插入视频
  - 如何回复日志评论

科学部落格活动是一种项目式学习活动，是一种跨学科学习，是一种线上学习与线下学习相结合的混合式学习，聚焦了学生探究能力、问题解决能力、技术应用能力和实践创新能力的培养。在互联网学习环境中，科学部落格活动需要有多种技术支持学生的观察、记录、分享、交流活动。本章将按科学部落格活动的基本流程，从选题，到观察，到记录，到分享，介绍科学部落格的相关技术支持。

一、用思维导图构思

选题是科学部落格的第一步，在确定选题后，如何进行研究构思，这是一件非常重要的事情。不少科学部落格因为缺少研究的整体设计，导致观察实验活动不连续，无条理，主次不分，记录混乱。因此在做科学部落格之前，还必须理清观察研究的思路，使之精确化、简明化、条理化。用思维导图能帮我们更好地进行日志构思。

（一）什么是思维导图

思维导图又称脑图、心智地图、脑力激荡图、灵感触发图、概念地图、树状图、树枝图或思维地图，是一种图像式的思维工具，一种利用图像式思考的辅助工具。思维导图还是一种能训练人们发散性思维的工

具，它因模仿人脑皮层的放射性结构而具有创造功能、启发功能、助记功能和清理思路功能，被越来越多的人们用于做笔记，用于演讲和写作做提纲，用于创造性思考迅速记下创意设想等。用思维导图写科学日志，有利于理清思路，让研究有的放矢。有了研究的整体框架，再开展观察研究活动，可以避免研究的无目的性，让研究更有序，写成的科学日志可读性也就更好了。

例如，我们要认识细胞的构造和功能，一般把细胞分成三个基本部分，即细胞膜、细胞质和细胞核。这种从细胞的外层到内层，逐渐深入，逐层剖析，最后达到对整个细胞认识的过程，就是研究的一种逻辑秩序，就是一种思路。当然反过来从内层到外层逐层认识，也是一种逻辑秩序，也是一种思路。由于客观事物运动变化的过程是多层次的、复杂的，因此人们的思路在一开始的时候，往往也反映出多层次和复杂的情况。例如，当我们认识了细胞从外到内可分为细胞膜、细胞质和细胞核以后，深入一层更细致地认识每一部分的构造和功能，如细胞质又可以从基质、细胞器和包含物三方面去认识；再深入一层，细胞器又可以从线粒体、叶绿体、内质网、内网器、高尔基体、溶酶体、微丝、微管、中心粒、核糖体等方面认识，像这样一层一层地思考和认识，就是思路的层次性。

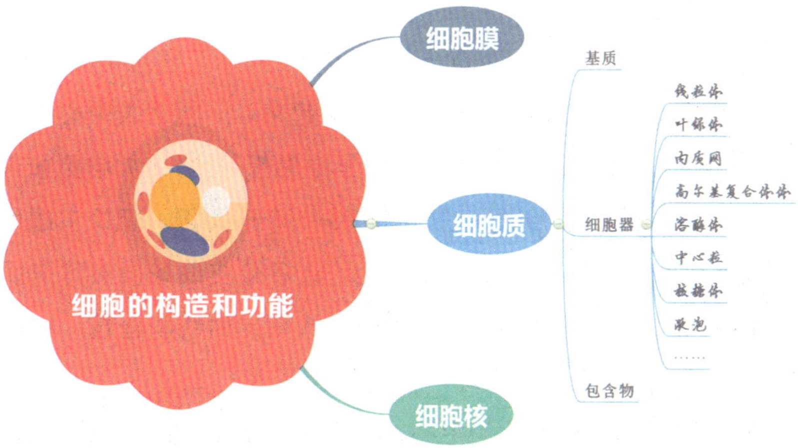

（二）如何制作科学部落格思维导图

制作科学部落格思维导图，远没有你想象的那么复杂和困难，关键在于行动。只需准备好以下东西，你就可以手工制作思维导图：A4 白纸一张；彩色水笔和铅笔；你的大脑；你的想象！

然后，就可以开始绘制了，绘制步骤如下：

（1）准备一张空白纸，横放在桌前。从白纸的中心开始画，周围要留出空白。这样会让你大脑的思维能够向任意方向发散出去，自由地、以自然的方式表达自己。

（2）准备彩色水笔。颜色和图像一样能让你的大脑兴奋，它能让你的思维导图增添跳跃感和生命力，为你的创造性思维增添巨大的能量，此外，自由地使用颜色，本身也是一件非常有趣的事！

（3）提炼日志题目的中心词（主题词）。中心词一定要明确、单一。也许你做的某项观察实验探索，通过多方面的观察，可能得到有价值的成果不止一个，那么，你应该选择一个你认为最具创新性的成果进行阐述，并暂时只在这一方面研究上“大做文章”，其他的可以不写，或仅作简单的交代，避免使自己的写作思路不清，从而使这个最具创新性的研究发现也叙述不清楚。初学科学部落格的人对观察研究探索所获的连带成果，往往不忍割爱，总想着把什么问题都说清楚，结果枝蔓丛生，主次不明，什么也没有说清。

（4）把中心词写在白纸的中心并圈画起来。一幅代表中心思想的图画越生动有趣，就越能使你集中注意力，集中思想，让你的大脑更加兴奋！

（5）由中心出发，围绕主题，写出 3~7 个次主题，把次主题用关键词的形式写在由中心发散出来的线条上。让各分支线条自然弯曲而不是像一条直线，因为人的大脑会对直线感到厌烦，曲线和分枝，就像大树的枝杈一样，更能吸引你的眼球，也更具有美感。

（6）再以每一个次主题为中心，写出 3~7 个次次主题。也把次次主题用关键词的形式写在由次主题发散出来的线条上。一个关键词会使你的思维导图更加醒目，更为清晰。每一个词汇和图形都像一个母体，繁殖出与它自己相关的、互相联系的一系列“子代”。

例：“独角仙的观察”思维导图

（三）用软件绘制思维导图

除了手工绘制外，也可以用软件来制作科学部落格思维导图，网络中制作思维导图的 APP 非常多，下面以 MindMaster 为例介绍思维导图的制作。

1. 创建一个模板

打开思维导图软件 MindMaster，点击新建→空白模板，如果想使用经典模板点击经典模板即可，不使用模板就自己直接点新建空白模板。

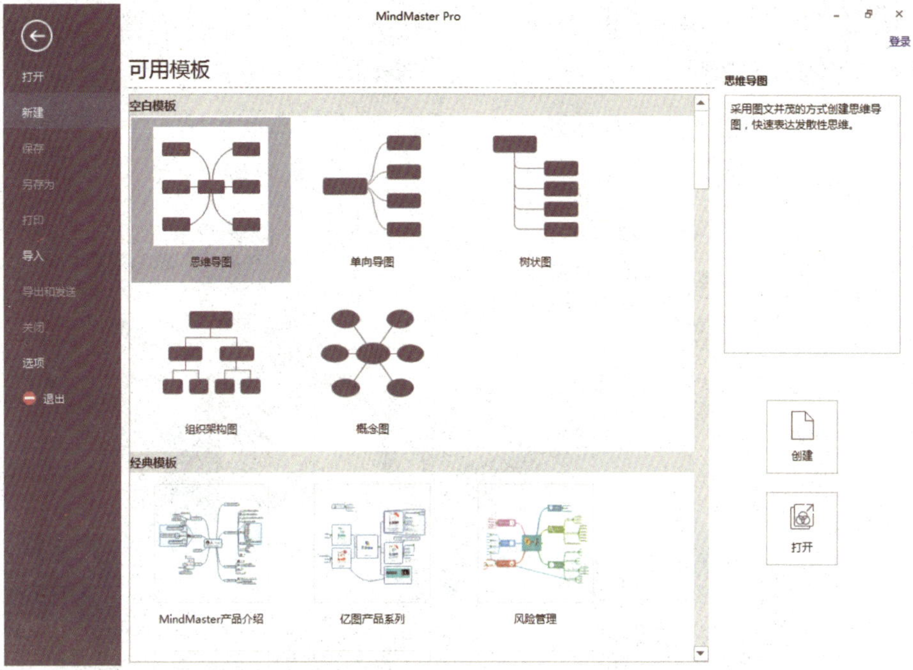

2. 给思维导图添加主题

直接新建空白图，会出现中心主题，Enter 键创建同级主题，Tab 键切换需要细化的主题，Insert 键创建更深层次来细化这个主题。点击分支主题，以同样方法即可创建下个分支主题。

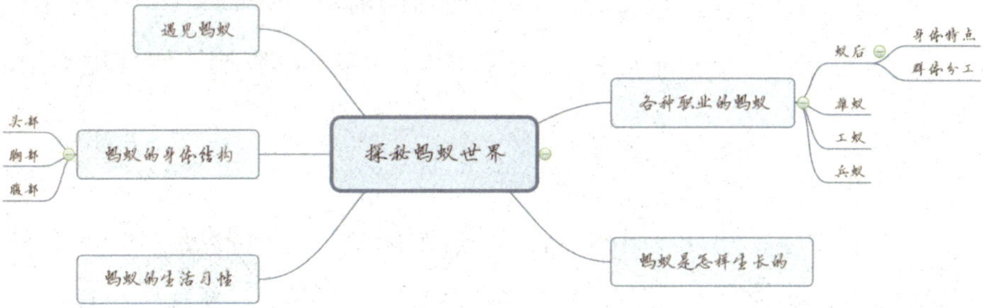

3. 修改主题文本

双击主题名称，即可修改主题文本，软件右侧面板选择格式即可改变颜色，字体，外形，边框等。右方还有剪贴画，图标等，都可以适当添加，思维导图的主题可以在页面样式的主题里进行更改。

4. 美化主题样式

绘制好思维导图的各主题分支结构后，打开软件右侧的工具栏，开始对思维导图的主题、背景、效果、色调、形状、分支、字体等进行调整。

5. 插入剪贴画

打开右侧工具栏，选择“剪贴画”，将选中的图形直接拖拽到绘图页面或者某个具体的主题中即可。

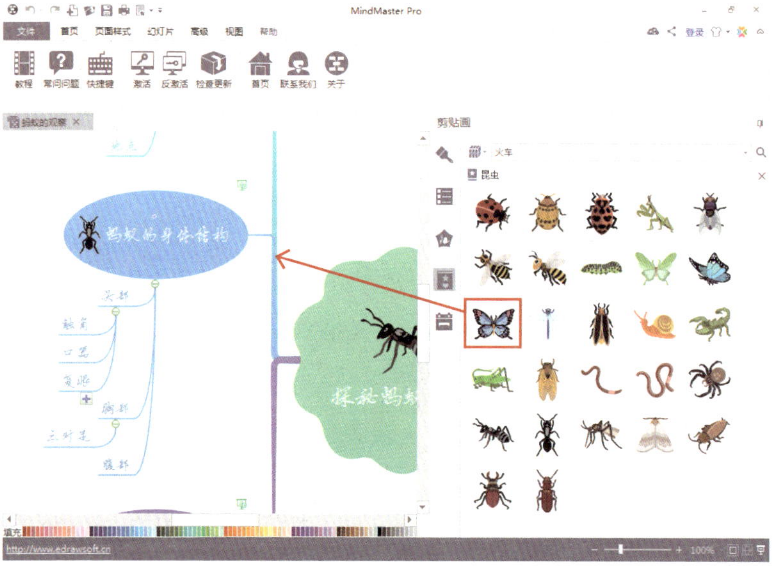

这样，一个思维导图就做好了。如果想要做出更多好看可用的思维导图，就要多多练习和揣摩。

例：“探秘蚂蚁世界”思维导图

第一步，确定中心词。以“探秘蚂蚁世界”为中心词，要写在思维导图的最中间位置。

第二步，围绕主题“探秘蚂蚁世界”，写出次主题：遇见蚂蚁、蚂蚁的身体结构、蚂蚁的生活习性、蚂蚁是怎样生长的、各种职业的蚂蚁。这也是这篇日志的主要内容框架。

第三步，围绕每一个次主题，再写出具体观察内容。如“蚂蚁的身体结构”可以分头部、胸部、腹部三个部分观察，头部又可以具体观察触角、复眼、口器等。

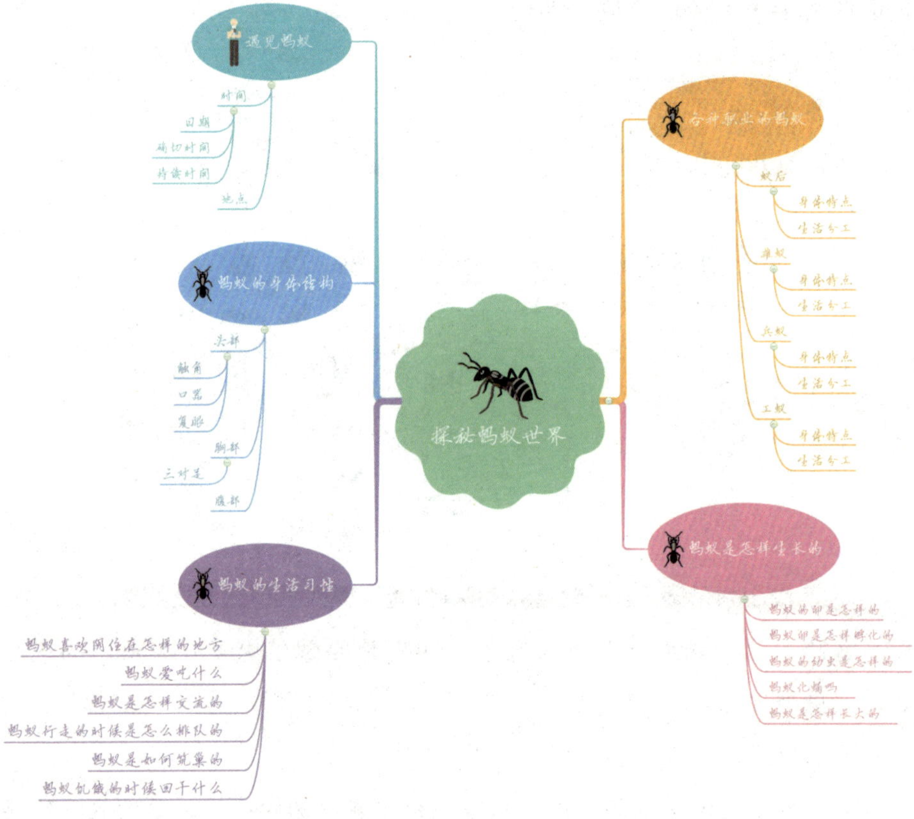

当然，刚开始做科学部落格的时候，观察研究的切入口还可以更小一些，如就单一观察蚂蚁的身体结构，甚至还可以聚焦某一部分进行深入观察，也可以做出优秀的科学部落格。

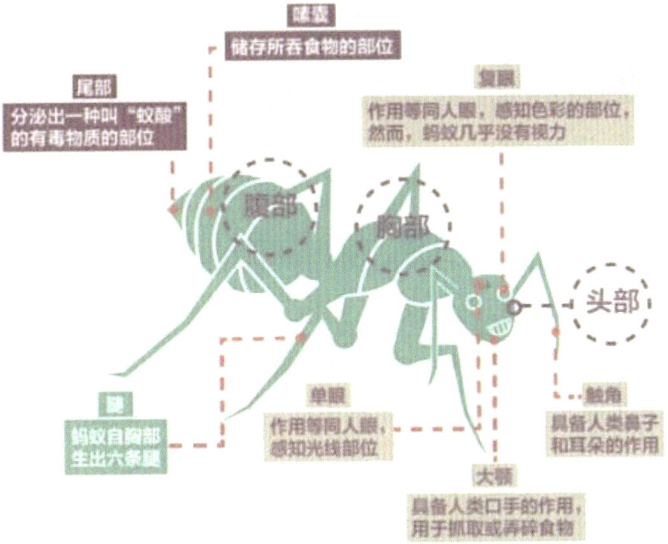

“蚂蚁的身体结构”思维导图

“观察蚂蚁的头部”思维导图

现在让我们动手为你的科学部落格绘制一张思维导图吧！

二、建一个家庭实验室

科学部落格活动倡导在自然环境中观察自然，探索自然，去留意那些真真切切就在我们身边繁衍生息，但却被我们视而不见的世界。期待我们怀揣好奇，瞪大眼睛去发现美，发现有趣的事。

当然，并不是所有的观察活动都要在户外进行，你可以收集一些令你“一见钟情”的东西带回家，在更理想的条件下进行深入、详细的观察研究。特别是一些需要设计控制变量的观察实验活动，创建一个家庭实验室，在家里做观察实验研究，写科学日志，效果更好。

家庭实验室就是在家中寻找固定角落，确定专门研究项目，在家长、教师指导下，在家中完成的科学观察实验研究活动。在选择实验室时，应根据所要开展的实验活动需要，选择不同的地点。一些种植饲养活动，需要选在阳台上或阳光照射充分的地方；一些化学实验活动，要选择特定的实验桌和实验空间；而一些简单的制作活动，则可以放在自己的小房间里。总之，要做到因“内容”而宜，因“家庭”而宜。

家庭实验室的类别有种植实验室、饲养实验室、化学实验室、技术工程实验室、综合实验室等。

（1）家庭种植实验室。

（2）家庭饲养实验室。

（3）家庭化学实验室。

（4）技术工程实验室。

（5）家庭综合实验室。

可以收集生活中的常见物品作为实验材料，还可以配备（自制、购买或借用）一些最基本的仪表仪器，如烧瓶、烧杯、滴管、护目镜、放大镜、显微镜、温度计、测力计、天平等，方便研究使用。

放大镜

放大镜用来观察物体细节的简单目视光学器件，是焦距比眼的明视距离小得多的会聚透镜。

便携式简易显微镜

这种显微镜价格较一般显微镜便宜，使用也方便，可用于一般的微观世界放大观察。

显微镜

显微镜是由几个透镜的组合构成的一种光学仪器，主要用于放大微小物体成为人的肉眼所能看到的图像。

托盘天平

托盘天平，是一种实验室常用的称量用具，由托盘、横梁、平衡螺母、刻度尺、刻度盘、指针、刀口、底座、标尺、游码、砝码等组成。

昆虫观察盒

昆虫观察盒利用凸透镜能成正立、放大像的原理，可以让我们方便地观察小昆虫。

烧杯、烧瓶等

烧杯、烧瓶等是化学实验常用的实验仪器。

护目镜

护目镜通常是一种滤光镜，可以改变透过的光强和光谱，避免辐射光对眼睛造成伤害。做化学实验的时候，也可以用护目镜来保护我们的眼睛。

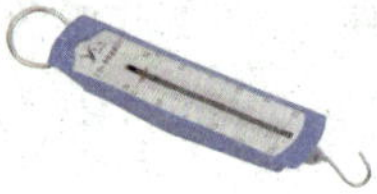

测力计

测力计是利用金属的弹性制成标有刻度的用以测量力的大小的仪器。测力计有各种不同的构造形式。弹簧测力计是利用弹簧的长度与所受外力成正比的原理制成的。

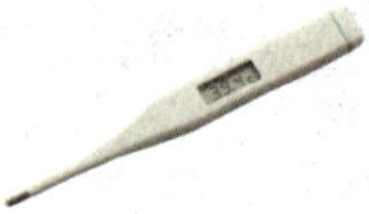

温度计

温度计是可以准确的判断和测量温度的工具，根据使用目的的区别，人们已设计制造出多种多样的温度计。

天文望远镜

天文望远镜是观测天体的重要工具。天文望远镜上一般有两只镜筒，大的是主镜，用于观测目标；小的叫寻星镜，用于寻找目标，也叫瞄准镜。

酒精灯

酒精灯是以酒精为燃料的加热工具。正常使用的酒精灯火焰分为焰心、内焰和外焰三部分，加热时应用外焰加热。使用酒精灯时应注意安全。

量筒

量筒是量度液体体积的仪器。

三、使用观察工具进行观察

人类发明了很多工具和仪器，这些工具和仪器极大地延伸了人类感官的功能，让观察实验活动获得更多、更准确的信息。因此，不管在自然环境中观察自然、探索自然，还是在家庭实验室中完成观察实验活动，都需要经常借助工具。前一节介绍了家庭实验室中可以配置哪些工具和仪器，本节内容将向大家介绍常见观察工具在科学部落格活动中的使用方法，其他工具的使用，请大家认真研读工具使用说明书。

（一）如何使用放大镜

放大镜是最常用的观察工具，携带方便，使用简单。放大镜的使用方法有两种：

一种是将需要观察的物体放置在一个固定的位置上，再将放大镜靠近物体的一侧，然后沿着肉眼与物体之间的直线方向，缓缓地移动放大镜，直至看清楚物体的细微结构为止。

另一种方法是将放大镜放置在一个固定的位置上，将需要观察的物体放置在放大镜之下（靠近放大镜），然后沿着肉眼与放大镜之间的直线方向缓缓地移动物体，直至看清楚物体的细微结构为止。

观察对象不动，人眼和观察对象之间的距离不变，手持放大镜在物体和人眼之间来回移动，直至图像大而清楚

观察方法一

把放大镜移至眼前，移动物体，直至图像大而清楚

观察方法二

（二）如何使用普通光学显微镜

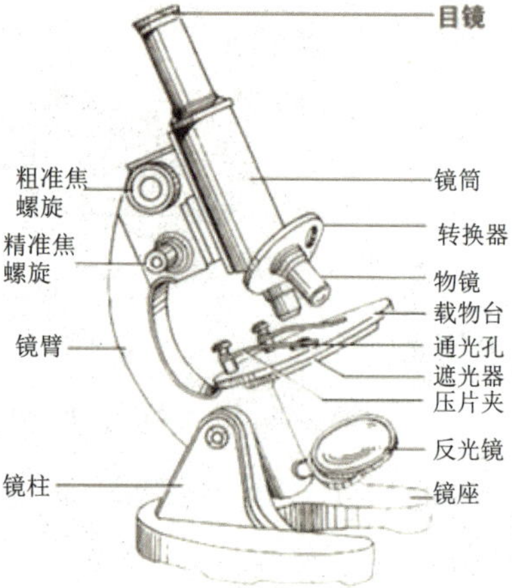

显微镜的结构

显微镜是由一个透镜或几个透镜的组合构成的一种光学仪器，是人类最伟大的发明物之一。在它发明出来之前，人类关于周围世界的观念局限在用肉眼，或者靠手持透镜帮助肉眼所看到的东西，显微镜把一个全新的世界展现在人类的视野里。

最早的显微镜是16世纪末期在荷兰制造出来的，后来有两个人开始在科学上使用显微镜。第一个是意大利科学家伽利略，他通过显微镜观察到一种昆虫后，第一次对它的复眼进行了描述。第二个是荷兰亚麻织品商人列文虎克，他自己学会了磨制透镜，第一次描述了许多肉眼所看不见的微小植物和动物。

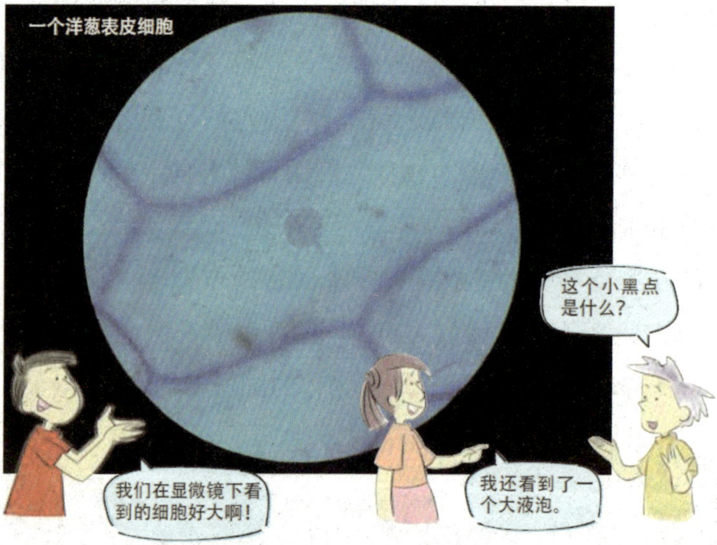

显微镜有很多类别。普通光学显微镜的使用方法如下：

（1）一只手握住镜臂，另一只手托着镜座，将显微镜向着光摆放在平坦的桌面上；

（2）转动转换器，将低倍物镜转到镜筒下；

（3）调节载物台下的反光镜，从目镜往下看，能看见一个亮白的光圈（当光线弱时使用凹面镜反光，光线强时使用平面镜反光）；

（4）调节粗准焦旋钮将镜筒抬起，使低倍物镜离载物台大约 2~3 厘米。将想观察的标本的载玻片放在载物台上，用压片夹夹住，要使标本恰好在载物台通光孔的中央；

（5）调节调焦旋钮，降低镜筒，使低倍物镜恰好在载玻片的上面；

（6）从目镜往下看，调整细准焦旋钮，将镜筒慢慢地抬升，直到标本出现在视野里为止，调整光线使你尽可能看清标本；

（7）慢慢移动载玻片，观察标本的各个部分，注意移动的方向和从目镜里看到的方向正好相反。

（8）若想看到更大的物像，可转动镜头转换器，转换成高倍物镜，并调整细准焦旋钮，直至看到清晰图像。

显微镜使用视频请扫码

（三）如何使用简易便携式显微镜观察

除普通显微镜外，还有各种各样的显微镜。下图是一种简易便携式显微镜，该产品结构简单，价格便宜，使用方便，特别适合初学者。简易便携式显微镜具有最大放大倍数 40 倍、80 倍、100 倍等规格，通常自带光源，使用时无需调光，也不受环境光线限制，是观察活动的好帮手。

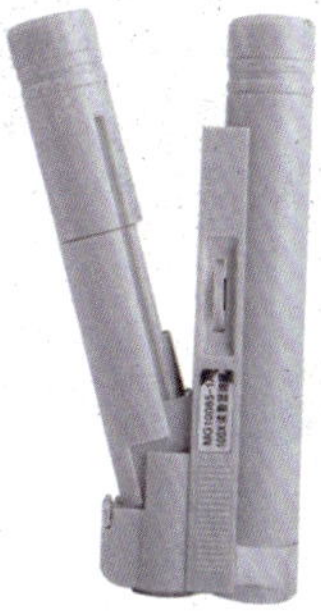

使用时，两边拉开电池盒部分，灯就会亮起，把观察物放置在防护罩中心，把眼睛对准目镜，慢慢调节调焦旋钮，直至图像清晰为止，即可开始观察。

有的简易便携式显微镜还带刻度功能，方便读数，便于我们了解图像的实际大小。

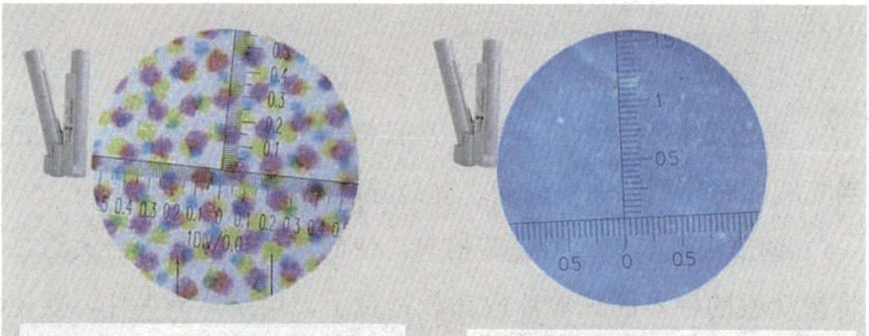

本显微镜放大80倍，对准观察物在调焦清晰时，显微镜刻度尺上的1小格等于0.01MM；0–0.1等于实际尺寸0.1MM， 小格值0.01MM。 大量程：2.0MM

本显微镜放大40倍，对准观察物在调焦清晰时，显微镜刻度尺上的1小格等于0.05MM；0–1等于实际尺寸1MM， 小格值0.05MM。 大量程：4MM

（四）如何记录、保存显微镜下的图像

显微镜观察到的物像，可以直接绘图记录，也可以使用拍摄功能进行记录。使用绘图记录时，应用左眼观察，右眼睁开，便于用右手做记录。

除了直接绘图，还可以借助一些工具进行拍摄，使用拍摄功能进行记录的常用方法有以下几种：

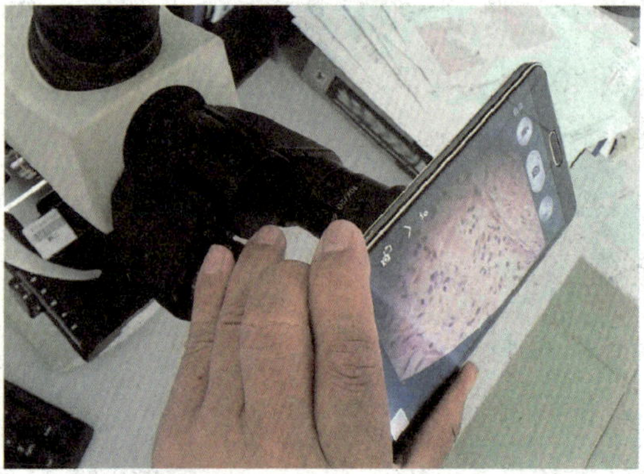

（1）直接用手机镜头对准显微镜目镜进行拍摄。这种方法使用非常方便，但在操作上难度比较高，关键是要调节好手机镜头的对焦功能，才能拍出清晰的图像。

（2）用镜头卡扣固定手机镜头进行拍摄。

（3）用手机固定架固定手机镜头进行拍摄。

（4）用电子目镜进行拍摄。电子目镜是一种针对显微镜成像专门研制而成的光电显微转换装置，可以方便地应用于任何生物显微镜、体视显微镜及望远镜镜筒中，从而给观察活动带来了快捷和极大的便利。

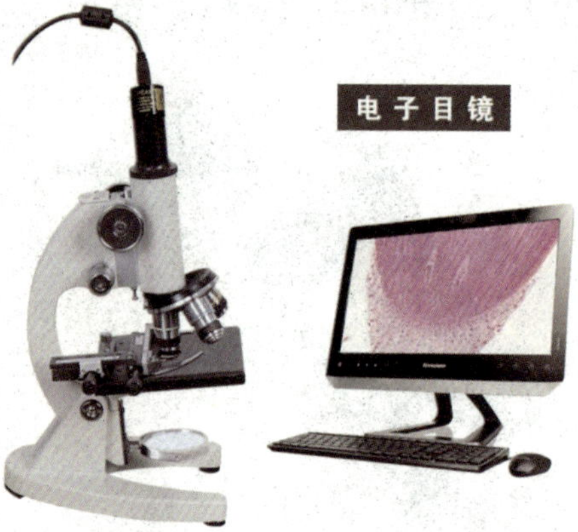

（5）用无线连接进行拍摄。这种方式在空间上更加灵活，使用更加方便，但需要较好的网络环境支持。

四、把数据转化为图表

在科学观察和科学实验中，不管是直接观察，还是借助工具，我们都将获得很多的数据，通过数据分析发现事物的背后规律或形成结论，这就是科学研究的一个过程。如何记录并呈现这些数据？用表格的方式直接录入数据比较方便，但是整体看起来会繁琐。如果能将数据转换成为柱形图、折线图、饼图、条形图、散点图等图表形式，则简单明了，形象生动，有利于帮助我们更加直观地分析数据，也有利于阅读者的理解。

怎么才能快速地将数据转化成图表？（以 Office2010 为例，不同版本方法略有不同）

方法/步骤

1. 首先，在你的电脑桌面上找到 Excel 图标，然后双击它。

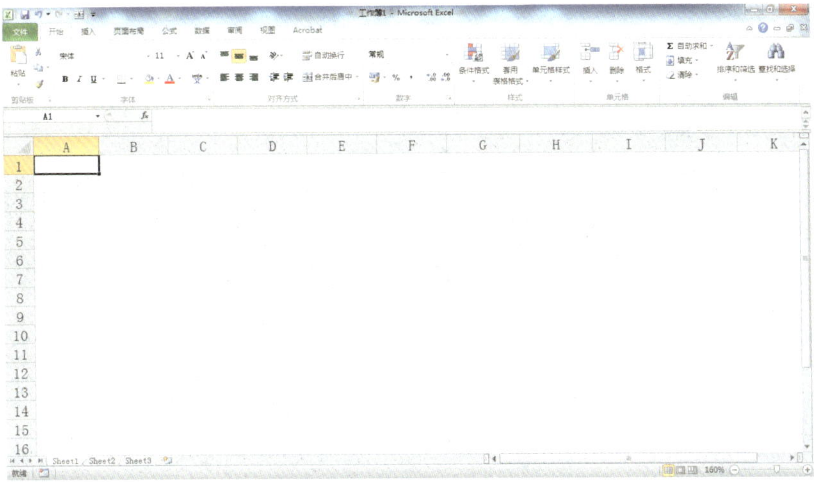

2. 将你收集到的数据输入到列表内。

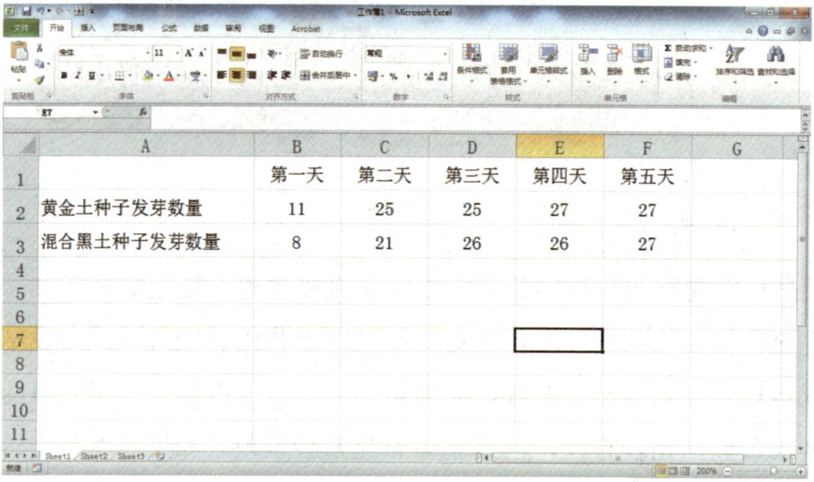

	A	B	C	D	E	F
1		第一天	第二天	第三天	第四天	第五天
2	黄金土种子发芽数量	11	25	25	27	27
3	混合黑土种子发芽数量	8	21	26	26	27

3. 左键选中你要制成图表的数据，在完全选中你要制成图表的数据后，再松开左键。

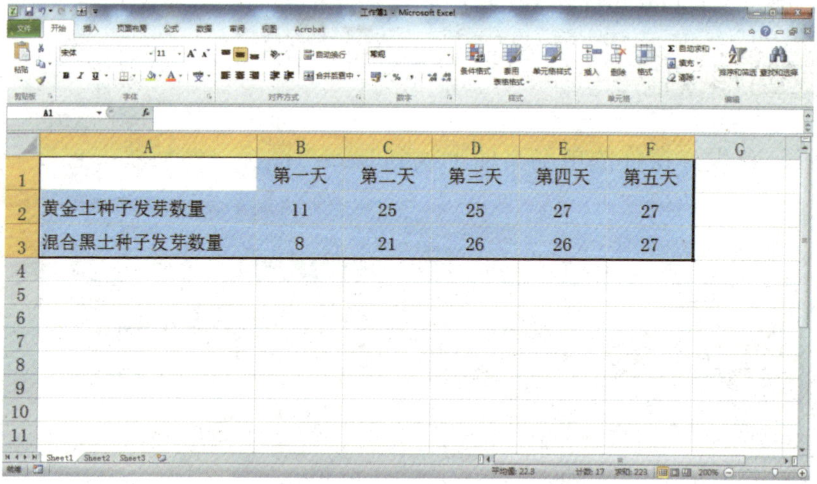

	A	B	C	D	E	F
1		第一天	第二天	第三天	第四天	第五天
2	黄金土种子发芽数量	11	25	25	27	27
3	混合黑土种子发芽数量	8	21	26	26	27

4. 在 Excel 的菜单栏上，找到“插入”选项，点“插入”选项后，会出现“图表”选项，你可以选择柱形图、折线图、饼图、条形图等。

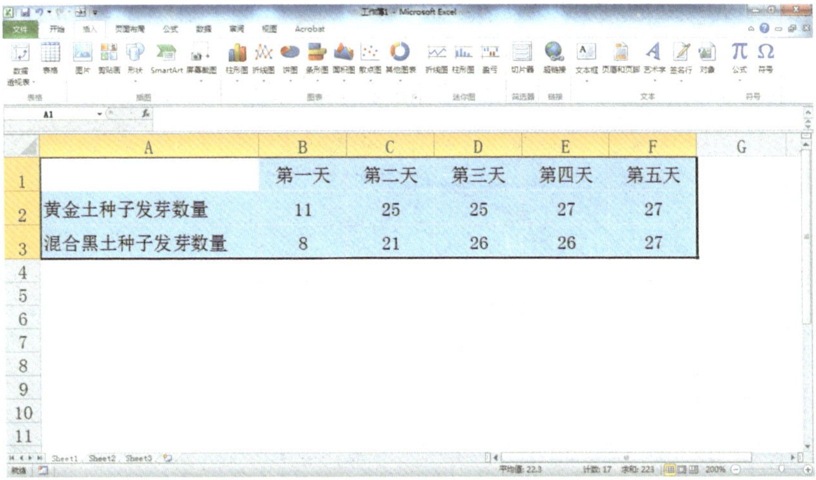

（1）柱形图。

柱形图常用于显示一段时间内的数据变化或显示各项之间的比较情况。效果如下：

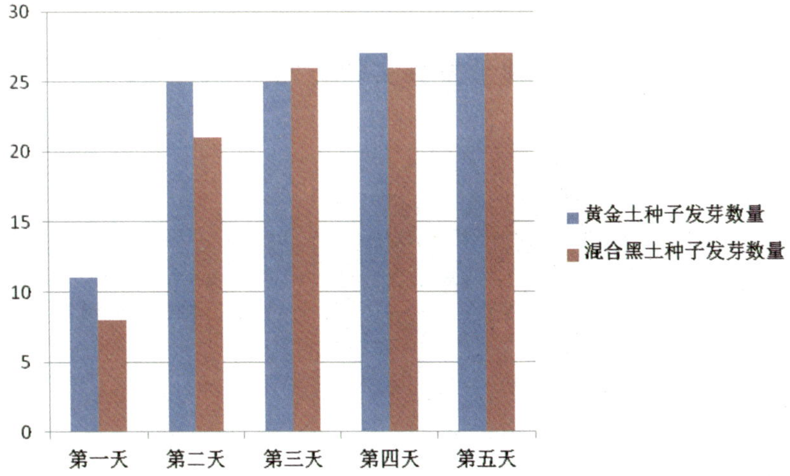

（2）折线图。

折线图可以显示随时间（根据常用比例设置）而变化的连续数据，适用于显示在相等时间间隔下数据的趋势。效果如下：

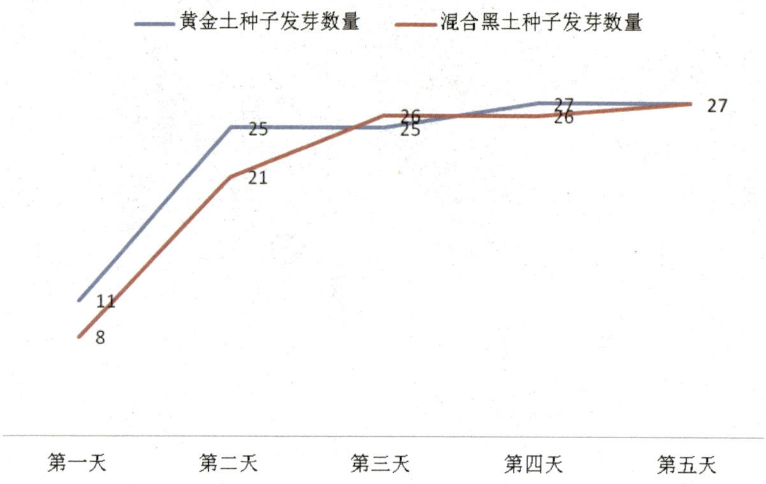

（3）饼图。

饼图通常用于显示各个组成部分的所占比例。效果如下：

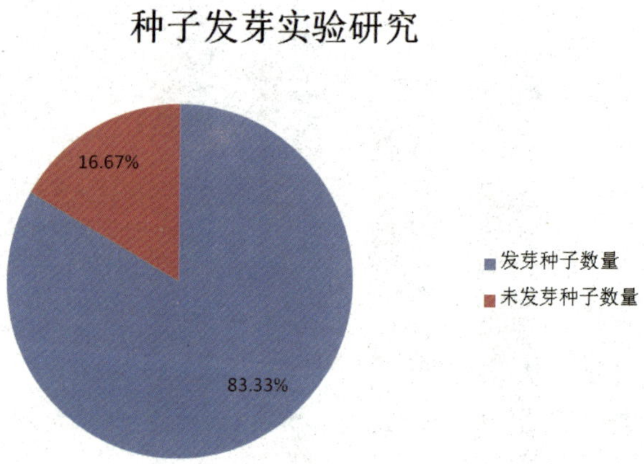

（4）雷达图。

雷达图，又称为蜘蛛网图。可将一项研究的各项分析所得的数字或比率，集中画在一个圆形的图表上，使用者能一目了然地了解各项指标的变动情形及其好坏趋向。效果如下：

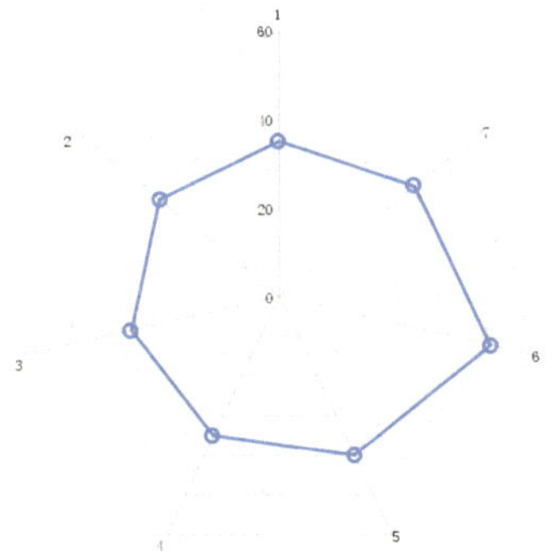

（5）散点图。

散点图是指在回归分析中，数据点在直角坐标系平面上的分布图，散点图表示因变量随自变量而变化的大致趋势。效果如下：

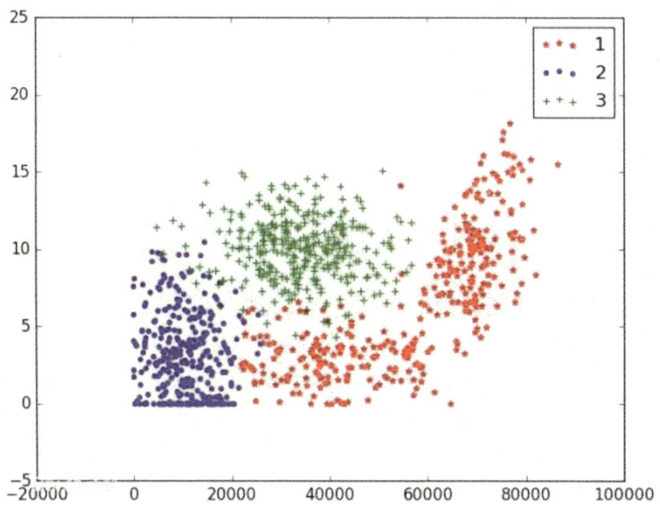

5. 根据你的呈现需要，还可以选择更多图表模板。

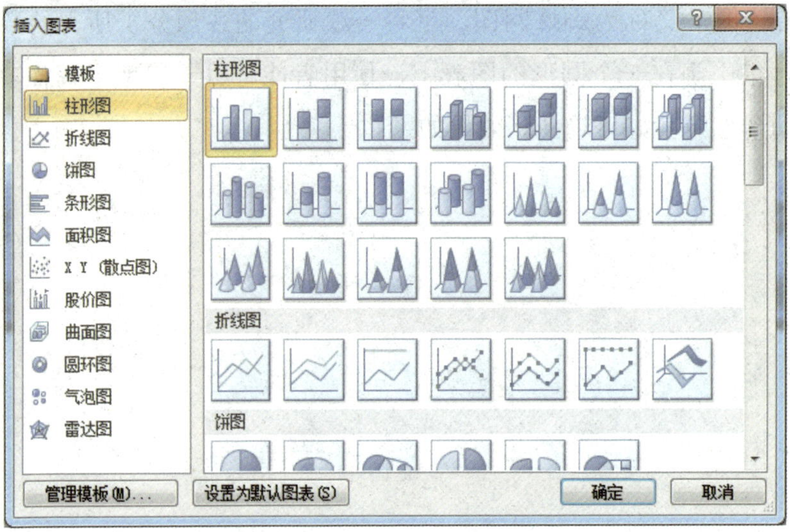

6. 还可以对图表样式、图表布局进行更多的设置。

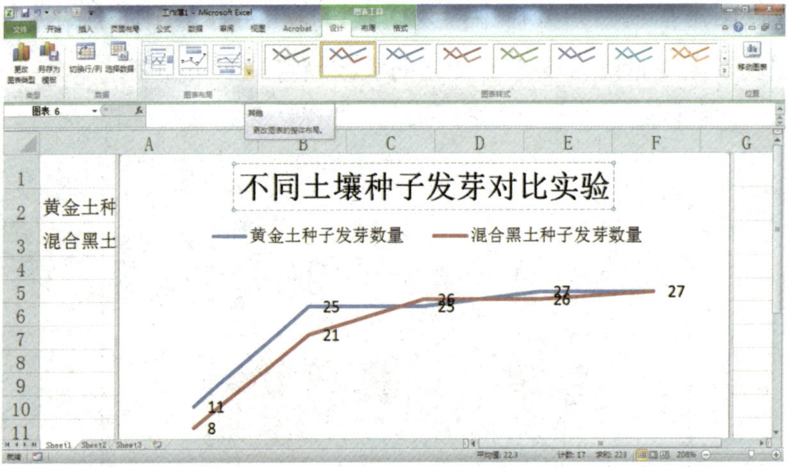

7. 动态更新图表中的数据。在生成图表后，如果发现图表中的数据有变化，无需删除重做，只要将对应的数据更新后按回车键，新的图表将自动生成。

8. 将生成的图表保存为图片格式的文件，就可以插入科学部落格中了。

五、用 QQ 空间做科学部落格

交流、分享是科学家一种非常重要的行为，一位科学家在完成一项研究成果时，常常会把它拿出来与更多的科学家交流分享，倾听他人的意见和建议，改进自己的研究。科学部落格活动也是一种科学研究活动，在我们完成观察、记录活动之后，下一步就是要把你的观察发现呈现在网络上，与更多的人分享。分享是一种态度，更是一种勇气。如何借助技术进行分享呢？方式是多种多样的。下面以同学们比较熟悉的网络交流工具——QQ 空间为例，谈谈科学部落格的相关应用技术。

（一）如何创建科学观察日志

在 QQ 空间上用文字及图片等来发表、交流自己的科学观察发现是一种比较常用的方法。然而对于刚刚接触网络的人而言可能还不知道怎样在 QQ 上发表日志，下面将详细为初学者介绍怎样在 QQ 空间里发表日志。

方法 / 步骤

1. 首先，用账号密码登录自己的 QQ 空间。

也可以先登录 QQ，然后将鼠标放置头像上方，在弹出的页面上，单击“QQ空间”图标，即可打开 QQ 空间。

2. 弹出的新页面就是 QQ 空间，主页面板里有“日志”“相册”“留言板”“说说”等内容，要写一篇日志。那么单击“日志”标题即可。

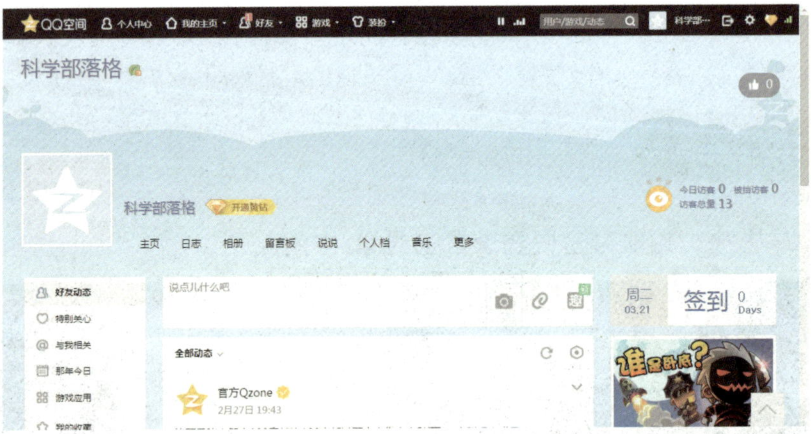

3. 单击“日志”后会出现一个新的分类页面。可根据自己的需求，选择对应的分类。如果日志不想让别人看到，那么可以点击“私密日志”。科学部落格活动重在分享与交流，所以不要选择“私密日志”！直接点击左下方“写日志”。

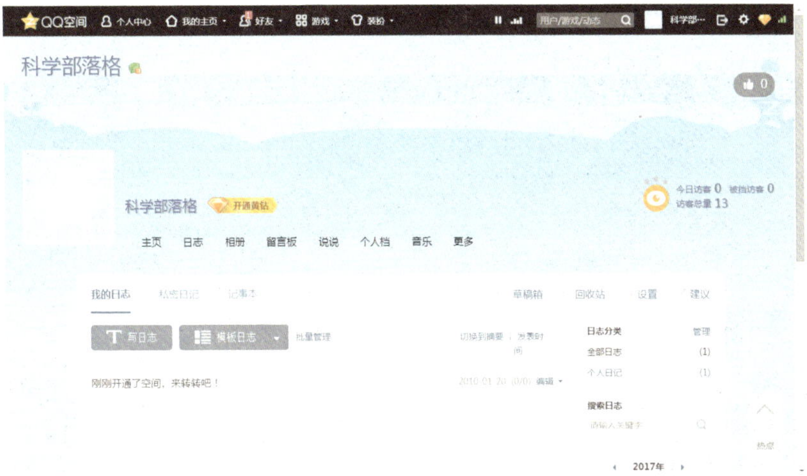

4. 进入写日志的页面，就可以撰写自己的科学观察日志了。首先，输入文章标题，如“关于 ××× 的观察日志”等。

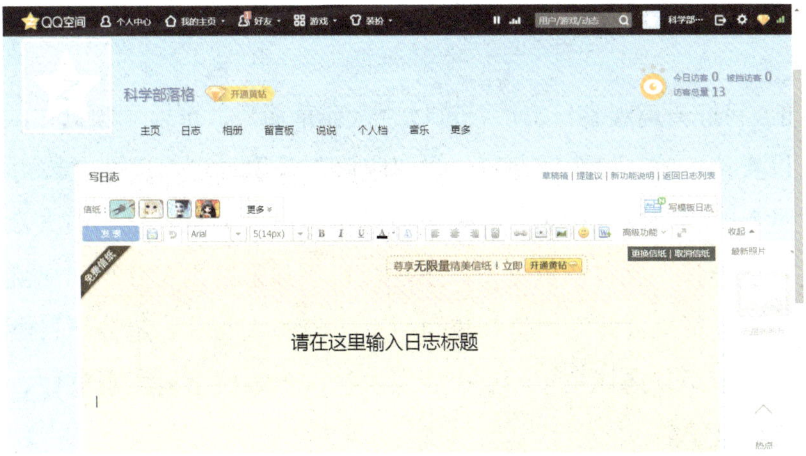

5. 拟好题目后，就可以在正文输入栏输入你的科学观察发现。别忘了在每篇观察日志的开头添加时间、天气等信息，因为对科学观察而言，这些都是非常重要的“证据”。另外，建议给每篇观察日志另取一个小标题，这样，其他人来QQ空间阅读科学观察日志就更方便了。

在日志编辑工具栏中，还有“字体”“字号”“加粗”“倾斜”“下划线”“对齐方式”等按钮，可自行摸索，选择使用，可以让你的科学观察日志界面变得更加整洁美观。

6. 写好一篇观察日志后，可以“保存草稿”，可以“预览”，也可以直接发表。发表时还可以做“权限”设置，可以选择“QQ好友可见”“指定好友可见”。如果暂时不想被别人看到自己的文章，还可以选择“仅自己可见”。不过，科学部落格重在分享和交流，因此要选择“公开”，这样就可以有更多的人与你一起分享科学研究的精彩了！选择完毕，点击“发表”，一篇网络科学观察日志就成功面世了。

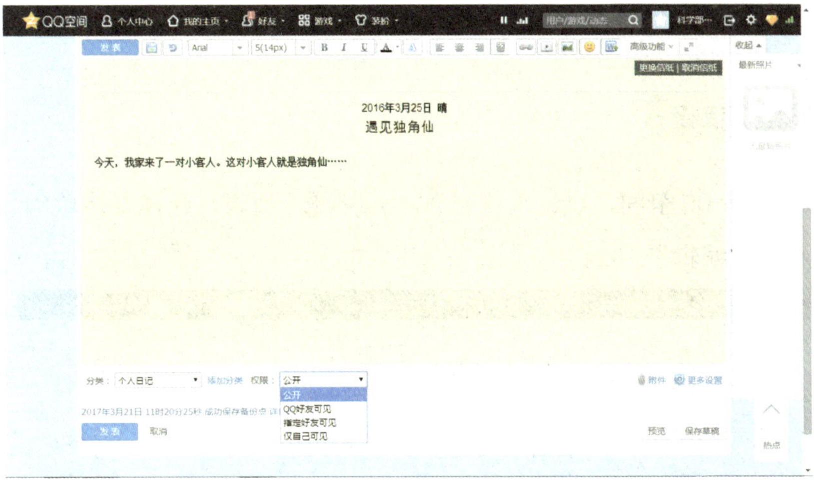
QQ空间
2016年3月25日 晴
遇见独角仙
今天，我家来了一对小客人。这对小客人就是独角仙……
公开
QQ好友可见
指定好友可见
仅自己可见

QQ空间
科学部落格
主页
日志
相册
留言板
说说
个人档
音乐
更多
关于独角仙的观察日志
关于独角仙的观察日志
2016年3月25日 晴
遇见独角仙
今天，我家来了一对小客人。这对小客人就是独角仙……

（二）怎样修改科学观察日志

方法 / 步骤

1. 登录 QQ 空间，点击“日志”，出现日志列表，选择要修改的日志，点击“编辑”。

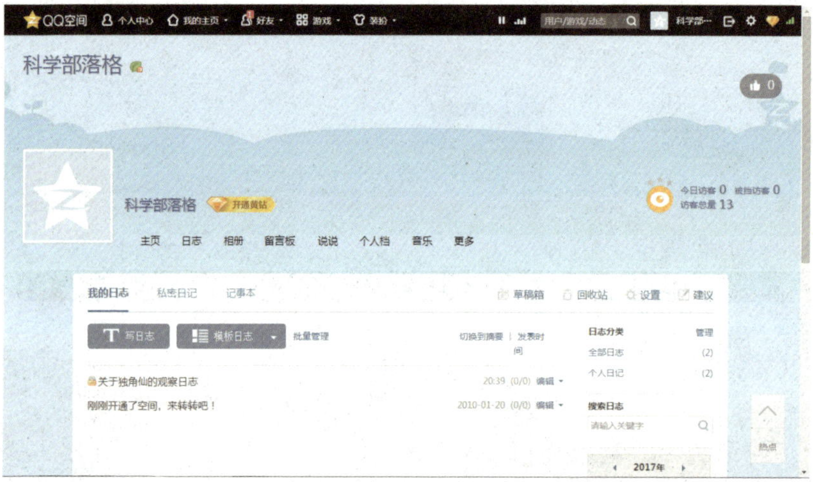

2. 修改日志内容后点击“发表”，修改后的日志内容就发表出来了。

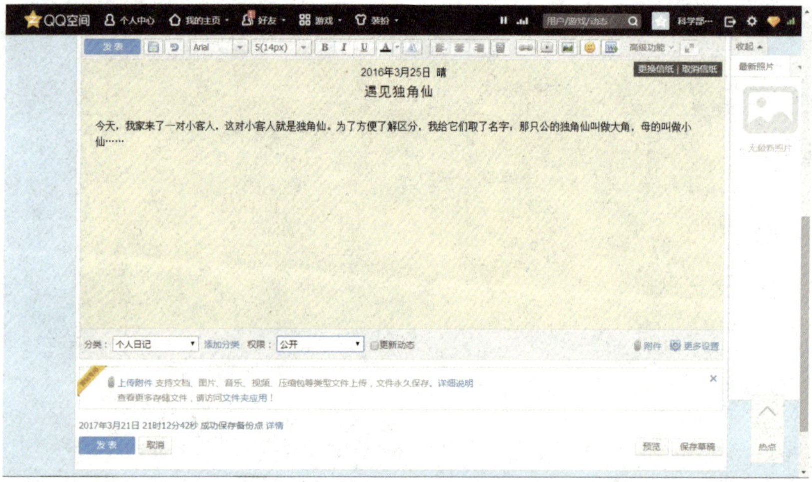

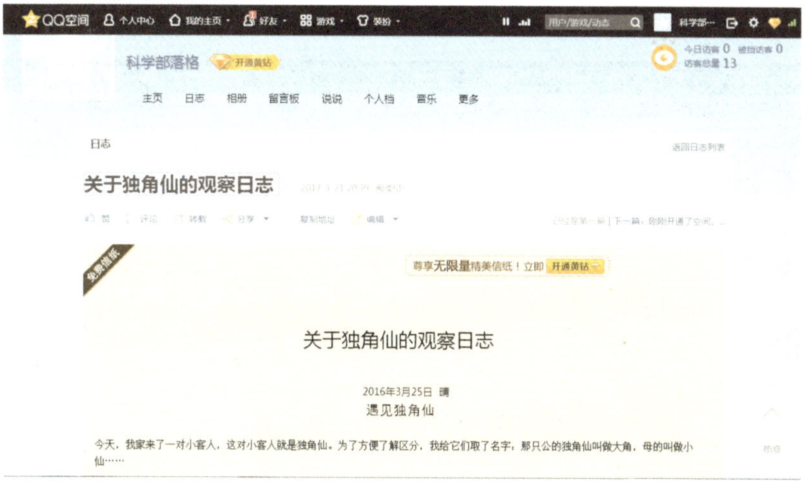

（三）怎样在科学观察日志中插入图片

步骤 / 方法

1. 登录 QQ 空间，点击“相册”，然后点“上传照片”。

2. 第一次使用，需要先创建相册。

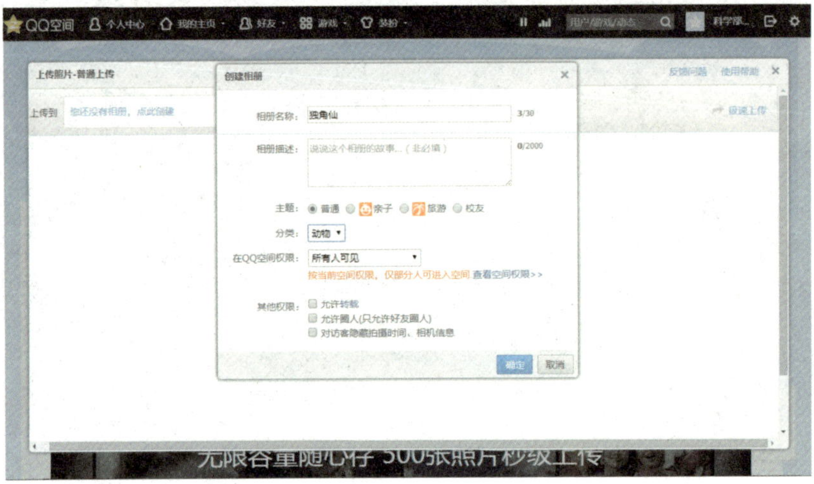

3. 选择需要插入的照片上传，按住 Ctrl 键可以同时选择多张照片。

4. 选择完毕，点击“开始上传”。

5. 上传完毕。

6．在QQ空间点击“日志”→“写日志”，进入编辑状态，将光标移动到需要插入图片的位置，然后在日志编辑框上方工具栏右上角位置点击插入图片按钮。

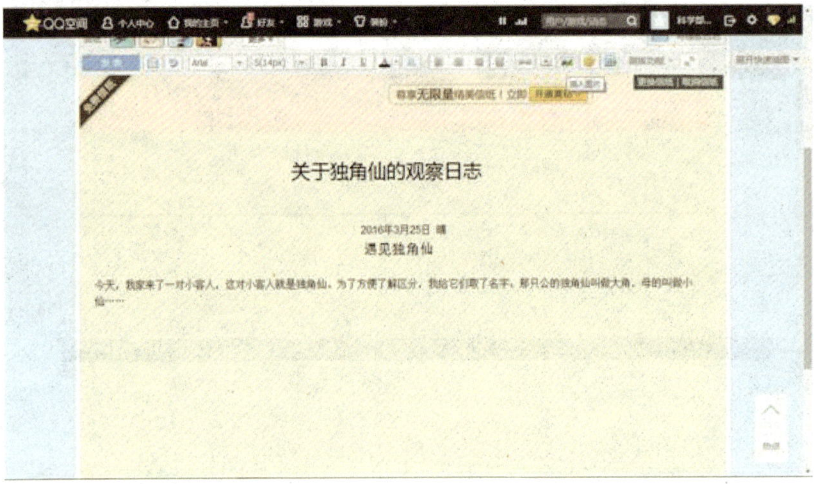

7．从“相册选择”中选择一张照片插入。

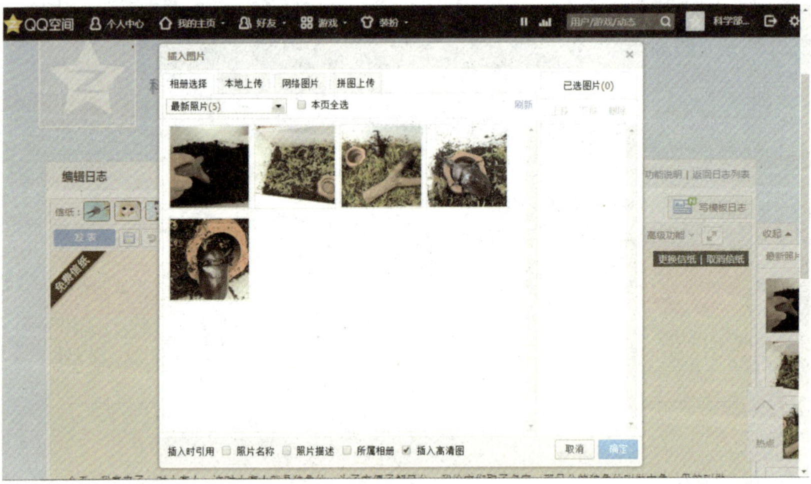

8. 当然，你还可以用“本地上传”“网络图片”“拼图上传”等方式选择插入图片。

“本地上传”是指从你的电脑中选择图片直接上传插入。

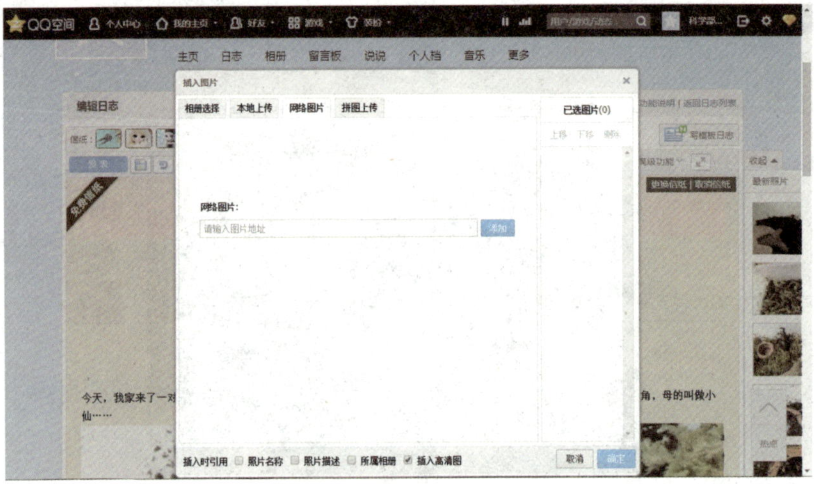

“网络图片”是指选择网络中的图片插入，添加网络图片地址即可。

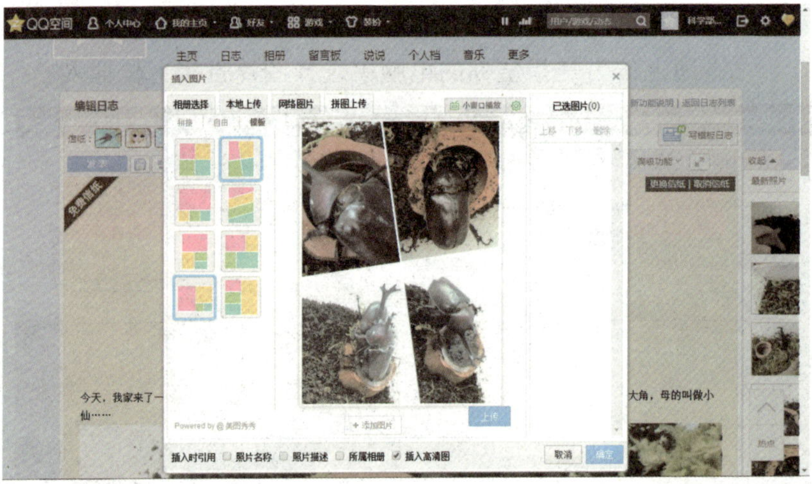

“拼图上传”可以同时从“相册”或“本地”选择打开多张图片，按照“图片拼接”“自由拼图”“模板拼图”三种方式组合，特别适合需要同时多图呈现的网络科学观察日志。

9. 点击“确定”，图片就在日志中出现了。

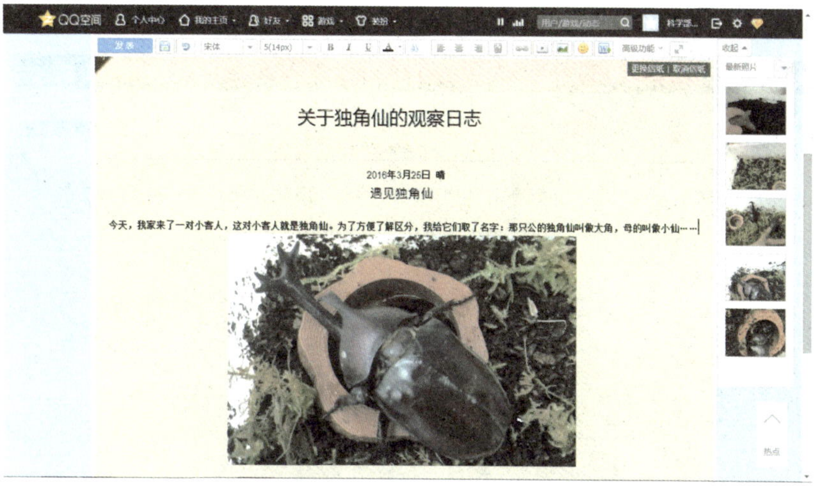

（四）怎样在科学观察日志中调整图片大小、位置

在科学观察日志中插入图片，经常出现图片把页面“搅乱”的情况，如何调整图片大小、位置呢？

步骤 / 方法

1. 进入日志编辑界面，单击日志中要调整的图片，图片左上角会弹出图片编辑按钮。

2. 图片大小编辑可以选择“默认”“大”“中”“小”。

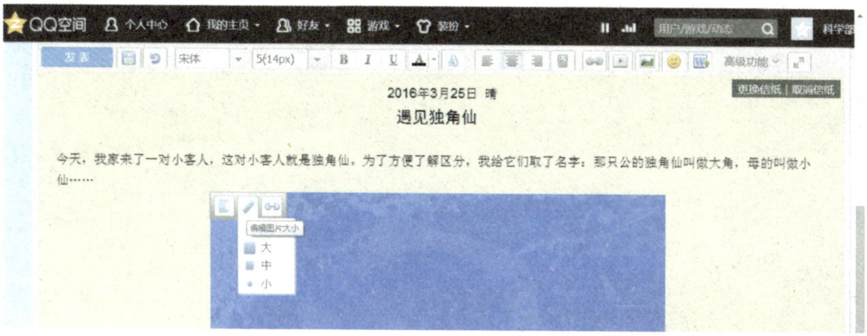

3. 图片位置编辑可以选择“默认”“居左”“居中”“居右”“居左环绕”“居右环绕”等。

下图是“居左环绕”效果。

下图是“居右环绕”效果。

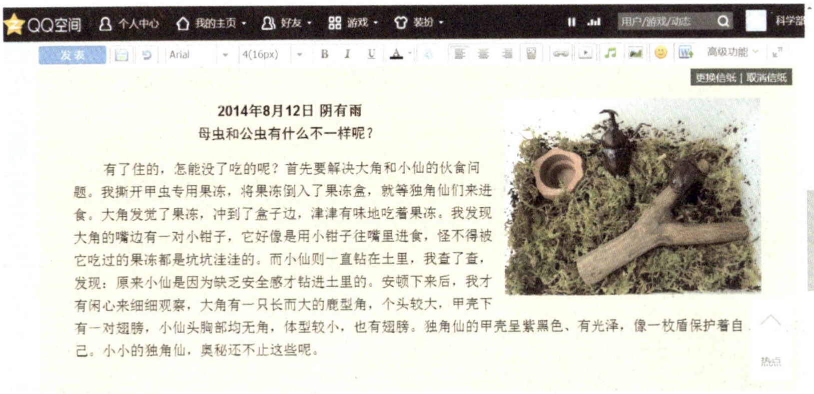

（五）怎样在科学观察日志中插入视频

方法 / 步骤

1. 在 QQ 空间点击日志，进入写日志的编辑状态，找到插入视频的图标。

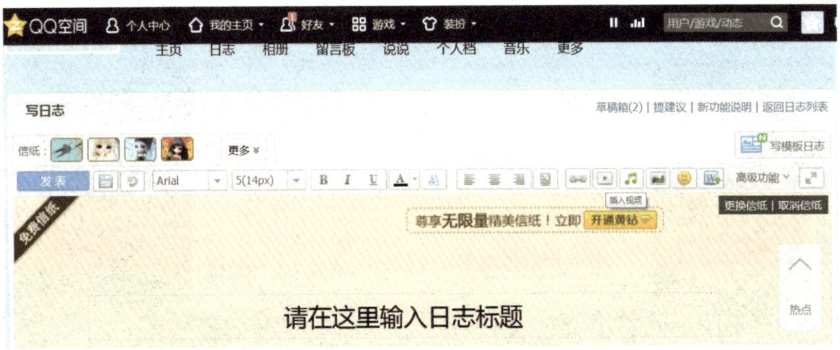

2. 选择视频。

在 QQ 空间日志中插入科学观察日志视频，可以选择以下两种方式中的任意一种方式：①在“我的视频”中选择；②“网络视频”添加到日志中。

（1）我的视频。从电脑中选择上传视频，或使用 QQ 空间、腾讯播客中“已上传视频”，以及腾讯播客中“已收藏的视频”。

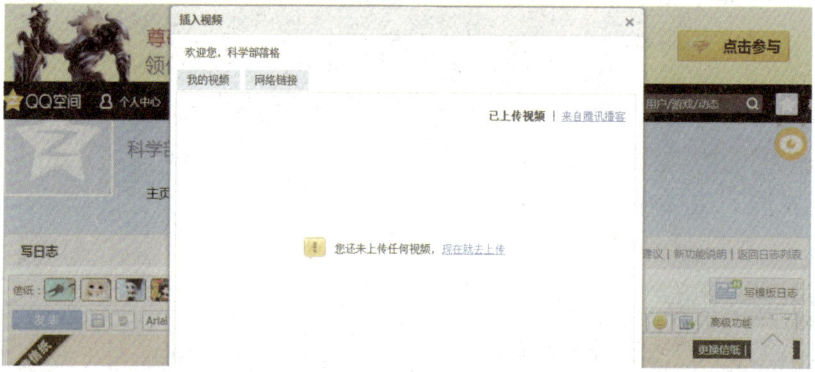

（2）使用网络链接视频地址。请在输入框里输入视频网页地址或视频文件地址；目前腾讯视频、优酷等网站支持直接输入视频网页地址。

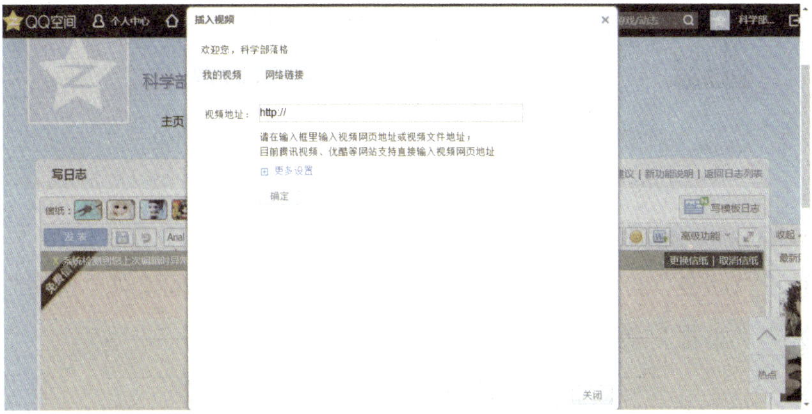

（六）如何回复日志评论

评论和回复是科学部落格的重要特征，通过科学观察日志的评论和回复，学会分享、学会交流、学会交往。

1. 登录QQ，进入QQ空间后点击要查看的科学观察日志标题，在日志下方，就能看到评论。

2. 在评论栏右侧点“回复”，输入回复内容，点“发表”，即可回复评论。

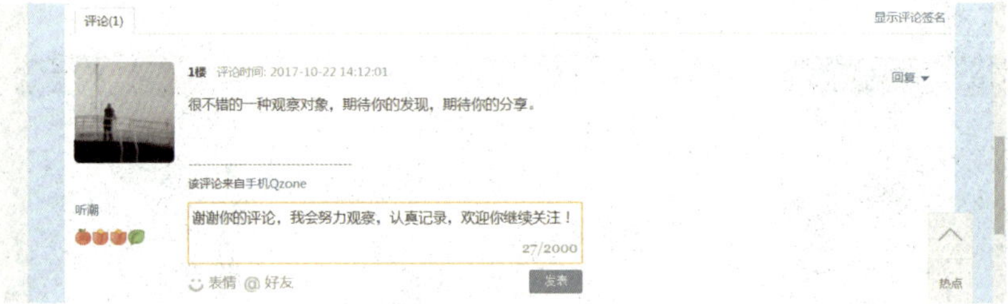

3. 在“回复”的下拉菜单中还有其他评论的管理功能，如“引用”“删除”“举报”等，可以在评论管理时选择使用。

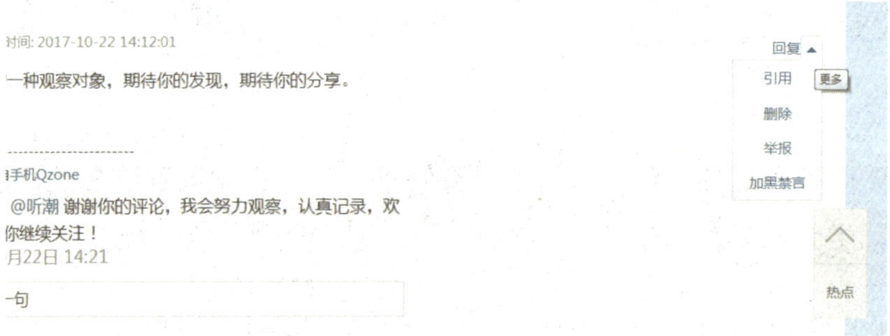

六、用“美篇”做科学部落格

美篇是一款从图文编辑工具功能出发，基于用户内容分享的原创图文社交 APP。它支持批量导入图片，逐一配文，急速编辑，方便分享到微信朋友圈等社交平台，轻松让每个用户拥有自己的“私人公众号”和专栏，有人称之为“日记游记的分享神器”，比较适合学生科学部落格的展示与交流。如何用美篇做科学部落格呢？

方法 / 步骤

1. 创建日志。手机下载美篇 APP，登录后点击主界面下方的“+”按钮，新建一篇文章。

2. 导入日志图片。选择你想要导入的科学观察日志的图片，可以直接拍照，也可以选择手机里已有的照片，选好后点击“完成”，选择图片的顺序就是导入后的顺序。

3. 添加日志标题。点击设置标题，给观察日志设置一个题目。

4. 设置日志封面。点击“编辑封面”图标，在已导入的图片中选择一张作为封面。该封面图片还将成为分享时的缩略图。

5. 添加背景音乐。点击“添加音乐”图标，可以给文章设置一首合适的背景音乐，可以让读者阅读更享受。要注意音乐的选择，可以在“音乐库”中选择，可以点“我的”上传本地音乐，还可以“搜索在线音乐”。

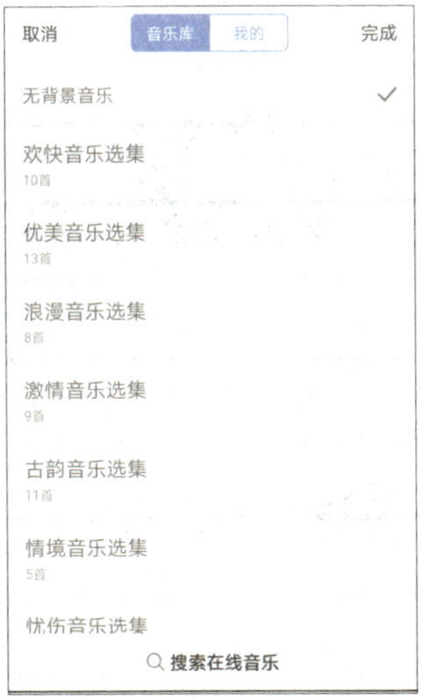

6. 进行图片编辑。点击图片，进入图片编辑界面，可以更换图片、删除照片，还可以对图片进行旋转、裁剪、加滤镜等操作。

7. 添加日志内容。点击图片右边的区域“点击添加文字”，可以给图片增加 5000 字以内的文字描述。文字可以设置粗体，改变字号大小、文字位置、文字颜色等。科学部落格每篇日志都要求有时间、天气等信息，一般放在日志开篇之前，字号大小可以和日志正文有所区别。

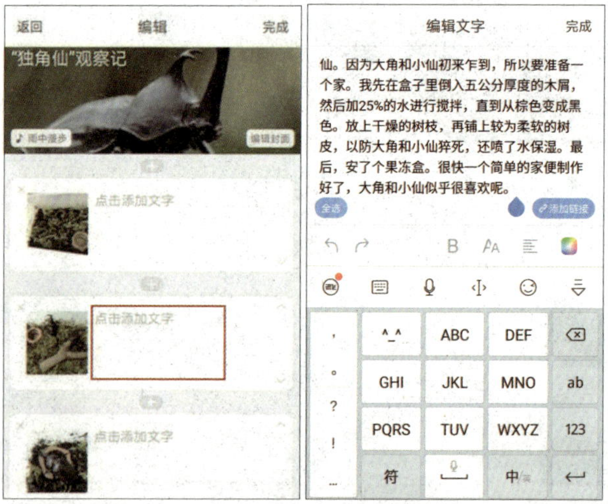

8. 删除、增加和调整日志内容。

你可以点击图片左上角“×”按钮直接删除，可以点击右侧“上”“下”箭头，整体移动段落。

需要在两篇日志中插入另一篇日志，可以点击两篇日志间的“+”按钮，之后会弹出插入选择框，在这里可以插入纯文字、图片或视频。

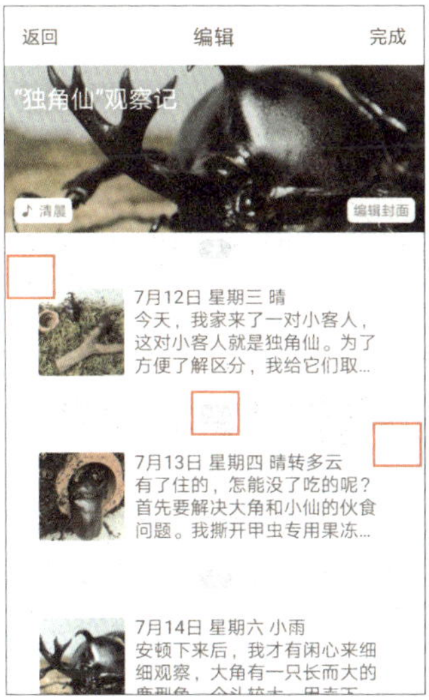

9. 插入视频。插入视频有两种方式，可以选择优酷视频，也可以上传本地视频，本地视频可以是新拍视频，也可以是已有视频。

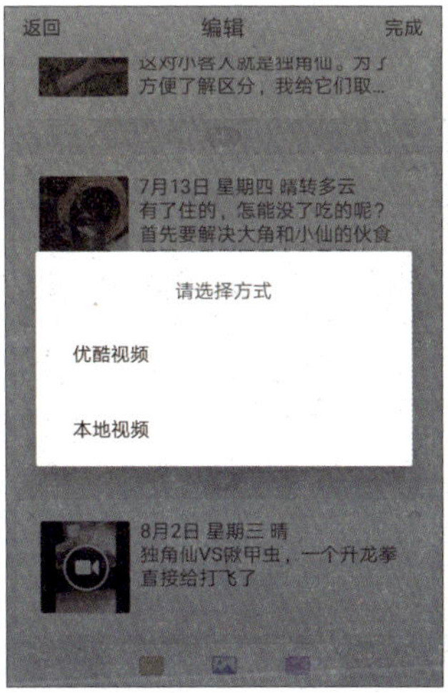

10. 编辑视频。选中插入视频后，可对视频进行裁剪选择，点“确定”后进行裁剪、压缩，完成后，“点击添加文字”，添加日志内容。

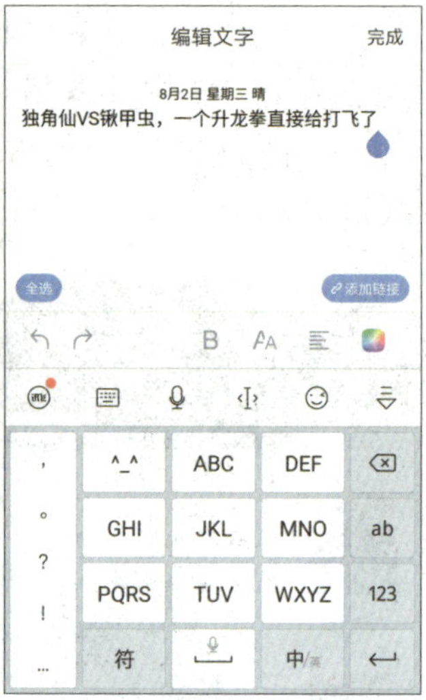

11. 预览日志。文章编写完成后，点击右上角“完成”按钮，即可进入预览界面，也可以随时点击“编辑”按钮，返回编辑界面修改文章。

12. 选择日志模板。

点击右下角“模板”按钮，可以给文章设置模板。为方便阅读，一般不建议选择动态模板。选定模板后，点击“完成”，就可以看到日志最后的效果了。

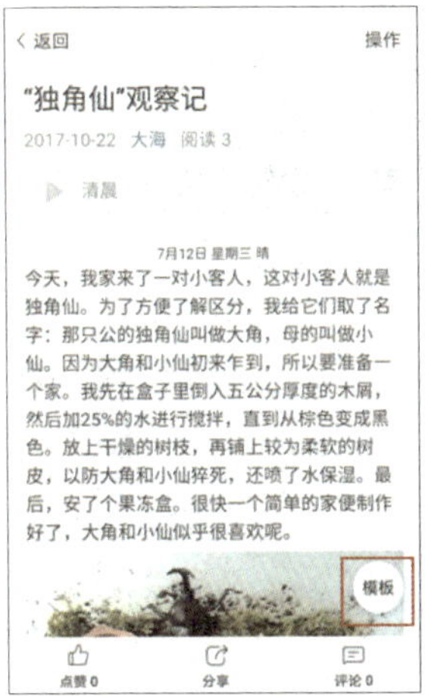

13. 设置日志的访问权限。

如果对日志不满意，可以点击“编辑”继续修改，感觉满意了，就点击“下一步”，进行日志设置，科学部落格访问权限要求“公开”，要允许评论。最后点击“完成”。

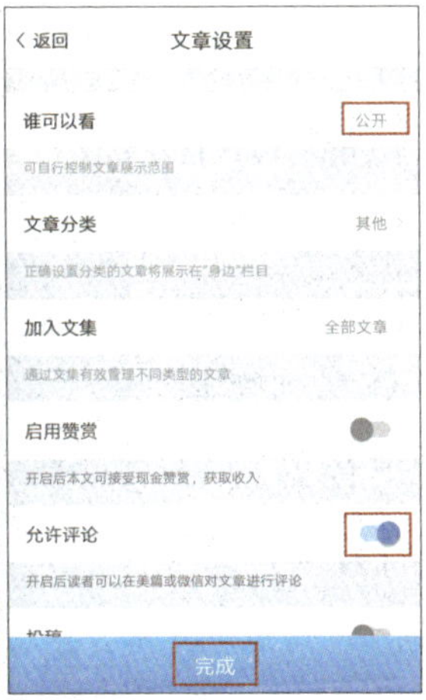

14. 分享日志。

科学观察日志完成以后，美篇会先把你的文章发布到服务器进行保存，然后弹出分享平台选择面板。美篇的日志分享方式包括：朋友圈、微信、微信小程序、新浪微博、QQ、导出长图、海报、复制链接、浏览器等方式，其中直接生成日志海报的功能，在校园科学部落格活动中非常实用。

15. 更新日志内容。

已发布的文章，可以再次编辑。点击右上角的“操作”按钮，选择“编辑”即可，科学观察日志在后续的观察中有新发现的，可再编辑更新。完成修改后，即可自动刷新日志内容。之前分享出去的日志内容会同步变化，无需再次分享。

操作功能中还有复制、删除等功能。注意！日志一旦删除，已经分享到微信/微博等平台的内容也无法再打开了。

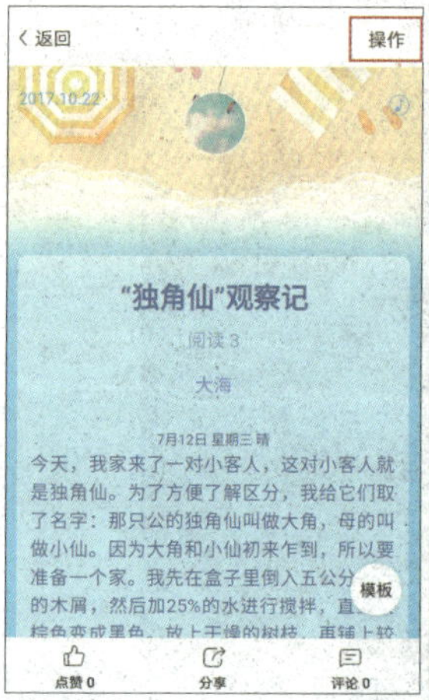

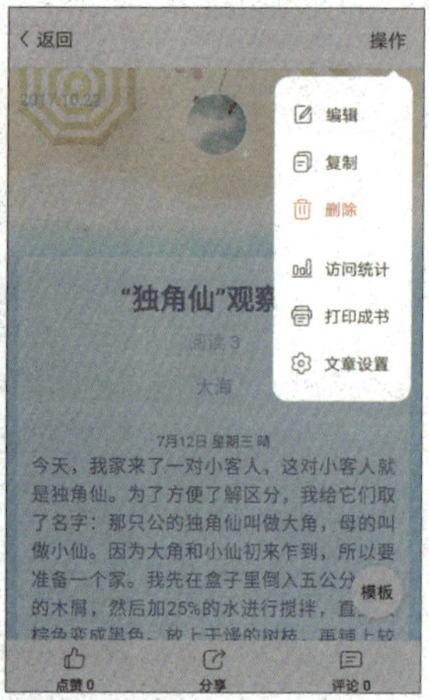

16. 了解访问情况。

美篇还全面支持社交互动。“访问统计”可以看到已发布日志的总浏览量，以及点赞和分享的数量，还能统计出访问者的访问来源和地域分布。

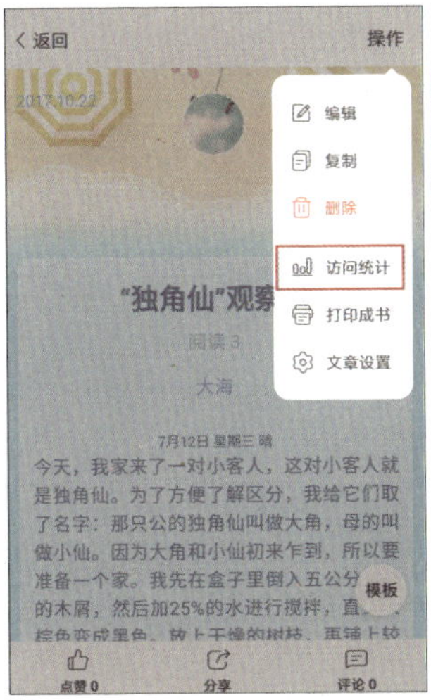

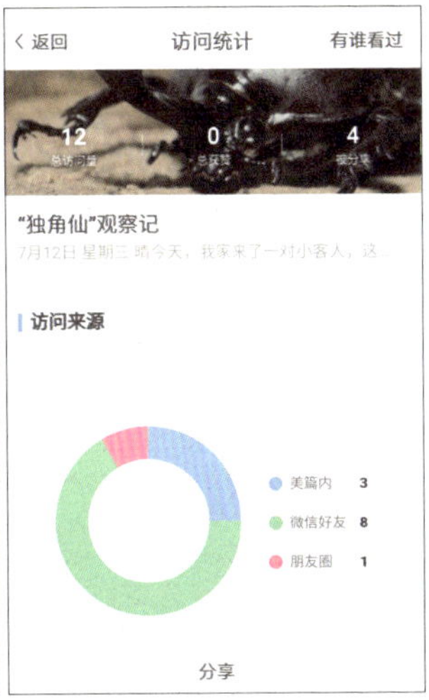

17. 进行评论和回复评论。

可以打开观察日志的文章，点击右下角“评论”按钮，查看评论，长按评论者头像可回复评论。

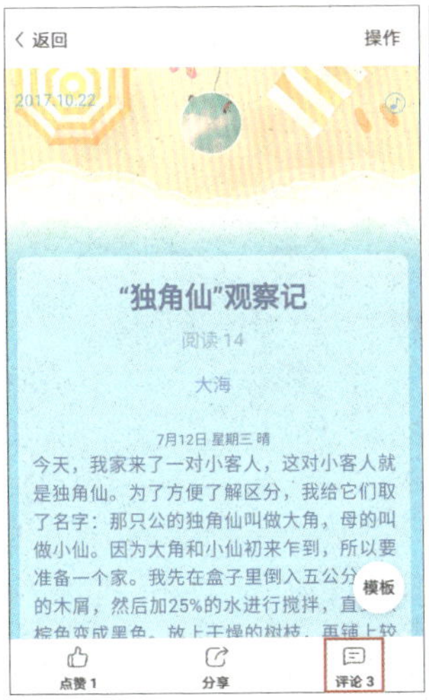

第四章

科学部落格案例评析

窗外的鸟窝

温州市蒲鞋市小学
周芷妍

阅读导引：

突然发现自己家窗台上有个鸟窝，你会怎么做？是漠不关心还是静静地观察？是独享乐趣还是乐于分享？周芷妍小朋友在暑期偶然发现自己家窗台上有个鸟窝，她通过长达2个多月的观察，详细记录了鸟儿“生儿育女”过程，并通过网络向大家展示了生命世界的神奇与精彩。

科学部落格活动搭建了一个可以相互交流的平台，将自己的观察日志在网络上公布，不仅可以与自己的同伴交流，还可以与其他社会人士交流，周芷妍小朋友的观察研究就吸引了很多网友参与互动交流，包括记者和众多的鸟类爱好者。这篇日志的阅读量达30000多人次，也正因为在与网友不断的互动中，周芷妍才更有兴趣完成她的观察记录。

一次偶然的机会，让她明白了生命世界的神奇，明白了母爱的伟大；一个交流互动的平台，让她可以与众多网友交流互动，得到众多网友的鼓舞支持，相信周芷妍小朋友通过科学部落格活动收获的还不只有这些。

不速之客

6 月 15 日

今天，我放学回家，走到窗前给昙花浇水时，惊喜地发现在两个花盆之间有一个棕色的鸟窝。转头看看花盆，我不由得哭笑不得：盆中的泥土只剩下三分之二了，多半是那鸟儿衔去筑巢了。我把这件事告诉了妈妈，她说昨天就看见了，巢只有现在这样的一半高。而筑巢的鸟儿到底是何方神圣，还是一个谜呢。

亮相

6 月 16 日

一大早，我刚起床就跑到窗前，想看看小鸟飞回来了没有。结果却很令我失望，窝里除了几根杂草，其他什么都没有。

我垂头丧气地吃过早餐，拎起书包去培训班。好不容易挨到了下课，我一路狂奔着回家，生怕错过了鸟儿归巢的时间。到了家，我轻手轻脚地关上门，走到窗边。但那神秘的鸟儿还是不肯露面。我长叹一声，坐到了椅子上，开始写作业。突然，窗外传来了鸟叫声，我“嗖”的一下站起来，站在离鸟窝两米的地方看：一只浑身插着乌黑油亮的羽毛的鸟，正趴在我家窗外的鸟窝里，翘着尾巴昂头大唱呢！它的眼神具有可怕的杀伤力，嘴巴呈淡黄色，翅膀看似十分有力。这鸟儿在窝里没多久竟发出了一种类似警车开过的声音。那声音，使我差点儿笑得背过气去。我小心翼翼地拿出照相机，在尽量远一点的地方拍了好多张。谁知，刚拍完最后一张，鸟儿就飞走了，真是吓了我一跳！

点评：本段日志细节描写很具体，画面感很强，特别是对作者自己当时的情感描写生动细腻，以这样的方式描述，让我们对接下来的观察活动充满期待，一场好戏即将开始上演……

一个蛋

6月17日

昨天刚见到筑巢的鸟，几分钟前那只黑鸟又给我一个surprise（惊喜）：它居然在筑巢后第四天就下了一个蛋！那个蛋与白鸽的蛋差不多大小，整体是青灰色，上面有一些棕色的点。太可爱啦！

黑鸟刚才飞回来过，我本来想给它拍几张照，可是它的眼睛一直紧紧地盯着我，把我吓得呀，连忙收起了照相机。

我上“百度”查了一下，这种黑羽毛、黄嘴巴的鸟叫“乌鸫”。解开了我心中又一个谜团，真高兴呀！

点评：科学部落格是基于观察的学习，也是基于网络的学习，利用“百度”搜索信息，线上线下相结合解决问题，也是一种重要的学习方法。

两个蛋

6 月 18 日

放学回家，我悄悄地拉开窗帘，踮起脚往鸟窝里看。天哪！乌鸫又下了一个蛋！两个蛋静静地躺在窝里，仿佛在等待妈妈的到来！我刚想拿相机拍几张照，乌鸫妈妈冷不防地出现在我的视线内。它侧着身子，一只眼睛正对着我，就像朝我翻着白眼。好不容易等它飞走，我拿起相机一阵猛拍，把窝里的蛋拍了个够。

四个蛋

6 月 20 日

和往常一样，我把窗帘拉开了一条缝，搬来一把椅子，站起来一看：哟！乌鸫妈妈又下了一个蛋！四个蛋蛋整齐地排在窝里，我已经能想象一窝雏鸟抢食的情景了呢。 忘了说，昨天鸟妈妈又下了一个蛋！

妈妈下班回来，趁乌鸫不在窝的时间探出头去看了看，这一看，帮了我不小的忙。我一直想知道乌鸫爸爸在哪儿，妈妈看到有两只乌鸫在离巢不远的地方跳来跳去，一只毛色乌黑，没有一根杂毛，另一只显得胖些，毛色暗一点。我猜那只偏瘦的应该就是鸟爸爸吧。

五个蛋

6 月 21 日

不出我所料，乌鸫今天又下蛋了！并且，它的胆子越来越大，不管我离它有多近它都能无视我的存在！

孵蛋期间，两只乌鸫会轮流孵蛋。下面这张照片可能是公鸟在孵。

破壳而出

7 月 3 日

过去的两个星期里，鸟窝里的五个蛋没有任何的变化。今天下午，我回家朝鸟窝里看了看，吓了一跳：窝里少了三个蛋壳，竟多了三只瑟瑟发抖的雏鸟！它们的身上没有毛，淡红色，实在有点恶心。

点评：这是一个见证新生命产生的过程，也是一个我们平时很难遇见的事，作者对于刚出生小鸟的观察做了简单的描述，如果能够进行更为具体深入的观察和描写，比如说刚出生小鸟的神态、动作等，那就更加有意思了。

第四只

7月5日

今天，我起了个大早，眯缝着眼（因为太害怕）往窗边望。呀！！有四只小鸟了！刚孵出来的小鸟比前天孵出的小很多，前天孵出的三只小鸟身体已经有点儿变黑啦，第四只还没从蛋壳里完全钻出来呢！

等待喂食

7月6日

刚从培训班回来，妈妈就一个劲儿地催我去和小鸟打招呼（她自己怕得不行），我无可奈何地打开窗户，窝里的情形与昨天大不相同：三只早点孵出的小鸟身体跟它们爸爸妈妈的颜色差不多，个个仰着头，张着嘴，似乎在等鸟妈妈喂食。

伟大的爱

7 月 8 日

同往常一样我掀开窗帘，准备给小鸟拍照。没想到那只大鸟从对面的房子上朝我直冲过来，我还惊魂未定，它又俯冲过来。我正怀疑这鸟是不是疯了，爸爸突然说：“看到没，大鸟在保护它的小宝宝呢！”我恍然大悟，虽然乌鸫注定不是人的对手，但它为了自己的孩子，能不顾性命，这是多么伟大的爱的力量啊！斑鸠就差远了，它们就是看到危险正在逼近自个儿的宝宝也只是想着自己先逃跑。

下面这张照片是大鸟衔着好多蚯蚓要给小鸟吃：

另外，有个好消息：小鸟们长出羽毛啦！毛色跟父母一样也是黑色的。

点评：作者在观察小乌鸫成长的过程中，有了一个更大的发现，那就是乌鸫妈妈对小乌鸫的爱与保护，由此进一步加深了她对生命的理解。

还要多久

7月12日

已经过了好几天，窝里还剩下一个蛋蛋。“这个蛋孵不出来吗？”“大鸟不准备孵了吗？”“如果能孵，还要多久呢？”一连串的问题我一个也没法解释。

观察喂食

7月15日

鸟儿渐渐长大，紧闭着的小眼睛也慢慢睁开了。我一旦走近，它们就立刻把头缩回去；可大鸟一来，它们马上伸长脖子，张开嘴巴，唧唧喳喳地叫起来。它们知道只要大鸟来，食物也就来了。

这是我去时的样子：

这是大鸟来时的样子：

试飞

7 月 17 日

今天下午，我放学回来。看到长得最大的那只雏鸟两只小脚踩在窝的边缘，使劲扇动翅膀，居然飞到了我家的昙花的花盆上。

过了一会儿，我再去看时，竟不知它怎么搞的，蹲在昙花和鸟窝的中间。到了晚上，它还是在这儿，我担心极了，生怕它掉下去。

越飞越远

7 月 19 日

昨天，我还在睡大觉呢，妈妈突然跑过来：“快起床啦！有三只小鸟已经飞走了！”听到这话，我一骨碌爬起来。爸爸也来了：“哎哟哟，我刚想把一只飞出去的小鸟抓回来，那只大鸟就飞过来朝我身上拉了一堆大便！”

我探出头看，一只小鸟正在离鸟窝不远的地方蹦蹦跳跳呢！

爸爸说，有只鸟儿飞到对面的楼房就掉下来了，大鸟连忙飞去；还有只飞了很远，不见了。

现在，窝里只剩下一只小鸟了，不知道它们还会回来吗？

空巢

7 月 21 日

昨天，剩下的最后一只鸟儿一直叫个不停，大鸟也不再来了。我猜想小鸟一定是饿了吧。到了下午，我看它是实在饿得慌，最终跳出了窝，不一会儿飞走了。

这个窝空了下来，不知道大鸟还会不会飞回来呢？

又见乌鸫

8 月 7 日

前几天，妈妈在厨房烧菜时突然叫起来：“快快快，快来看！这几只鸟是不是小乌鸫啊！”一听到“乌鸫”两字，我立马以百米冲刺的速度跑到厨房。只见对面的一栋房子上有四只黑色的鸟在跳来跳去，和成年的乌鸫差不多。“应该是吧，过了这么久，小鸟肯定长大了。”我说，“要是小鸟长大了还能回来，在原来的这个窝里下蛋就好了。”

结束语

在暑假期间，一对学名“乌鸫”的鸟儿来到我家书房的窗台上筑巢。妈妈说：“这实在是一个难得的机会，我们赶快拍照、写观察日记。”听了妈妈的话，我就天天给乌鸫拍照，写日记，然后发到我的博客上。

乌鸫筑好巢后，一连下了五个蛋。第六天，原本下完蛋就立刻飞出去一整天不回巢的乌鸫开始寸步不离地趴在巢里孵蛋。我焦急地等待了两周，小鸟终于孵出来了。看着鸟巢里三只没有毛的雏鸟，感觉实在有点恶心，但我又是非常地高兴。但有一个蛋怎么也孵不出来，可把我急坏了。过了几天，大鸟不再管那个蛋，一心一意地照顾起小鸟们。每当我给小鸟拍照时，它总是从对面的房子上俯冲过来，在窗边来个急转弯，想把我吓走，保护自己的孩子。我吓了一跳，也从心底被深深地震撼了。这就是母爱的伟大，它冒着被人类抓住的危险，丝毫不加考虑就冲过来，实在让人敬佩！

随着鸟儿的渐渐长大，我的博文也越写越多，我的博客也受到更多人的关注。一位叫“都市草庐”的博友最先光顾我的博客，他鼓励我说：“朋友的博文我认真看了一遍，恭喜朋友有这样一个观察的好机会，或许这辈子绝大多数人都不会有这样的经历。朋友可不要放弃这次机遇，认真观察、认真记录，让大家分享。”看了这位叔叔的评论，我获得了一种成就感，觉得自己这次的行动很有价值。于是我更加认真地记录鸟儿成长的过程。后来有一位退休了的记者爷爷转载了我的博文，并给了我许多建议，而且鼓励我继续观察。我的心情非常激动，想不到有这么多人关心我，鼓励我。

偶然的一次机会，让我能够写成观察日记。乌鸫生儿育女的过程，让我明白了母爱的伟大。每一次的记录都让我体会到了写日记的快乐。记者爷爷等人的关注让我深受鼓舞。以后我会更加细心地观察生活，观察大自然，用心记录生活中有趣的事物。

点评：这篇日志主要记录了一对乌鸫生儿育女的过程，特别是呈现了很多真实的照片来描述小乌鸫的成长变化过程，让人对乌鸫的出生、生长、发育等有了一定的了解，日志中对观察者心理活动的描写也非常生动。建议：

（1）要对乌鸫生活习性开展更为细致的观察和记录。

（2）结束语无需对日志中已经呈现的内容做过多的重复性描述，要更侧重阐述通过观察发现的结论或规律，以及自己的研究体会和感受。

观察中国斗鱼

温州市蒲鞋市小学
朱奕璋
（指导教师：金 姿）

阅读导引：

《观察中国斗鱼》这篇观察日记图文并茂，详尽记录了朱奕璋同学在一个多月里对斗鱼全方位的观察过程。

首先他根据五条斗鱼的各自身体特征给它们编号并取名，这样做便于个体的观察以及群体间的比较。对斗鱼的描述可看出，朱同学观察能力很强，观察全面，描述细致，用词精准。他每天都会观察斗鱼，而且总会冒出许多新问题。如，在对斗鱼进行对镜训练过程中，产生怎样能够较准确地判断一条斗鱼的性别与大小的疑问？在给鱼缸换水过程中，他又提出斗鱼多少时间会浮上水来换气？斗鱼会跳跃，能跳多高呢？为了了解斗鱼独特繁殖方式——泡沫筑巢，小朱同学将 1 号金甲和 4 号孔雀放进特别布置的繁殖缸里，连续七天的跟踪观察，用照片、文字等方式记录下了斗鱼产卵、孵化，成鱼的珍贵时刻。由于小斗鱼成活率很高，最后鱼缸已经无法继续养这么多小斗鱼，为了它们能健康地长大，小朱同学将它们送回到三垟湿地，希望它们能适应环境生存繁衍下去。

从文章中可看出朱奕璋同学热爱科学，乐于探究，善于思考，还有一颗纯真的爱心，乐于保护大自然赐给我们的坚韧、勇敢和虽平凡但出众的美丽与快乐的小生命。

中国斗鱼，你们可养过？在我国许多地方的河流里、池塘里，甚至水田里，都能看见它漂亮的身影。它是我国较为常见的观赏鱼，它体型扁平，身上有蓝绿等多色斑纹，个性勇敢、坚韧，生性好斗，它们甚至会主动攻击和撕咬同一鱼缸中的任何一种鱼类，它们之间也相互搏斗，特别是雄性斗鱼，要是碰上合适的斗争对象，它非追着斗个你死我活，不然决不收手。斗鱼是非常具有挑战性的鱼种。

斗鱼虽然很常见，但现在想在钢筋水泥的城市里找到它们却是可遇不可求的。五一节假日，我到三垟湿地游玩，在清澈的湖水里，很幸运地找到几条活蹦乱跳的斗鱼。怕影响我学习，老爸将这几条斗鱼寄养在奶奶家。暑假开始了，我软磨硬缠终于将斗鱼抱回了自家的鱼缸。

点评：日志开篇部分，对中国斗鱼的基本情况做了简单介绍，同时也交代了本篇日志的写作背景，文字表达清楚明了。

7月1日　星期天　晴

我给这些可爱的斗鱼都编了个号，并取了好听的名字。1号，胖胖的斗鱼全身有褐色条纹，鳞片带黑，阳光下好像身披铠甲、尾巴比较短、一对眼睛骨碌碌的，叫它金甲；2号个儿不大，有墨绿色夹杂红色的竖条纹，两侧鳃边各有一块绿色斑块，色彩鲜艳、好像穿着迷彩服的，叫它小彩；3号，金黄色的眼眶里长着两只像黑珍珠一样的眼睛，头的下面长着一对小小的、透明的鱼鳍，鱼鳍快速摆动着，嘴巴一张一合的，不时游到水面来噘着小嘴吐一个小泡泡，叫它泡泡；4号是最美丽的，它的身体长圆形，

稍侧扁，鱼鳞又细又密，一闪一闪的，像钻石亮片一样，还有紫色飘逸的尾鳍和镭射光一样的鳞片鱼尾，张开的时候像孔雀开屏似的，非常高贵、优雅，叫它孔雀；5号，背鳍和臀鳍有宝蓝色镶边，额头有一点蓝色条纹，尾鳍浅蓝色、深叉形，是鱼缸里唯一的一条蓝叉，叫它蓝精灵。

从网上的资料，得知斗鱼是属于杂食偏肉食性的鱼种，可喂食多种饵料，为适应斗鱼在水上层活动的习性，最好选浮水性饲料，偶尔喂点新鲜的活饵能使斗鱼颜色更加鲜艳。为了使我的斗鱼们长得更帅气，下午我带着网兜到龟湖里网了一些水蚤。看它们像饿了几百年一样地捕食着水蚤，顷刻小肚皮变得滚圆，我觉得很是惬意。

7月2日　星期一　晴

斗鱼刚到新家，互相都很友好，每天都慢悠悠地在水里闲逛，一切都是波澜不兴的。我一直认为战斗时的斗鱼才是最美的斗鱼，只有战斗才能体现斗鱼的价值，积极进取地战斗是斗鱼生存的真正意义。我决定对它们进行训练，让斗鱼们相互开展炫耀搏斗，希望能激发一下它们的斗志，保持野性、增强体力。

我一早跑到花鸟市场买了两个小方缸，将小彩和金甲放了进去，将两个小方缸并列摆放在一起，让它们隔着玻璃相望。小彩瞪着眼珠子，好奇地打量着小方缸，当它看到玻璃对面的“敌人”，立刻鼓起鳃张开鳍，往前游，猛地一甩尾巴，用嘴使劲地撞击着玻璃，撞击几次之后，它便在玻璃前团团打转。过了3分钟，我怕小彩撞伤自己，就将两个方缸分了开来。而金甲隔着玻璃看了看小彩，盘旋了一会儿，就游开了，沉到水底，躲到小石子旁边。金甲真像是斗鱼中的“淑女” 。

7月6日　星期五　晴

给小彩和金甲做了几天对镜训练，小彩每回都能对着“敌人”做出各种挑衅姿态，而金甲面对“敌人”的攻击似乎不怎么在意。这是什么原因呢？还是金甲年纪太大没有战斗力了？想准确知道一个人有多大，可以检测一下骨龄；想准确知道一棵树有多大，可以看年轮。有什么办法能够较准确地判断一条斗鱼的性别与大小呢？我查找网上的资料，决定给五条斗鱼都做一次小小的体检。

	精神状况	体表颜色	体长	眼睛	尾鳍	嘴	繁殖孔	雌雄	鱼龄
1号	良好	黑中带褐	6cm	小	2.2cm	薄唇尖嘴	突出	雌	1.5岁
2号	良好	红绿相间	5.5cm	小	2.0cm	薄唇尖嘴	不明显	雌	1.0岁
3号	优秀	金黄色	8cm	小	2.8cm	厚唇宽嘴	不明显	雄	1.5岁
4号	良好	五彩斑斓	6cm	小	2.6cm	厚唇宽嘴	不明显	雄	1.2岁
5号	一般	宝蓝色	5cm	中	2.5cm	厚唇宽嘴	不明显	雄	2.0岁

结论：在斗鱼世界里，凡是雄性斗鱼都爱卖弄自己漂亮的外表，以此来获得雌性斗鱼的好感，来繁衍后代，对于比自己长得漂亮或者与自己一样漂亮的雄斗鱼，有一种天性的妒忌。这往往是它们战斗的主要原因。体检结束后，我将金甲放回大鱼缸，换上了蓝精灵到小方缸开始对镜训练。

点评：作者认为“金甲”不太热衷于战斗，是因为年龄大了，这个有意思的猜想非常符合孩子的逻辑思维。由此延伸出的给斗鱼体检、测鱼龄，这些大人们意想不到的研究，相当精彩。从猜想、研究、查阅、资料验证……这个过程就是循着科学思维的路线在摸索着前行。

7 月 10 日　星期二　晴

好几天没给小彩和蓝精灵喂食了。有时看着它们就隔着玻璃对视，想开战又无处下手的样子，真的是有趣。在楼下树丛里，打到一只蚊子。我把蚊子放进斗鱼杯，又将小彩和蓝精灵也捞到斗鱼杯里，然后拿着电筒用强光照它们，听说强光能刺激斗鱼。果然，战争的号角终于吹响了！小彩真是饿极了，冲着蚊子游去。离蚊子最近的蓝精灵感到水中有动静，一转身发现蚊子，啊呜，一口吞进去，愤怒的小彩发现食物没了，将鳃鼓起来，身体竟然由绿色变为紫色，尾巴变成红色。它扭动着身体，游姿怪异，双鳍快速划动，鼓起鳃冲了过去，撞了一下蓝精灵；蓝精灵恼怒了，冲到小彩身边，它的尾巴变成深蓝色，它一甩尾巴，猛地咬了一下小彩的尾巴；小彩不甘示弱，又去撞蓝精灵，蓝精灵也用嘴咬小彩，小彩好像受伤了，但它仍然去撞蓝精灵，动作迅猛，攻击又准又狠，蓝精灵背鳍一下被咬掉一块，完整的背鳍在中间缺了个口。而小彩的漂亮的尾巴，已经完全没有其往日的风采了，可以说惨不忍睹，有的地方还断了。两条斗鱼一会儿你咬我的头、我咬你的嘴，一会儿探出水面透口气，又开始追逐翻滚，水花溅起，各不退让。我实在不敢看下去了，赶忙将它们分开去养伤，以免有人，哦，不，有鱼伤亡！我发现战斗中的斗鱼是会变色的。

点评：这段对斗鱼争抢食物的描述非常生动，富有童趣，也反映了作者的文字功底。在观察斗鱼抢食的过程中有新发现，发现战斗中的斗鱼是会变色的。

7 月 23 日　星期一　晴

我已经有十多天没有给斗鱼换水了。这十多天里，我只是用懒人的方法，拿一条塑胶软管通过虹吸法清除缸底粪便污物。我知道，斗鱼之所以好养，是因为它们每隔一会儿就会浮上水换气，它们身体里有一个部位毛细血管丰富，能够存储空气，然后把空气带到水里去。当氧气快用完时，它们再浮上水来换气，吐出一个小气泡。它们身体里的这一个部位叫褶鳃。褶鳃也是斗鱼对水流缓慢、溶氧量少的环境适应过程中演化出的一种特殊呼吸器官，它能直接呼吸空气中的氧气来进行气体交换，从而维持斗鱼正常代谢。看！泡泡身上鳞片的花纹金红相间，在阳光的照射下，折射出闪烁的色彩。和其他的小斗鱼相比，它的眼睛更亮，小眼睛旁边围绕着一圈红斑，转动起来，更显得灵气十足。它有时会浮上水面猛吸一口气，发出气泡爆裂的声音，又迅速沉入水底。斗鱼多少时间会浮上水来换气呢？我拿来计时器想做一个小小的测试。可是它们竟然一两个小时都没有浮上水来换气。我发现斗鱼浮上水换气的时间与水质是有关系的，干净的、不缺氧的水，斗鱼很少会浮上水换气，所以斗鱼浮上水换气的时间间隔是没有规律的。

7 月 24 日　星期二　晴

我撒一些奶奶烧菜剩下的鱼子，准备给小鱼补补身子。没等别的小鱼尝到鱼子的味道，泡泡已经沉入水底来抢鱼子，还好它的吃相不雅，咬住鱼子一甩，小鱼子在水底纷纷四散，别的小鱼躲躲闪闪，总算抢到一点。泡泡好像永远吃不饱似的，每次都会把我投下的食物独自抢光，别的小鱼只要靠近食物，都会被它追咬。我又抓了一点红虫干扔在水面，没等红虫干在水面散开，泡泡就迅速浮出水面，大口大口地将红虫干吸进肚子。吃饱了肚子，它就摆摆尾巴沉到水中欺负别的小鱼，追得小鱼们东躲西藏，钻进水草和石缝中。可能是野生状态下斗鱼会跃出水面吃蚊子的缘故，泡泡特别喜欢跳跃。昨晚，我不小心把一些红虫干撒到桌面上，自己在一旁看书。泡泡可能没吃饱，透过玻璃贪婪地盯着桌面的美食，一次次冲撞，都被玻璃挡住了，于是它鼓起鱼鳃，使劲一摆尾巴，跃出水面掉落到桌子上。可惜它毕竟是鱼，离开了水面就行动困难了，在桌子表面不停地蹦跳着，别说吃食了，我看它呼吸都困难起来，赶紧把它捧回鱼缸。看到它居然能跳这么高，我突发奇想，喂食的时候就用手指把红虫干拿到水面上，泡泡开始试探着跳起来咬食物，喂了几次以后，泡泡跳跃咬食的动作越来越“标准”了，就像一个跳高运动员，华丽丽地一个腾空动作，准确咬住我手指间的虫干，然后轻轻落回水里。斗鱼会跳跃，能跳多高呢？我在方形的大鱼缸缸壁上贴了张尺度表，并做了如下记录：

	第一次跳跃	第二次跳跃	第三次跳跃	最高高度
1号	3.0cm	4.0cm	3.5cm	4.0cm
2号	1.5cm	4.0cm	2.5cm	4.0cm
3号	3.0cm	4.5cm	6.5cm	6.5cm
4号	2.5cm	3.5cm	4.5cm	4.5cm
5号	2.5cm	1.5cm	3.5cm	3.5cm

结论：我不知道斗鱼最高能跳多高。但是我从网上知道，鱼会跳的原因大概有：一水质太差；二缺氧；三有噪音；四光照太强，无遮蔽物；五觅食。我得给我的斗鱼们有安全感的生活，我想这样它们才不会跳出鱼缸。

点评：斗鱼能跳多高？可能和多种因素有关，作者用表格呈现了具体的测量结果，如果能呈现当时斗鱼“跳高”的视频，就更精彩了。

8月2日　星期四　雨

天有不测风云，台风苏拉来了；鱼有旦夕祸福，中午下课回家发现蓝精灵显得无精打采、垂头丧气，细细观察我发现它身上有白色小点，这么好养的斗鱼也会生病！我赶紧将它从小方缸里捞出来细看，我怀疑它是得了白点病。白点病是鱼儿最为容易感染的疾病之一，一般是在冬天温度较低的时候或换水的时候水温温差过大造成的。可现在是夏天啊？我检查了一下，小方缸就摆在空调吹风口下，可能是空调惹的祸。我放了消毒水和药物，把鱼缸移到屋外希望能控制住病情。

8月4日　星期六　晴

鱼缸在室外偶尔得到阳光照射，玻璃壁上逐渐长出绿苔，水的颜色也有点变绿了。鱼缸在室外的几天，我基本没有给蓝精灵喂食，我感觉水质有所改善。

8 月 6 日　星期一　晴

经过几天的治疗，蓝精灵身上的白色小点消失了，痊愈了。野生鱼果然更加适应室外的生活，蓝精灵在绿色的水中悠然自在游弋着，只是鱼缸壁上长满了绿苔，观赏性大减。

8 月 7 日　星期二　晴

斗鱼在与恶劣的生存环境做斗争的过程中，形成了自己独特的延续种族的方式——泡沫筑巢。为了能看到这种繁殖方式，昨天，我将 1 号金甲和 4 号孔雀，放进了我亲手布置的繁殖缸里，希望能看见斗鱼宝宝出生。早上，我发现，孔雀在持续不断地吞食空气，并将吸入鳃中的空气从口中吐出来，在浮萍周围制成圆形的泡沫巢。

8月8日　星期三　晴

金甲一直躲在水底的岩石后面。孔雀吐的泡沫越来越多，一大片浮在水面。中午的时候，孔雀钻到水底追赶着金甲，金甲被赶到泡沫巢下面。孔雀把身体弯曲起来围住金甲。突然，金甲抖动着身体拉出一颗颗乳白色的卵，有的卵慢慢浮上水面，有的沉入水底。孔雀游到水底把卵含在嘴里，浮上来把卵吐出来，放在它吐的泡沫里。孔雀将鱼卵一颗颗送到像冰山一样漂浮在水面的泡沫巢里。孔雀在泡沫巢边游来游去，金甲偶尔想靠近泡沫巢，都被它赶跑，金甲又躲到了水底的岩石后面。我拿着放大镜，观察了一下午。根据书上说的，孵化斗鱼宝宝是雄斗鱼的工作，怕金甲受到孔雀的攻击，傍晚，我将金甲换到另外的鱼缸里。晚上，我看见孔雀仍在泡沫巢边游来游去，不停地把掉出泡沫巢的鱼卵用嘴放回去。

点评：作者能够观察到斗鱼金甲繁殖的现场实属不易。对于这样的场景，最好能够将其用视频录制下来，能让更多的伙伴们分享到生命的奇妙和精彩。所以，网络观察日志使用最适宜工具是会为日志添光增彩的。

8月9日　星期四　晴

孔雀仍在泡沫巢边游来游去。原来看上去乳白色的卵，现在被孔雀衔入泡沫里变得有些透明，颜色微黄，大概有100多颗。小斗鱼还没有孵化出来。

8月10日　星期五　晴

两天过去了，小斗鱼终于从卵中孵化出来，我从未见过这么小的鱼。它们的尾巴尖挂于泡沫下面漂浮在水面，每只都头上尾下的黏在泡沫上像是许多小逗号在游动。它们现在靠吸收卵黄囊生存，还不会游泳。而孔雀还很忙，一直在泡沫巢边游来游去，并不停地用嘴将掉到水底的小斗鱼衔回泡沫中。

8 月 12 日　星期天　晴

小斗鱼比前几天长大了点，没有挂在卵上了，不用放大镜也能看得见它们在扭扭捏捏地游动。据说一个月内，它们能长到一厘米长。我倒了一些水蚤进去，看见小斗鱼都浮到水面，聚集在水蚤下面，将它们吃掉。

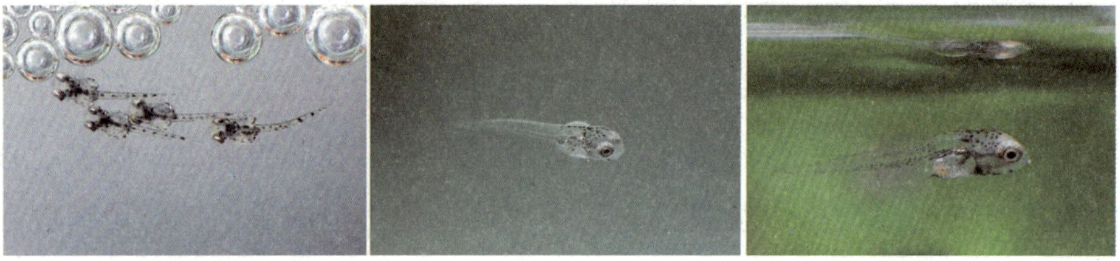

8 月 15 日 星期三 晴

我的鱼缸已经无法继续养这么多小斗鱼，为了它们能健康地长大，我将它们送回到三垟湿地——我发现它们父母的地方。我依依不舍地和小鱼们告别，希望它们能适应环境生存繁衍下去。

结束语

小小的斗鱼给我们的生活带来许多的快乐。可是随着生存环境越来越恶劣，水质的不断恶化、池塘水田沼泽地的大量减少，斗鱼也在不断地减少，中国斗鱼赖以生存的家园已经越来越少了。虽然斗鱼生命力极其顽强，但也会消失、会灭绝，我们要保护环境，保护大自然赐给我们的这份坚韧、勇敢和虽平凡但出众的美丽与快乐的小生命。

点评：《观察中国斗鱼》这篇网络日志，就像是斗鱼的一部长篇影视作品。有个性鲜明的“人物”形象、有跌宕起伏的情节、有细致入微的环境描写……俨然把我们带入到了斗鱼的世界里。作者观察能力强，表述生动得当，日志兼备了文学性和科学性的特性。

有两个建议：第一，作者观察发现并研究了斗鱼是怎么斗的，为什么要斗，斗鱼鱼龄怎么测算，斗鱼跳跃有多高，斗鱼是如何繁殖的等问题，问题多涉及面广，导致对问题研究的深度不够。假如在开始观察之前，作者能先做一个斗鱼研究的思维导图，研究路线既有预设也有生成，并能突出重点，这样就能更好地体现本项研究的价值；第二，日志前部分观察仔细，描述详尽，到后面几篇内容较为简略，有虎头蛇尾之嫌。希望能坚持研究，在研究中历练和培养出科学精神。

独角仙观察记

龙湾区永中第二小学
章晗奕
（指导教师：何检乒）

阅读导引：

在地球上有一个庞大的昆虫家族，它们种类数量繁多，每种都有特殊的身体构造和特有的生活习性。它们个头很小，常常被我们忽略，但有一些执着的研究者，他们常与这些小家伙为伍并以观察它们的生活为乐。法国著名昆虫学家法布尔用了整整一生的时间观察昆虫，发现了许多昆虫的趣事，写出了著名的《昆虫记》。本文的小作者也是这样一位执着的研究者，他饲养了一对独角仙，并生动地描述了它们丰富有趣的生活习性。他以认真细致的观察态度，图文并茂地记录了一对独角仙的生活环境、吃食物、运动、交配、繁殖后代直至死亡的过程。独角仙一生要经历卵——幼虫——蛹——成虫四个阶段，每个阶段有着不同的特点。在它们整个生命周期的变化中，小作者遇到了许多妙趣横生的事情，经历了饲养的喜悦、产卵的惊喜，也遭遇了面临死亡的伤心，同时也产生了众多困惑和思考，最终通过深入仔细地研究一层层揭开了独角仙生活的神秘面纱。独角仙喜欢怎样的居住环境？喜欢吃什么食物呢？公母如何分辨？它们会飞吗？如何交配？交配后会不会死？产下的卵是怎样的？孵出的独角仙幼虫又是怎样的呢？……你们想知道独角仙的这些秘密吗？那么，就让这篇《独角仙观察日记》带你走进独角仙的神奇世界吧！

独角仙安家落户

2014 年 8 月 11 日　阴

今天，我家来了一对小客人。这对小客人就是独角仙。为了方便了解小客人的“私生活”，我给它们取了名字：那只公的独角仙叫做大角，母的叫做小仙。

因为大角和小仙初来乍到，所以要准备一个家。我先在盒子里倒入五厘米厚度的木屑，然后加 25% 的水进行搅拌，直到从棕色变成黑色。放上干燥的树枝，再铺上较为柔软的树皮，以防大角和小仙猝死，还喷了水保湿。最后，安了个果冻盒。很快一个简单的家便制作好了，大角和小仙似乎很喜欢呢。

图 1　搅拌木屑

图 2　铺上树皮

图 3　乔迁新居

点评：动物的生存都要依赖一定的环境，饲养小动物，首先需要为动物建造一个它们的家园，而建造家园的时候，就需要考虑这种小动物的特定环境需求。此虫喜欢生活在杂草丛生的树林中，以树木的汁液为食，因此，作者用木屑、树枝、树皮等为材料，同时保证环境的湿度，为独角仙搭了一个家。

母虫和公虫有什么不一样呢

2014 年 8 月 12 日　阴有雨

有了住的，怎能没了吃的呢？我必须要解决大角和小仙的伙食问题。我撕开甲虫专用果冻，将果冻倒入了果冻盒，就等独角仙们来进食。大角发觉了果冻，冲到了盒子边，津津有味地吃着果冻。我发现大角的嘴边有一对小钳子，它好像是用小钳子帮助进食，怪不得被它吃过的果冻都是坑坑洼洼的。而小仙则一直钻在土里，我查了资料，发现：原来小仙是因为缺乏安全感才钻进土里的。安顿下来后，我才有闲心来细细观察它们，大角有一只长而大的鹿型角，个头较大，甲壳下有一对翅膀；小仙头胸部均无角，体型较小，也有翅膀。独角仙的甲壳呈紫黑色、有光泽，像一枚盾保护着自己。小小的独角仙，奥秘还不止这些呢。

图 4　独角仙公虫

图 5　独角仙母虫

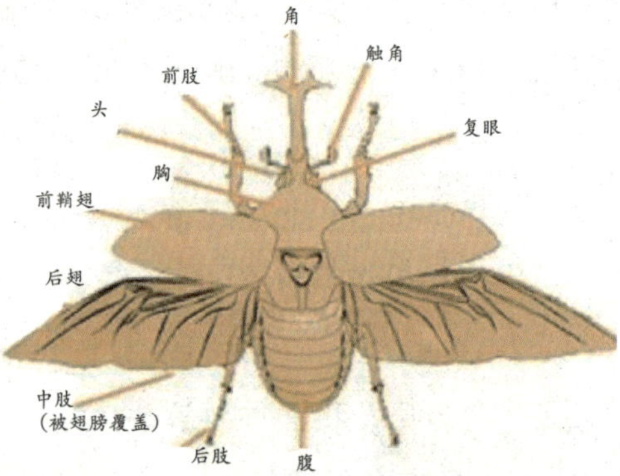

图 6　独角仙示意图

点评：这段日志小作者对独角仙的进食进行了观察，发现了独角仙口器的特点，明白了“怪不得被它吃过的果冻都是坑坑洼洼的”。还对不同性别的独角仙身体特征进行了观察描述，这通常是小朋友研究昆虫的第一步。

独角仙原来是会飞的

2014 年 8 月 13 日　阴有雨

今天早上发生了“大事”，大角出逃了！早上醒来去巡视，意外地发现大角不见了，我翻遍了木屑，居然连它的影子也没有找到。我着急极了，却怎么也找不到它。可是，凭它的体型随便找一个角落藏着，除非它自己出来，否则是怎么也找不到的。而且万一不小心被我误伤了，那才是悲剧。那怎样才能找到它呢？我没办法，只好向电脑求助。我从网上看到了这样一句话：独角仙原来是会飞的，而且喜欢待在阴暗的角落，有昼伏夜出的习性。如果关掉所有发声物品，可以听到独角仙发出的声音。最后我费了九牛二虎之力，才在沙发边上找到了它，原来大角在夜里顶开了盖子，飞到了沙发边上的电线上。将大角送回去以后，我测量了下它移动的距离，足有 13 米远！

图 7　独角仙出逃

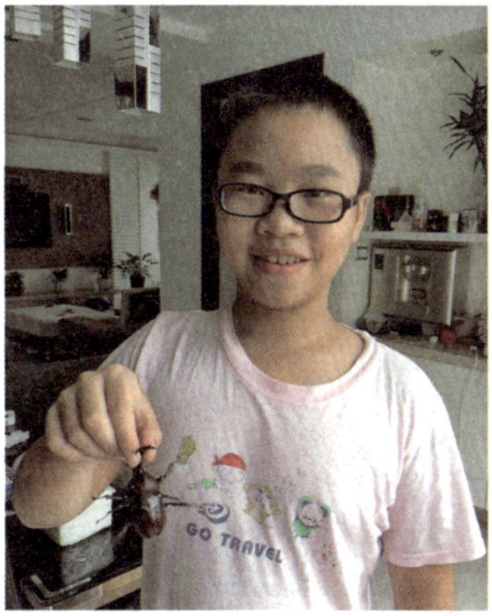

图 8　捕获独角仙

独角仙交配成功了

2014 年 8 月 14 日　雨

今天，和往常不一样！因为大角和小仙交配了！今天早上，小仙照例爬出了木屑，爬上了果冻，津津有味地吃着，突然，大角爬了过来，来抢果冻，它先爬上了边缘，不断地用角顶撞着小仙，小仙却紧紧扒着果冻，不肯撤退。又经过了一段冲突，小仙输了。但是，大角好像醉翁之意不在酒，对小仙紧追不舍，竟没有顶起小仙，而是爬到了小仙的身上转了一个身。紧接着，由于小仙扒不住，双双滚到了木屑上。我看清了，大角的六只脚利用小小的倒钩扒住小仙，全身紧缩。而小仙好似不太愿意，挣扎着，却逃不了。大角将尾部重叠，发出了"噗呵""噗呵"的声音。我吓坏了以为要发生大事了。可是到网上一查，原来它们是在交配！我悬着的心放了下来，还在一旁加油鼓劲，让它们早日产下卵。可是小仙不知哪来的力气，竟顶开了大角逃跑了，让我失落了一阵子。

下午到了，我发现，大角用自己的角在挖着什么，在角落里挖了一个大坑。正当我不明所以的时候，大角不知从哪儿拐来了小仙，干起了上午没完成的事业——交配。小仙想逃，可落入了大角的陷阱，它跑得掉吗？答案当然是不可能！而我也开始做起了养独角仙幼虫的美梦。

图 9-12　独角仙交配

点评：动物能繁殖后代，使它们得以世代相传，这是动物的基本特征，也是动物的一种本能。成熟后的雄性独角仙有强烈的交配欲望，只要遇到雌性成虫就会试图交配，但是雌虫对交配较为抗拒，会拼命逃离雄虫。这段日志图文结合，对独角仙的交配进行了生动的描述，给读者留下深刻的印象。

独角仙交配后会死吗

2014 年 8 月 15 日　雨

今天，小仙好像一整天都没有出来，中午时也没看见，直到晚上才出来，它在干什么呢？为什么不出来了呢？大角也不怎么爱动了，会不会是由于交配引发的呢？今天真怪！

早上，我拿出了新的果冻。本来，大角和小仙应该很快爬过来吃，可是今天半天也没动静。当天已经黑透了以后，大角和小仙开始忙活了起来，去吃了一点果冻，可还是无精打采的。这到底是怎么回事？我也急坏了，却没有办法。于是我查了下资料，吓了一大跳：交配后的独角仙，公虫会食欲下降，不久就会死去！而母虫也会在产了卵后死去。这可怎么办啊！不过，有网友提议把它们分开养。我立刻为大角布置了新家，小仙由于要产卵，便留了下来。可是，为什么要分开来养呢？

图 13　分开饲养

点评：科学部落格活动的一个重要特点，就是跨越时空的分享和交流，研究者及时与网友互动，并得到他人的建议和帮助。

独角仙的卵长什么样子

2014 年 8 月 17 日　阴

有个问题我一直疑惑不解，独角仙的卵是什么样子的呢？今天小仙竟然产了一个卵！可我又很好奇小仙产下的东西是不是卵？产下的东西是圆形，由于资料说卵很脆，没敢量，目测大小为四分之一小指指甲盖，乳白色，饱满。但我很担心这不是卵。于是我去查了资料，确认这真的是卵。可是看材料没把我给气抽了，人家的独角仙一产就是八九枚、十几枚的，我家小仙一次产一颗，虽说货真价实、饱满、卖相好，但产量也不可以这么低啊！那我家的小仙还会继续产卵吗？我也趁小仙产完卵的机会把小仙翻了过来，拍了一张照片。照片上可以清晰地看见小仙的腹部很饱满。

小仙这边虽然不错，但是大角却渐渐无精打采的，实在让人担心不已！

图 14-15　产卵

独角仙的第二枚卵

2014 年 8 月 18 日　阴

今天，我又发现了一枚卵。早上，我发现第一个卵不见了，赶紧找找，却没找到。查找了资料，原来独角仙的卵要埋在土里吸收水分才能孵化，大概是小仙把卵藏了起来。这时我眼尖。看到土里有了另一枚卵，这枚卵与第一颗卵不同：卵呈椭圆形，乳白色，大小只有第一颗的三分之二，整个镶在土里，因为刚产下的卵很脆弱，不能用手碰，沾上细菌就会发霉、坏掉，所以我把卵连带着腐殖土一起轻轻地挖了出来，与昨天相比，今天的卵明显小了很多。这是为什么呢？原来母独角仙产的卵与状况有关，在受到惊吓后，产的卵质量会变差。看来，昨天为了拍照，把小仙翻了出来，使小仙受到惊吓，如果是这样的原因影响了卵的质量，真是得不偿失啊！

大角的状况越来越差，一连几个小时也不动一下，给它的果冻还是满满的，情况实在不乐观啊！

图 16　第二枚卵

每天的饲养任务

2014 年 8 月 19 日　雨转晴

早上我本以为，会有一枚新的卵，但是，却一无所获，而且昨天的那枚卵也被藏了起来。我看到泥都干了，怕会影响卵的孵化，连忙喷了一些水来保湿。

大角今天的情况竟发生了好转，我往它的家里喷了水来调节湿度，一不留神让它爬上了手，我看清了，它的脚上有钩子和倒刺，勾破了我的皮，最后被我慌乱之中，戳到了腹部，掉了回去。

今天，果冻又更新了一次，大角的果冻明显比小仙剩的多。为什么要换果冻呢？因为果冻时间长了会变质，而且还会引来蚂蚁，会伤到卵的。可惜一直没看到小仙，可能正在泥土中产卵吧。

发现第三枚卵

2014 年 8 月 21 日　阴

在我的千呼万唤中，第三颗卵也出来了。这颗卵是圆形、淡黄色，比第一颗要小一点。不过小仙已经许久没有出现了，很明显，它都是在夜间活动。不过果冻却没剩多少，说明状态良好，这也让我安心很多。

如果说小仙的状态让我安心，那么，大角的状况便要用令我惊喜来形容。这两天，它的状况良好，经常活动，一天时间果冻便吃完了。有时还会爬上树枝做做运动，完全没有了前几天的病态。

这些卵什么时候才能孵化呢，我期待着！

图 17　第三枚卵

点评：很多的生命往往是从受精卵开始的，一枚、一枚、再一枚，从作者的字里行间，我们可以看出他对每一个生命的期待。

独角仙产卵不久真的死了

2014 年 8 月 23 日　晴

昨天，我去参观了海军基地，便没有特别关注大角和小仙，晚上又要去海边玩，要到第二天才能回来。

所以我提早为大角和小仙换了果冻。换完果冻后，我发现小仙竟躺在地上，六脚朝天，翻不过身来。我连忙用刷子帮小仙翻过身来。但是我发现，即使小仙翻了过来，也不怎么动，好像变得不灵活了。但我没在意，只是觉得可能是翻了好久，筋疲力尽了。临走前，我还把盖子倾斜留出空隙，以保证大角和小仙不会闷坏了。

今天中午回来，闻到了一股怪味，掀开盖子，味道越发浓，我连忙替大角换了果冻，大角吃了起来。正当我要给小仙换果冻时，突然发现它六脚朝天，一动不动。我连忙将小仙翻了过来，看到它六肢发软，也不动弹。很快，事实便告诉我：小仙死了！正印证了虫友们的经验——母虫产卵后不久就会死掉。

因为小仙还留下一些卵，所以我决定过几天后再将卵从土里取出。

图 18-19　母虫产卵后死了

独角仙原来更爱水果

2014 年 8 月 26 日　晴

今天给大角换果冻的时候，竟然一不小心让它爬上了我的手，爪子又把我的手钩破了。刚处理完伤口，我突然有一个念头：独角仙是喜欢吃水果呢，还是喜欢吃果冻呢？我切了一片今天刚买的西瓜放进大角的果冻边，好比较，也好吸引大角。

过了一会儿，大角爬了过来瞧瞧果冻，又闻闻水果，立马一头扎进水果里，还吃得津津有味。独角仙喜欢吃水果，那商家为什么还要给我配备水果冻呢？

我登录了百度，查了查虫友的说法。原来果冻的配方有功效，可以让独角仙“延日益寿”活得更长。同时，果冻的糖水不像水果那样沾得满地都是，都留在塑料包装里，而且取拿仅需捏住干净的一边，不必把手弄得黏黏的。

独角仙吃水果视频
（扫描二维码）

怪不得商家在配装备时会配一包水果冻呢！饲养独角仙真是妙趣多多。

图 20-21 独角仙吃水果

独角仙公虫状态不佳

2014 年 9 月 1 日 晴

因为要开学了，好几天没观察独角仙了。

猛然发现，卵上盖的土已经干了，连忙喷水，还倒了一点水进去，大角东一顿桃子西一顿苹果，吃得不亦乐乎，倒是两天前开始重新开始吃果冻。但我担心的事还是发生了，最近大角的状态又开始下降，连爬都没怎么爬，前两天放的水果，到现在也不过吃了三分之一，令人担忧！

独角仙的后翅收不回去了

2014 年 9 月 7 日 晴

昨天晚上，大角在盒子里弄出了很大的响声。我连忙前去查看，发现大角很急躁地后退，一直在往墙上蹭。仔细一看，原来大角的一片翅膀夹在了壳外面，怎么收也收不回去。我很好奇，这是怎么一回事？一查资料吓一跳：据虫友们的介绍，如果独角仙的翅膀收不回去了，那么代表独角仙就要死了。这不会是真的吧？

今天给独角仙换果冻的时候，我发现大角六脚朝天，我轻轻地用刷子碰了一下大角，果然，大角一动不动，甲壳色泽暗淡，很明显，大角死了。独角仙成虫短暂的生命，让我心里暗暗伤心了一把。

独角仙急躁后退的视频
（扫描二维码）

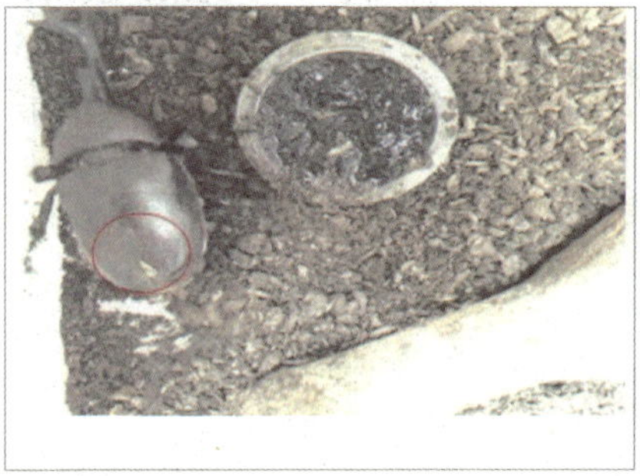

图 22　公虫的后翅

图 23　公虫死了

成功孵化一龄幼虫

2014 年 9 月 8 日　晴

独角仙的卵在十到十四天后便会孵化出一龄幼虫，所以是时候取幼虫了。我怀着忐忑的心情取了两张报纸，重叠的铺起来，将小仙的家轻轻地倒了过来，将泥土平铺在纸上，小心翼翼地寻找幼虫。这时候，我眼尖地发现，右下角的一处泥土悄悄挪动了一下，我轻轻地用刷子将周围的泥土扫开，一只个头很小的幼虫在爬。幼虫的样子很奇怪：红色的头，六只小脚已经长出来了，浑身透明，腹部和胸部是灰色，大小不过 1.5 厘米。虽然只发现一只，但是我已经兴奋得不得了了。接着，又发现了三只，最大的一

独角仙一龄幼虫视频
（扫描二维码）

只有2厘米左右。我如法炮制，为幼虫制作了一个窝。从我发现的三颗卵，到现在的四只幼虫，着实让我惊喜了一下。同时，也让我感叹生命的奇迹！

图 24-27 一龄幼虫

点评：死亡是生物生命完整周期的最后一个阶段，也是生物生命周期中不可缺少的阶段。死亡意味着生命体的结束，同时又往往伴随新的生命的诞生，生命的迭代，往往都是这样的。

结束语

通过暑假的饲养活动，我有以下几点收获：

1. 认识了独角仙，了解了独角仙公虫母虫的一些生活习性和饲养条件，学会了饲养和照顾小动物。我将继续饲养，了解独角仙一生中卵—幼虫—蛹—成虫四个阶段不同特点。

3. 学会科学观察记录方法，及时地记录修整。

4. 我变得更爱思考，更爱提问了，也学会了及时向老师和电脑请教问题。

5．我的观察能力、动手能力与实践能力都得到了提高。

6．我积累了饲养独角仙的点滴经验，收获了快乐。

点评：独角仙观察记这篇日志有三个特别突出的优点。第一个是观察日志描写重点突出详略得当。作者抓住了独角仙生活习性、交配产卵、幼虫等各个关键的环节，详细的记录和描述，略去了独角仙生活普通的许多日子。让读者感受到这篇日志内容鲜活，环节紧凑，满满的干货。第二个是作者在观察研究过程中所使用的观察研究记录方法和呈现的方法精准有效。比如他观察了独角仙的外形之后，马上就运用了图示法，进一步让读者清晰地了解到独角仙的外形。再比如一些关键的有意思的内容，他使用视频记录保存下来，可供他自己和读者反复观察研究。遇到困难和问题，他会找到资源最充足的团队来帮助解决。这些都是科学研究难得的好方法。第三个是他对独角仙是带着一种情感在记录的。这种对大自然动物的爱和亲密感，是很让人动容的。由于时间原因，一龄后独角仙的生长变化过程没有呈现，如果有时间建议继续观察记录，与大家分享更多的独角仙成长变化的过程记录。

蚂蚁生长的奥秘

瑞安塘下镇中心小学
倪敬哲
（指导教师：池一平　戴杨素）

阅读导引：

《庄子》有云：“一尺之棰，日取其半，万世不竭。”古联有语：“天作棋盘星作子，谁人能下？地为琵琶路为弦，哪个敢弹？”其实，小就是大，大也是小。

倪敬哲进行的这项研究，很“小”，小至蚂蚁，更小至蚂蚁的卵与茧。然这样的研究，贴近孩子生活，贴近孩子实际，好玩有趣，又具可操作性，有利于激发孩子真正的探究兴趣，有利于培养孩子真正的科学素养。在科学的道路上，让孩子对研究项目真正感兴趣，是个永恒的话题。

阅读这份研究报告，我们这些做老师的才真正发现：原来，小小的蚂蚁真的是个大大的世界，这么有趣，这么不可思议！原来，许多习以为常的地方，真的藏匿着很多不为人知的秘密，而我们却常常忽略了！

为研究蚂蚁，特意为孩子购置蚁巢、手持显微镜等设备，足见家长的支持与用心。诚如“陪伴孩子一起成长”一样，“陪伴孩子一起玩科学”亦是件极有意义的事。真心希望能有更多的家长来关心科学教育，不仅关心考试分数，也关心孩子在日常生活中的探索。

在家长的引导下，这个孩子能记录了这么多文字，亦是件了不起的事。这无论对科学，还是对写作，都是有帮助的。

我坚信：这个可爱的孩子，当他透过手持显微镜亲眼看见蚂蚁的卵与茧的时候，他的人生一定已悄然发生改变，他可能说不出来，但心已告诉他——原来，世界这么奇妙！而这可能是小学生科学探究的最大意义吧。

我一直喜欢各种各样的小动物和植物，喜欢看《昆虫记》，也喜欢看科学探索类的书籍、杂志和节目。于是，我养了许多小动物。有一天，我突然想到一个大问题：许多我们十分熟悉的动物，其实并不真熟悉，比如蚂蚁，我们见过蚂蚁的蛹吗？卵吗？我们真的了解蚂蚁的生活习性和生长奥秘吗？在爸爸、妈妈的大力支持下，我在暑假开始饲养蚂蚁，正式开始了这一项“小观察、大研究”！并且把新的发现做好记录。

点评：引言部分简明扼要，聚焦问题，直奔中心。很多习以为常的事物，实际上我们未必真的很熟悉，这也是作者开始探索蚂蚁的主要原因。

蚂蚁驾到

2015 年 8 月 10 日　星期一　天气　多云

傍晚，快递寄来了一个包裹，我迫不及待地打开来一看，哈哈，原来是我准备要养蚂蚁所需要的材料送到了。别看养蚂蚁是一件简单的活，所需要的东西可多了！有精致的蚂蚁巢、昆虫观察盒、蚂蚁果冻、滴管镊子，还有防止蚂蚁逃跑的防逃液！当然还有我们的主角：一试管的蚂蚁。最吸引我的是蚂蚁巢了，说是蚂蚁巢，简直是太豪华了。它远看像一个杯子，近看像一个蚂蚁别墅。它的主体是石膏做成的，石膏中有大小不一样的四个巢，每个巢之间又有弯弯曲曲的通道连接起来。我很想让蚂蚁马上有个家，可是妈妈说太晚了，等明天早上光线好点再做。好吧，明天快快到来吧！

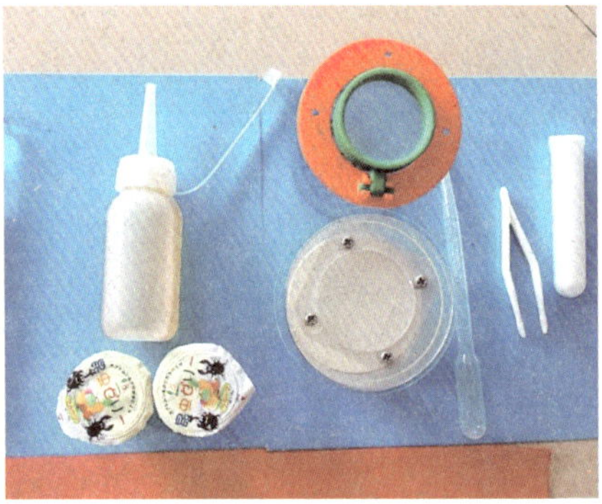

图 1　养蚂蚁的材料

图 2　蚂蚁巢

蚂蚁进新家

2015 年 8 月 11 日　星期二　天气　多云

夜里我一直在担心蚂蚁会不会逃走，早上一起床就迫不及待地去看蚂蚁了。还好，试管里的蚂蚁还生龙活虎地在忙碌着。望着打开盖子后的蚁巢，难题也来了，怎么让试管里的蚂蚁乖乖地进入蚁巢又不会逃走呢？我和妈妈一起想啊想，终于想出了一个好办法。我拿来一张塑料纸，用橡皮筋把塑料纸套在蚁巢口，然后用剪刀在塑料纸上挖了一个试管大小的洞，打开装蚂蚁的试管，把它快速地竖直插在洞口上。

这时，只见一只勇敢的蚂蚁冲到试管口，不停地用触角去碰石膏巢，小心翼翼地爬下来，在蚁巢转了好几圈。接着又爬到试管里用触角碰其他蚂蚁，这时，其他蚂蚁好像接到了命令，也陆陆续续地爬到巢里。有几只蚂蚁还用钳子夹着卵搬运到巢里。这时，我发现一个奇怪的现象：已经在巢里的卵旁边始终有一只蚂蚁在守护着！而试管里的蚁后旁边也守着几只蚂蚁！

就在蚂蚁最忙碌的时候，蚁后忽然发了脾气似的，在试管口上上下下徘徊着，就是不进巢。这时，一只蚂蚁耐心地用钳子夹住蚁后的钳子往蚁巢里拖，另一只蚂蚁在蚁后屁股后面顶，在同伴的鼓励下，蚁后终于进了巢。这群蚂蚁最后选择了最底部的巢。我想是不是蚂蚁认为这个巢最安全呢？

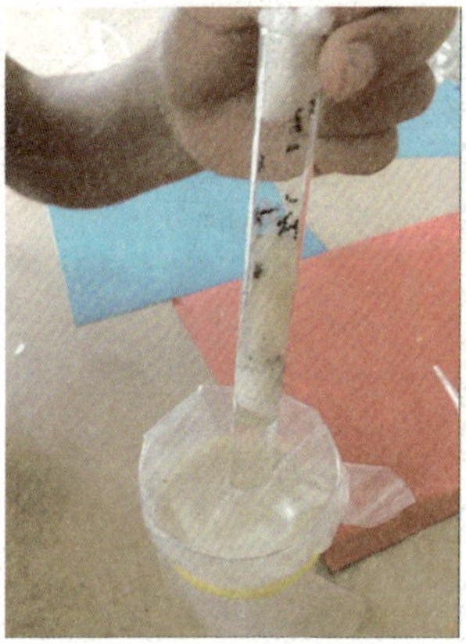

图 3　试管竖直插在蚁巢上

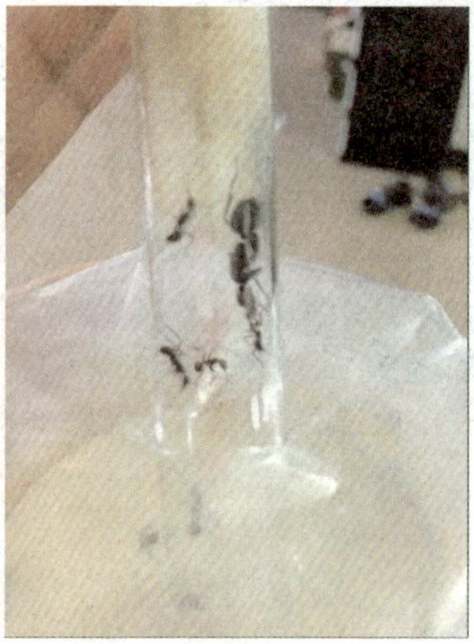

图 4　大脾气的蚁后进巢

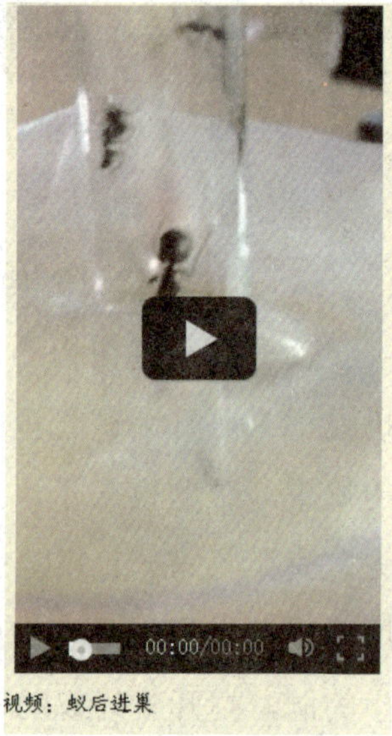

视频 1　蚁后进巢

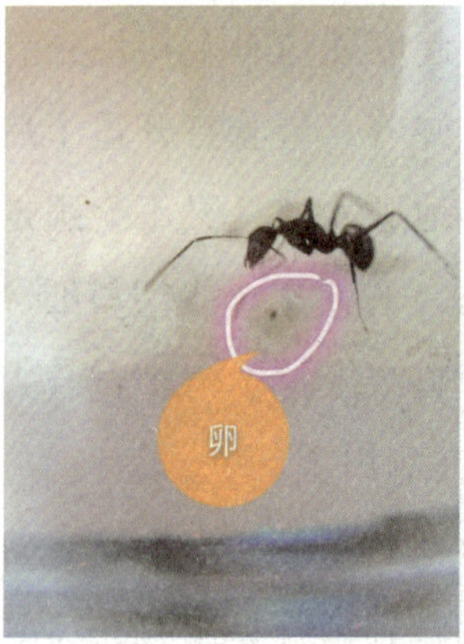

图 5　守护蚂蚁卵

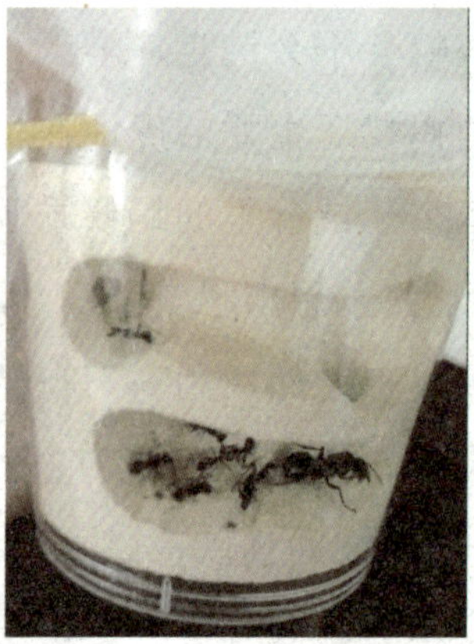

图 6　蚂蚁新家

点评：把蚂蚁从试管引向蚁巢，这可是一项技术活，一不小心蚂蚁可能就会逃跑了，作者用了自己的办法把蚂蚁安全“请”到了巢里。蚂蚁进巢的过程观察非常细致，特别对蚁卵的搬运和蚁后进巢描述非常生动。

水漫蚁巢

2015 年 8 月 12 日　星期三　天气　阵雨

蚂蚁终于有自己的家了，可是怎么给蚂蚁喂水和喂食呢？我上淘宝网请教了店主，店主告诉我只要在石膏巢上面，放食物和水就可以了，他还提醒我石膏巢要保持湿润。我在石膏巢上面放了昆虫水果冻（我偷偷地闻了闻，发现比我们吃的水果冻还要香甜！），不一会儿，一只蚂蚁爬了上来，用触角不停地碰果冻，又跑进巢里了。很快，一群蚂蚁跑上来尽情地吃水果冻了。为了给蚂蚁一个阴暗潮湿的环境，我用滴管在石膏上滴了好多的水，然后又做了一个纸筒，罩在蚁巢上。

下午，我拿开纸筒一看，天哪，蚁巢里怎么有那么多的水？我想：可怜的蚂蚁不知道会不会淹死？惊人的一幕在我眼前出现了：

只见一只勇敢的蚂蚁一半浮在水面上，一半用身体支撑着蚂蚁卵！（还是幼虫？）其他的蚂蚁守护在四周。太感人了！我赶紧把蚂蚁巢里的水给倒掉了。我一边深深地自责太粗心了，差点淹死了蚂蚁，一边为蚂蚁这种宁愿牺牲自己，也要拯救其他蚂蚁的精神而感动！

为了能更好地观察蚂蚁的生活，我又上网买了手机微距和手持显微镜！

图 7　蚂蚁果冻

图 8　潮湿蚁巢

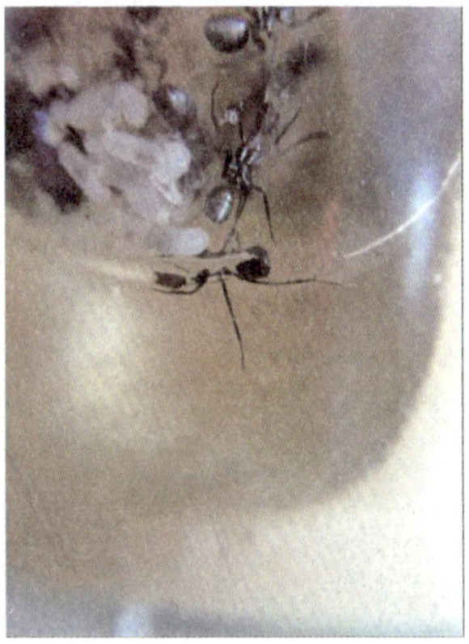

图 9　让人敬佩的蚂蚁

智取蚂蚁卵

2015 年 8 月 13 日　星期四　天气　阵雨

蚂蚁自从有了新家后，对它的卵更加的爱护，每时每刻总有几只蚂蚁坚守在旁边。当感受到危险时，蚂蚁会第一时间用它的大钳子夹住卵逃命。我很想看看蚂蚁的卵是什么样子，可是要在蚂蚁巢里取卵简直是太难了。我又请教了淘宝店主，他告诉了一个超级简单的好方法。我先拿来防逃液和一个长方形盒子，用刷子蘸一下刺鼻的防逃液，然后刷在盒子最上端的四周。接着我把蚂蚁巢里的石膏倒到盒子里，蚂蚁就像受了惊吓似的四处逃窜，可是再怎么爬也爬不出盒子，好像被施了魔法一样。我趁乱赶紧用镊子轻轻地夹出了几个卵。最后再用镊子把蚂蚁一只只放进新的更大的石膏巢里。这个石膏巢有8个巢穴，蚂蚁最终选择了6号巢穴当家。妈妈说手持显微镜明天就可以寄到了，它可以帮助我更好地观察蚂蚁卵。

图10　时刻坚守着卵的蚂蚁

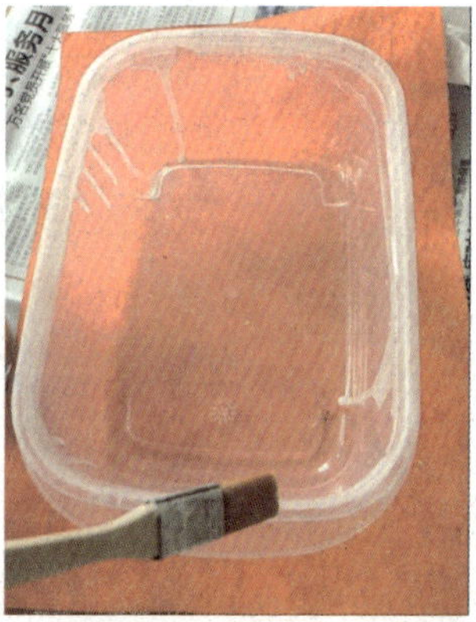
图11　涂防逃液

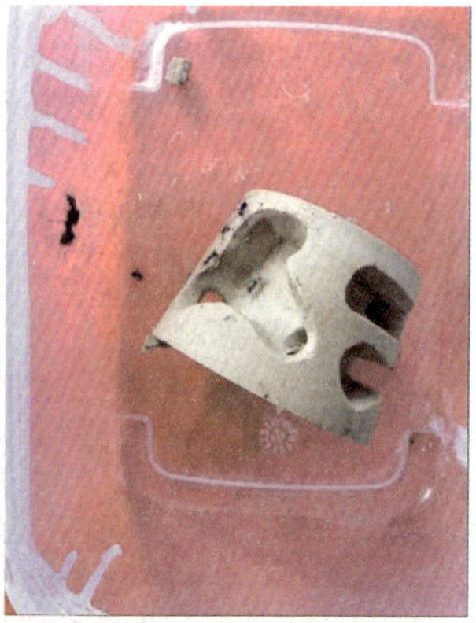
图12　蚂蚁爬不出盒

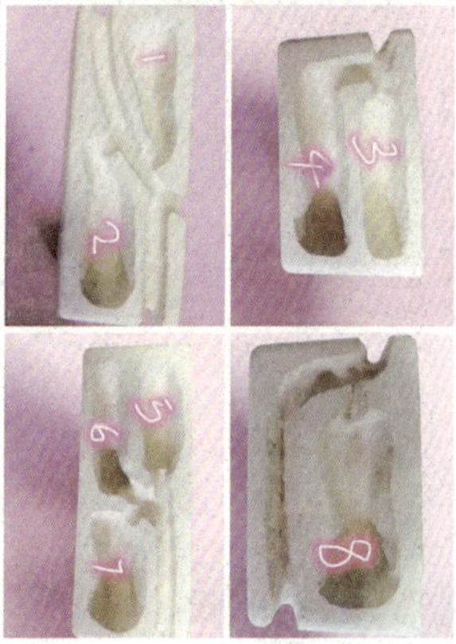

图13　8个巢穴

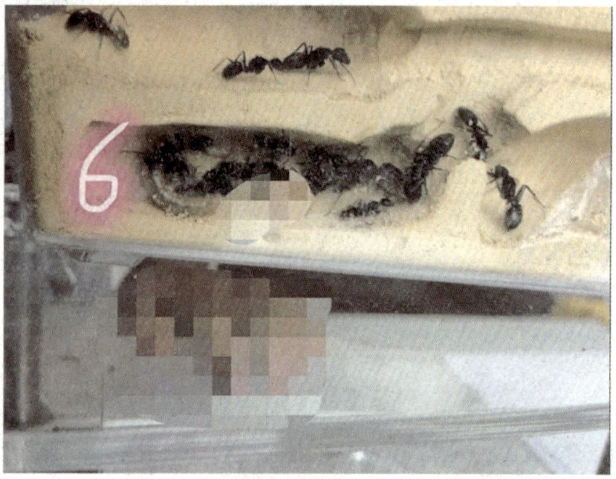

图14　住入6号巢穴

蚂蚁卵的真面目

2015 年 8 月 14 日　星期五　天气　阵雨

手持显微镜和手机焦距终于寄到了，我特别高兴。这个手持显微镜真是一个神器呀！它能将物体放大 40 倍。显微镜的一端拉开就是开灯，合拢就是关灯。从上面的筒口往下仔细看，还可以看到一些刻度线，1 大格就代表一毫米。我立马使用起来。手持显微镜下看到的皮肤是一层一层的，看到的细毛像电线杆，看到的指纹像一层层梯田！于是我赶紧用手持显微镜去观察蚂蚁卵了。看得可真清晰，蚂蚁卵长度是 1 毫米多一点，宽度连 1 毫米都不到。它像椭圆形的透明果冻，里面竟有一部分是黄色的。跟我吃的鸽子蛋很像。可是我对蚂蚁卵的结构很不熟悉，于是我上妈妈的微信把图片发给妈妈的同事——学生物的珊珊阿姨看。她告诉我黄色的东西类似于蛋黄，是蚂蚁卵的营养结构。我终于看清楚蚂蚁卵的真面目了！今天，我申请加入了全国蚂蚁交流 QQ 群，可以向全国的叔叔阿姨请教有关蚂蚁的问题了！

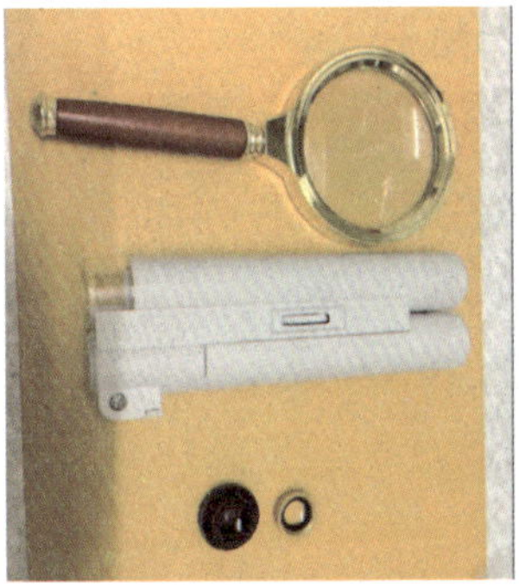

图 15　观察神器：手持显微镜和手机微距

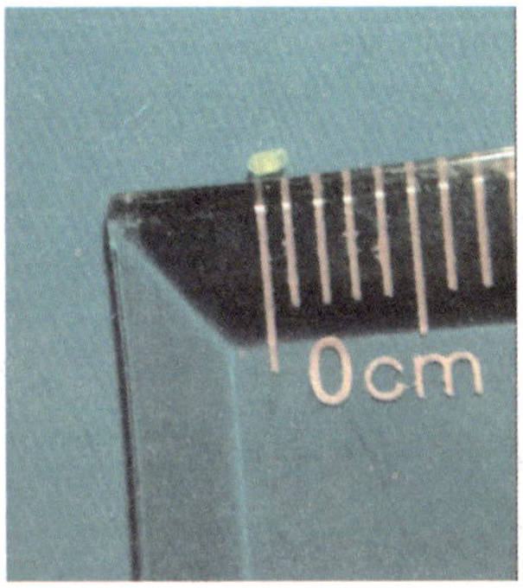

图 16　蚂蚁卵

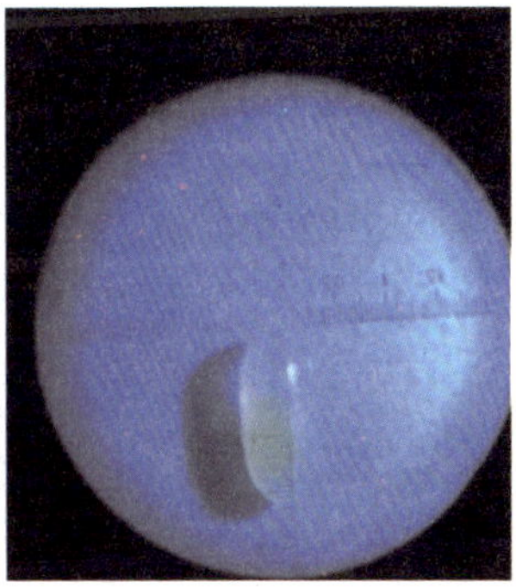

图 17　显微镜下的蚂蚁卵

点评： 观察可以借助一定的工具，观察工具可以延长人的感官，提纯、精确计量，借助手持显微镜，1 毫米多的蚂蚁卵被观察得更清楚了。

懒惰的蚁后

2015 年 8 月 15 日　星期六　天气　阴

趁换巢的时候，我特意观察了一下蚁后，蚁后的头、胸、腹比其他蚂蚁大两三倍，像一个椭圆体。它的头部有一双小小的眼睛，头的顶端还有一对大大的钳子和一对长长的触角。别看它体型庞大，其实它是一只大懒虫呢！进巢还要蚂蚁拉着走，每天都懒洋洋地“躺”在巢里不出来，还要其他蚂蚁伺候，好像吃喝拉撒都要别的蚂蚁帮忙。除了蚁后，其他蚂蚁就像勤劳的工人一样，有时候都会用触角碰碰蚁后的巢，好像在给蚁后洗澡；有时候用小钳子夹着食物，一口一口地喂给蚁后吃，他们还要照顾卵、照顾幼虫；在巢上面巡逻；保护蚁后和卵、幼虫的安全……真是一群竭尽全力的辛苦的蚂蚁！我上网查了一下蚂蚁的分工，原来蚂蚁是群居动物，各有各的任务。蚁后的主要任务是产卵，而采集食物、饲喂幼蚁及蚁后的蚂蚁、建造巢穴的蚂蚁叫工蚁，还有一种蚂蚁是保卫自己的家园，叫兵蚁。哇，一群蚂蚁中竟然也有这么多的蚁型，它们各尽其职，都为这个家默默地付出，我好佩服这些蚂蚁呀！

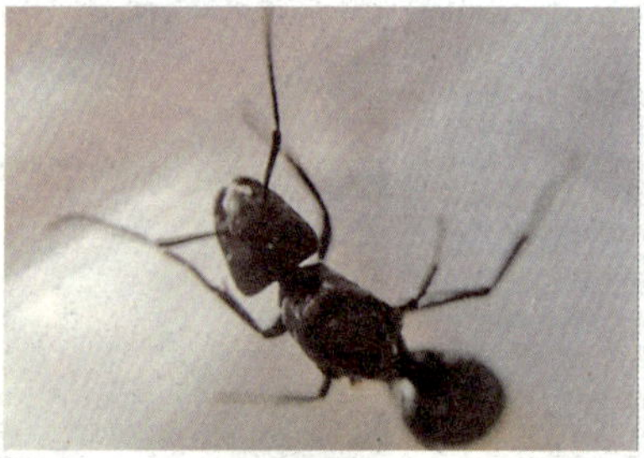

图 18　大个子蚁后

图 19　工蚁在照顾蚁后

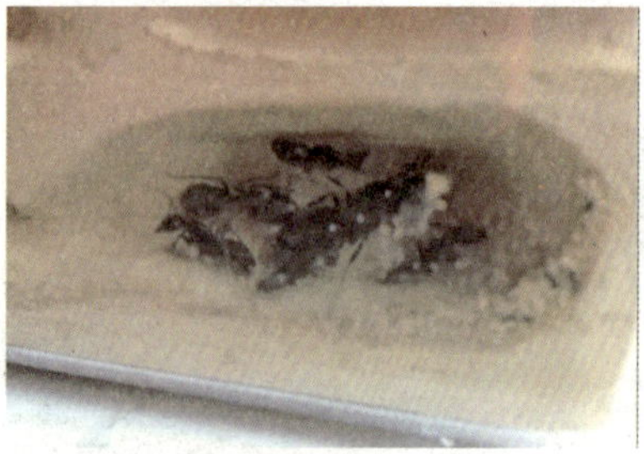

图 20　工蚁挖巢

图 21　兵蚁在巡逻

点评：蚂蚁是一种有社会性的生活习性的膜翅目蚁科昆虫，不同的蚁型各尽其责，分工合作，共同维系它们的群体生活。在研究蚂蚁的过程中，作者始终坚持直接观察和线上信息相结合的方式，这是一种好的学习习惯，也是一种学习方法。

蚂蚁的触角和大钳子

2015 年 8 月 16 日　星期日　天气　阵雨

早上我在给蚂蚁喂水的时候，一不小心碰到了蚂蚁巢，本来还静静地躲在6号巢穴里的蚂蚁，忽然拼了命的往别的巢穴跑，蚂蚁的警觉性真高！于是我站在旁边仔细观看蚂蚁了。这时一只蚂蚁好像找到了好的巢穴一样，马上往回爬。它和同伴相遇后，就用触角不停地碰同伴的身体，又用嘴巴上的大钳子和对方互相咬在一起。过了一会儿，这只蚂蚁还是用同样的方法一路上不停地接触其他同伴。它是在干什么呢？是在和同伴打招呼还是在传递消息？接下来，我就密切关注蚂蚁的触角和大钳子。我发现，蚂蚁在前进的时候它的触角都在360°地转动，像天线一样不停地碰地面；在吃食物的时候会用触角先动食物；碰到同伴也先用触角进行交流。而且蚂蚁很爱惜自己的触角，经常用它的最前面的脚不停地刷着触角。

蚂蚁的触角到底有什么本事呢？我又上网查资料了，原来蚂蚁寻找食物、认路、和同伴传递信息都是靠它的触角。原来，蚂蚁的触角就是蚂蚁的鼻子啊！而蚂蚁之间用大钳子咬在一起可能是互相喂食。又长知识了！

图 22　触角交流

图 23　大钳子互咬

蚂蚁大战面包虫

2015 年 8 月 21 日　星期五　天气　多云

卖家送给我的面包虫寄到了，他说面包虫是蚂蚁最喜欢的食物。我没见过蚂蚁吃活的食物，于是我把面包虫放进蚂蚁的巢里看看蚂蚁会怎么样。

过了一会儿，一只兵蚁跑了上来，看了看面包虫，回巢里通知了其他蚂蚁。过了一会儿，好多只蚂蚁爬上来，它们用钳子把面包虫搬进专门放食物的巢里。然后几只蚂蚁开始“对付”面包虫。一只蚂蚁用钳子死死咬着面包虫的屁股，面包虫痛得不停地翻滚，试图挣脱蚂蚁。虽然蚂蚁被面包虫在空中翻了好几个跟斗，但它还是死死咬着面包虫。不一会儿，又有一只蚂蚁跑下来，跟面包虫战斗，它狠狠地用它的武器掐住面包虫的腹部，但面包虫还在垂死挣扎，不停地翻滚。接下来蚂蚁觉得战斗力不够，请来了许多“救兵”。过了几分钟，蚂蚁终于把面包虫给咬死了，接下来蚂蚁就开始尽情地享用“大餐”了。蚂蚁吃饱了以后，竟然从石膏上挖了石膏末，一点一点盖在面包虫上，原来蚂蚁还会存储食物呢。

我终于知道蚂蚁是怎样吃活的食物了！

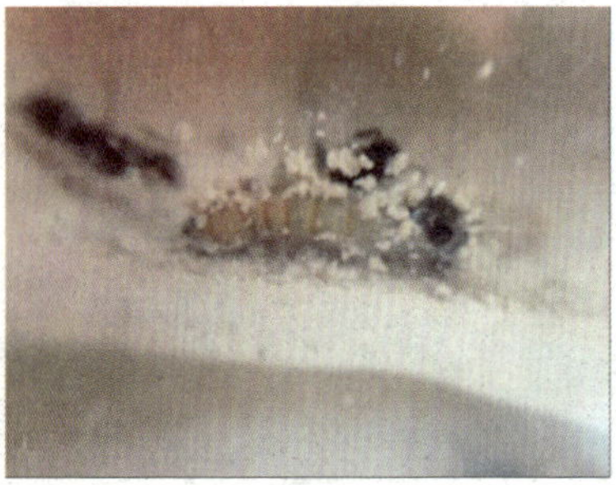

图 24　蚂蚁填埋面包虫尸体

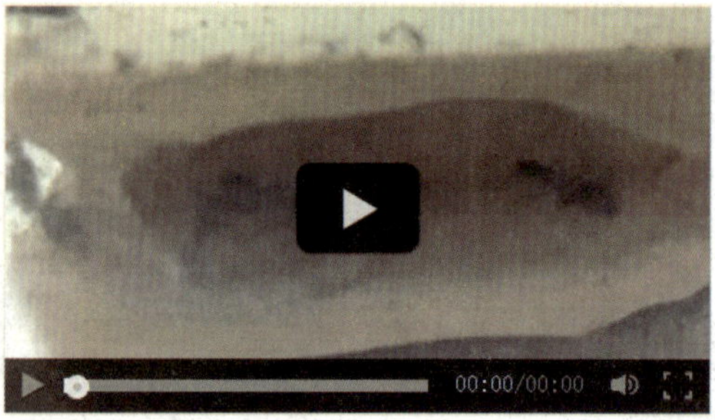

视频 2　蚂蚁大战面包虫

卵变幼虫了

2015 年 8 月 22 日　星期六　天气　多云

工蚁像保姆一样，对卵非常地爱护。有时候，工蚁会用触角碰碰蚂蚁卵，好像在给蚂蚁卵洗澡；危险的时候，总是将蚂蚁卵快速地搬到安全的地方……

在工蚁的细心照顾下，卵越来越大了。中间的黄色部分变成了黑色点点，四周变透明了，卵的一端好像变成了尖尖的头。

我利用防逃液将卵从蚂蚁巢里拿出来，先用肉眼观察蚂蚁卵：我一看，可真像蚕宝宝。“卵”身上也有许多个体节，头部是凸出来的，身体里有一个黑色的点点，好像它的眼睛。我用尺子量了一下“卵”的长度，发现已经长到了五毫米，比之前长了许多。

接下来我用手持显微镜观察“卵”，我一看，吓了个半死，身上全都是细细的体毛，头弯曲的部分有一个小黑点，尾部尖尖的，旁边全部都是小白点。原来它变成了一只幼虫了呀！

图 25　蚂蚁巢穴里的幼虫

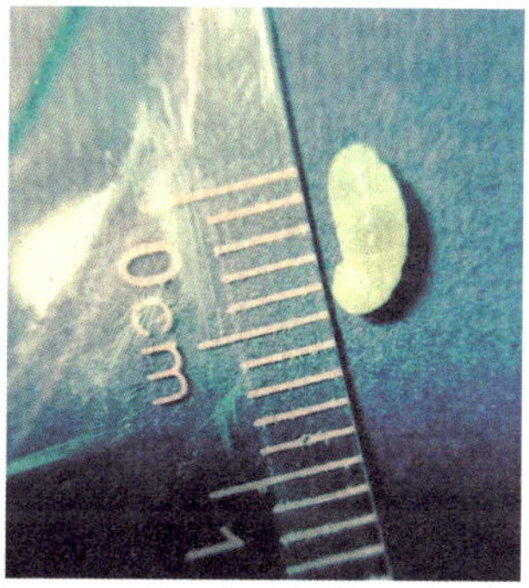

图 26　肉眼观察蚂蚁的幼虫

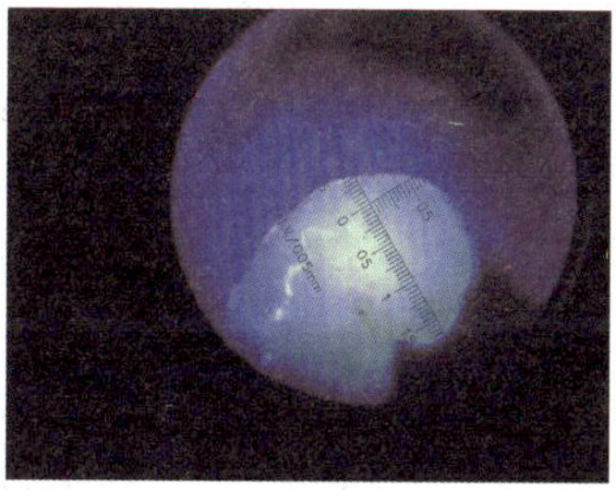

图 27　显微镜下幼虫的头部

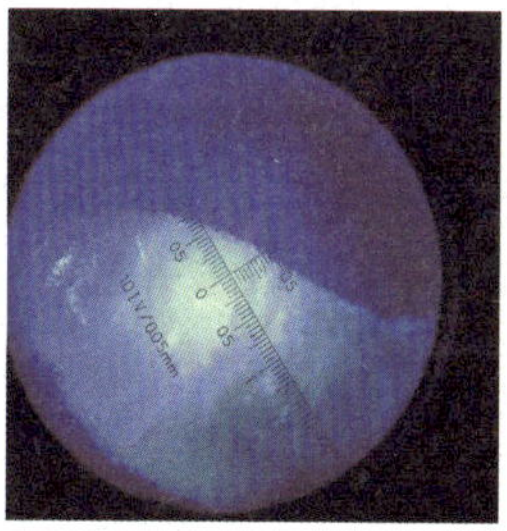

图 28　显微镜下幼虫的尾部

点评：这段对于蚂蚁幼虫的观察描述非常生动，从肉眼观察到显微镜观察，研究有序，获得的信息也很丰富。

蚂蚁爱吃什么

2015 年 8 月 23 日　星期六　天气　阵雨

平时给蚂蚁喂的都是昆虫果冻，那蚂蚁还吃其他食物吗？蚂蚁最爱吃什么呢？今天妈妈在厨房烧菜时，我发现了很多水果和蔬菜。于是我和妈妈商量着就利用这些材料，做一个蚂蚁爱吃什么的实验记录。我先把番薯、茄子、苹果、面包、香蕉、玉米和肉切成一小块，放在一小张纸上，把纸放在蚂蚁巢上面，看看蚂蚁会吃什么食物。10 分钟后，3 只蚂蚁跑到苹果上来觅食，而其他食物上都没有蚂蚁过来。1 小时后，番薯和苹果上都上来了 1 只蚂蚁，香蕉上吸引了 4 只蚂蚁，而茄子、面包、玉米、肉上没有吸引来蚂蚁。2 小时后，1 只饿极了的蚂蚁去吃茄子，2 只非常饿的蚂蚁去吃苹果，6 只饥肠辘辘的蚂蚁去吃香蕉。而番薯、面包、玉米和肉没有吸引蚂蚁。到了第二天早上，我发现香蕉块明显变小了，肉块上面却多了很多的面包屑，可能蚂蚁又想把肉给埋了吧。这个过程中，我发现苹果和香蕉最受蚂蚁欢迎，特别是香蕉，简直是蚂蚁的最爱！蚂蚁为什么那么喜欢吃香蕉呢？蚂蚁爱吃果冻又爱吃香蕉，我觉得这几种蚂蚁爱吃的食物都是甜的，会不会和含糖量有关呢？于是我又赶紧上网查资料：番薯和茄子的含糖量大约是 5%，苹果里的糖分含量大约是 9%~13%，玉米里的糖分含量大约是 8%，而香蕉里的糖分含量竟达到 14%。原来蚂蚁喜欢吃甜食，香蕉的糖分含量最高，所以蚂蚁才那么喜欢吃香蕉！

图 29　10 分钟后

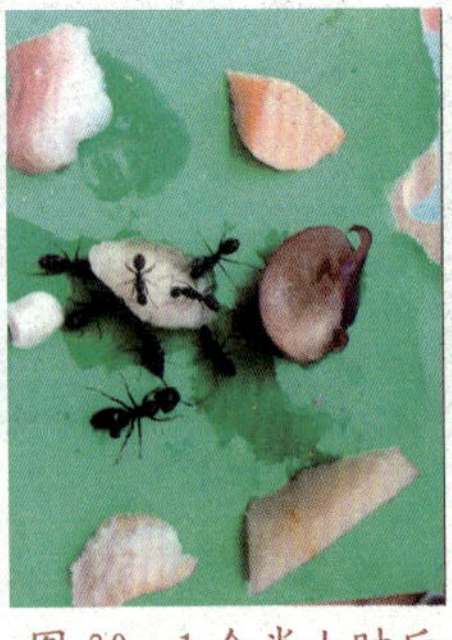

图 30　1 个半小时后

图 31　2 小时后

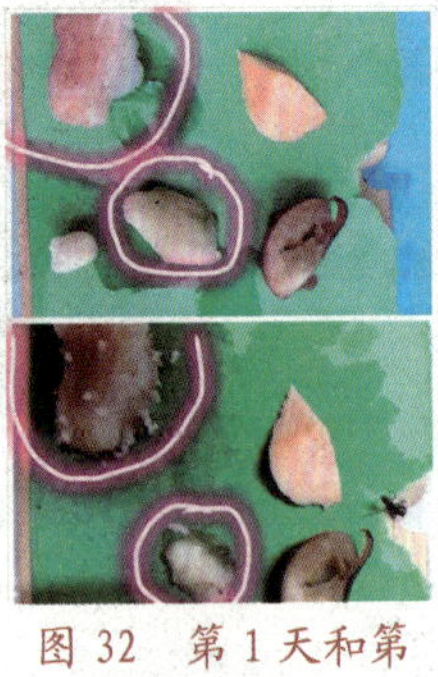

图 32　第 1 天和第 2 天的食物对比

	10分钟	30分钟	1小时	1.5小时	2小时	第二天
番薯	0	0	1只蚂蚁	0	0	0
茄子	0	0	0	0	1只蚂蚁	1只蚂蚁
苹果	3只蚂蚁	2只蚂蚁	1只蚂蚁	0	2只蚂蚁	0
面包	0	0	0	0	0	2只蚂蚁
香蕉	0	2只蚂蚁	4只蚂蚁	8只蚂蚁	6只蚂蚁	0
玉米	0	0	0	0	0	0
肉	0	0	0	0	0	0

图 33　蚂蚁爱吃什么食物观察记录

点评：蚂蚁爱吃什么食物，每个小朋友都关心这一问题，作者用了一种最简单的方式，同时呈现多种食物，观察蚂蚁到底选择了什么，获得一个初步结论。需要指出的是，这样的实验结论获得还不够严谨，如果要得到更加准确的结论，需要多次实验，多样本实验，重复实验。

蚁后又产卵了

2015 年 8 月 25 日　星期一　天气　晴

昨天，我在给蚂蚁喂食时忽然发现 6 号巢穴的底部出现了一大堆新卵，大概有四十多粒。哇，蚁后又产卵了，这是蚂蚁到我家后，蚁后第一次产卵，（前面的卵都是卖家送的）。新卵全身都是淡黄色，闪闪发光。可惜了，我看不到蚁后产卵的过程，但是我想蚁后肯定很辛苦。还好它有工蚁的贴心照顾。蚂蚁一下子有了这么多宝宝，会不会照顾不过来？于是，我和妈妈商量再买一试管的蚂蚁过来。很快今天傍晚，蚂蚁寄到了，我还是用老办法把蚂蚁放

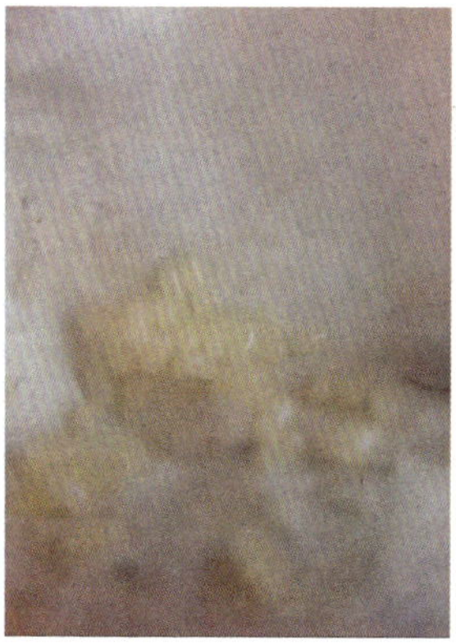

图 34　蚁后新产的卵

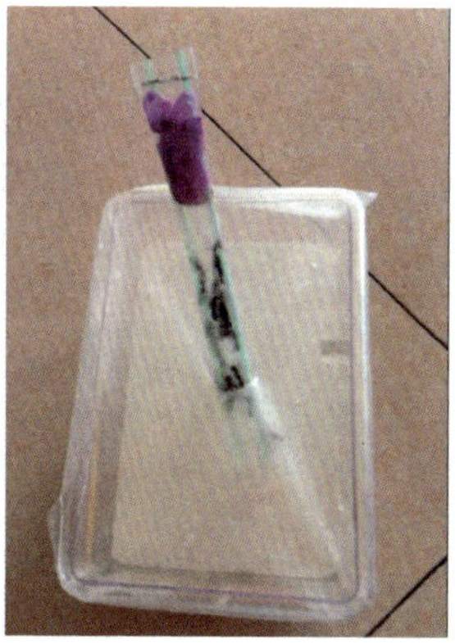

图 35　蚁巢的新成员

入巢穴中。希望它们能成为好朋友。

蚂蚁生病了

2015 年 8 月 26 日　星期二　天气　多云

天呐，真惨！昨晚蚂蚁还生龙活虎，今天中午蚁巢的上面却躺了 3 只蚂蚁的尸体！它们弯着身子，四肢缩成一团，触角也耷拉着。是我喂的果冻有毒？巢穴太潮湿了生病了？我赶紧喊来妈妈。我们拿定注意，先把湿纸巾给拿掉，又把果冻给换了。可是到了傍晚，死掉的蚂蚁更多了。怎么办呢？我急得团团转。我赶忙上全国 QQ 交流群请教，叔叔阿姨告诉我，可能是蚂蚁内部打仗了，因为蚂蚁很难接受不是自己巢穴里的新蚂蚁！原来如此，是我前天把新买的蚂蚁放入巢穴中，原来的蚂蚁接受不了和自己体味不一样的蚂蚁。把它们当敌人看了！真是悲剧！晚上，这些蚂蚁的尸体还被无情的同类当垃圾一样藏在了另一个巢穴中，身上还盖满了石膏粉。

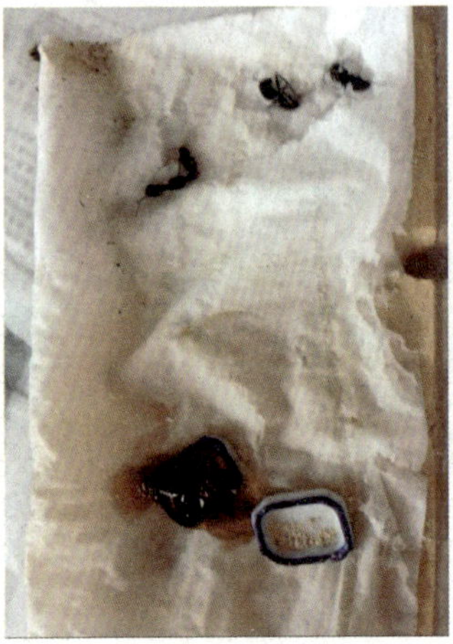

图 36　死亡的蚂蚁

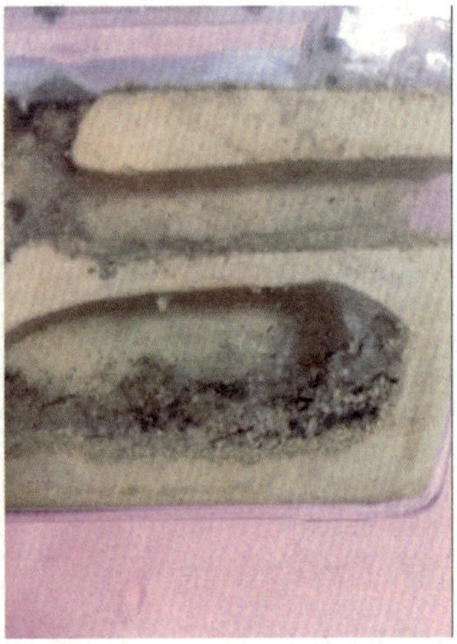

图 37　只放蚂蚁尸

蚂蚁的住处

2015 年 8 月 28 日　星期四　天气　晴

我发现蚂蚁大部分的时间爱分两批待在两个不同的巢穴。但是它们碰到危险时，马上会逃出来，待在别的巢穴。我在想：蚂蚁爱待在什么样的巢穴呢？会不会跟阳光有关系呢？于是我准备做一个小实验看看。我先准备一小张卡纸和双面胶，并把双面胶贴在卡纸上。把巢穴四个面定为A、B、C、D面。我先把卡纸贴在D面上，遮住D面的光线，然后特意把巢放在阳台上，故意轻轻拍动蚂蚁巢，这时蚁巢内的蚂蚁受到惊吓，马上叼着卵和幼虫四处逃窜。然后我静静等待，看看蚂蚁会往哪边逃。

过了一会儿，我把卡纸撕下来，一看，蚂蚁全都跑到D面的巢里了。我想：蚂蚁是不是喜欢阴暗的地方呀？

然后我又把蚂蚁巢A面用纸贴起来，放在阳台上，也用同样的方法惊动蚂蚁。过了一会儿，我发现蚂蚁又都跑到A面了。

原来蚂蚁是喜欢阴暗的地方呀！

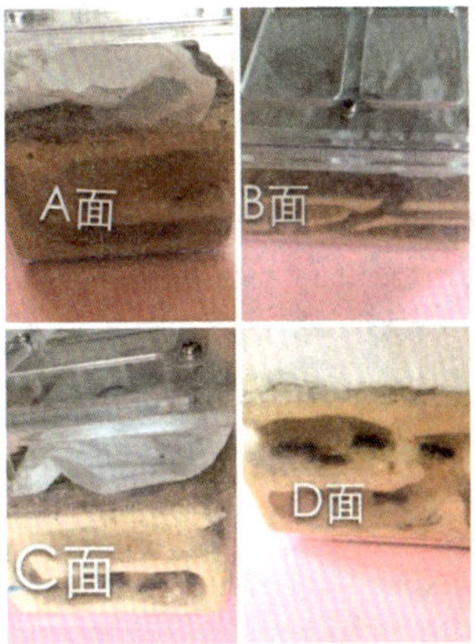

图 38　巢穴的四面

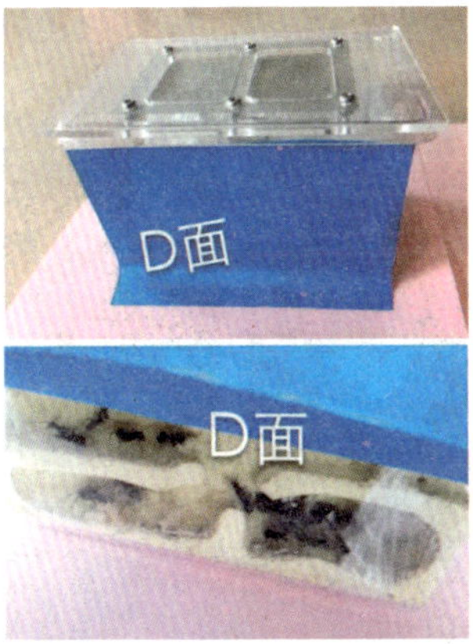

图 39　蚂蚁跑到D面了

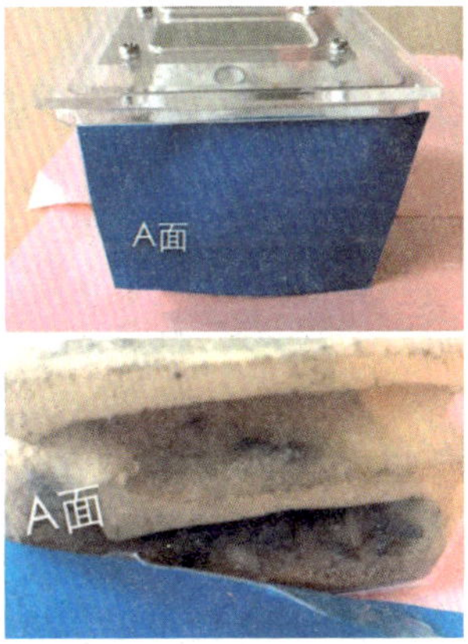

图 40　蚂蚁跑到A面了

点评：这一片段是用实验的方法来观察研究蚂蚁喜欢怎样的环境，这也是小朋友非常感兴趣的问题，实验方法比较简单，建议做多方面的比较，比如说ABCD四个面的其他条件是否完全一样等。

蚂蚁幼虫结茧了

2015 年 8 月 31 日　星期一　天气　阵雨

上学期我们观察过蚕的一生变化，蚕是昆虫，蚂蚁也是昆虫，那蚂蚁的幼虫会不会像蚕宝宝一样也会吐丝结茧呢？　自从蚂蚁卵变成幼虫后，我天天盼着能看到蚂蚁的茧。有一天，忽然发现幼虫的身体变成了透明的椭圆形，里面还能隐约看到幼虫在蠕动。太像蚕宝宝吐丝的情景了。难道，蚂蚁的幼虫也要结茧了吗？于是我更注意仔细观察了。

到了第二天，里面的幼虫渐渐看不见了，这个椭圆形的茧越来越厚，颜色越来越黄了。有意思的是过了几天，茧的一端出现了一个大黑点。这个黑点是蚂蚁的哪一部分呢？是头部还是胸部呢？工蚁依旧用它的大钳子无微不至地照顾着蚂蚁的茧。又过了几天，茧的外面开始变成皱巴巴的，颜色就像枯萎的叶子。今天这个茧变透明的灰色，露出了蚂蚁细细的四肢！

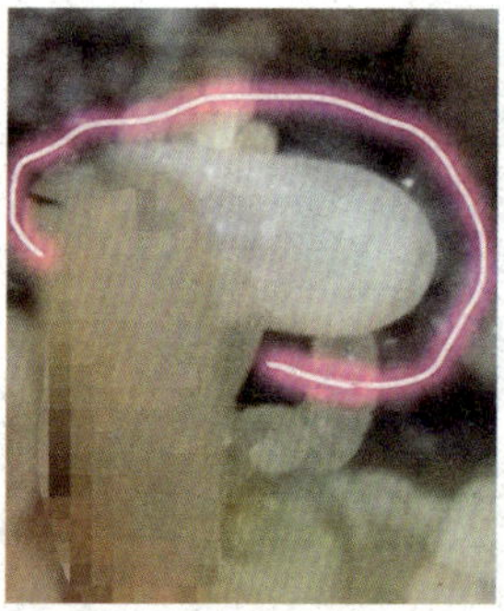

图 41　茧里正吐丝的幼虫

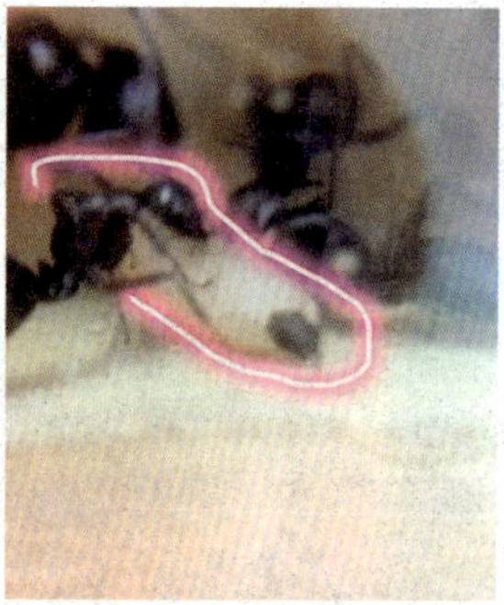

图 42　工蚁在照顾茧

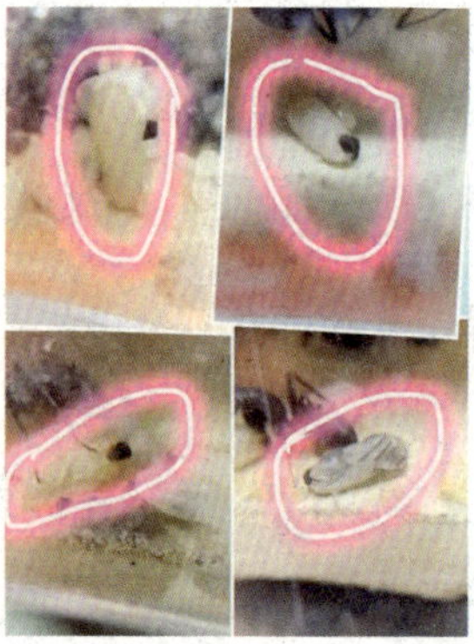

图 43　茧的变化

图 44　卵—幼虫—茧

蚂蚁破茧而出

2015 年 9 月 5 日　星期六　天气　晴

前天晚上我刚要好好查看一下快露出蚂蚁脚的那个茧，可是我翻遍整个巢穴也找不到它了。会不会被蚂蚁当垃圾埋了，还是趁我没看的时候它就变成蚂蚁了呢？妈妈说从茧里出来的蚂蚁可能会长翅膀，也可能就是一只像工蚁一样的蚂蚁。可惜我看不到！还好旁边又有一个茧慢慢地变灰色露出蚂蚁脚了。

今天，我一有空就去查看蚁穴。快到傍晚的时候，我刚要下楼骑自行车呢，妈妈忽然大叫起来，我赶紧跑去一看，一只蚂蚁正在破茧而出。只见这只茧中露出嫩红色的蚂蚁的半个身体，茧的半个壳就像被脱去了衣服一样挂在蚂蚁的腹部，蚂蚁的头倒立在巢穴中，四肢不停地推着茧的壳。而旁边的蚂蚁同伴也在用钳子帮助它。过了 2 分钟左右，蚂蚁终于破茧而出了。原来是一只新的工蚁！刚破茧的小蚂蚁弯着身子，身体的颜色要比其他蚂蚁红点，四肢直直地伸着，躺那一动也不动，要不是它的嘴巴在动，我还真担心它是不是死了。这时过来一只蚂蚁使劲地把它往巢里拖去。5 分钟后，新的蚂蚁就像它的伙伴一样在巢里自由地爬来爬去，不用其他蚂蚁帮忙了，很快就混在蚂蚁群里面了。

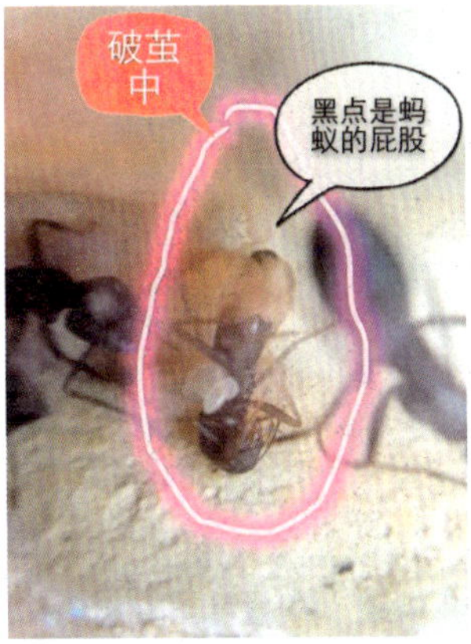

图 45　蚂蚁破茧而出

图 46　刚出茧的蚂蚁

图 47　破茧后留下来的茧的壳

点评： 蚂蚁会结茧，估计很多人都没有看到过，作者对蚂蚁如何结茧，如何破茧而出，做了生动、具体的描写，让人大开眼界。

一龄幼虫

2015 年 9 月 6 日　星期天　多云

蚁后产下一堆卵后，我一直注意着这堆新卵的变化。过了 7 天左右，卵从晶莹的奶黄色变成了透明的白色，卵的中间还出现了一个小点。又过了 3 天，卵的一端变得弯弯的，身上还出现了一层层褶皱。太像前段时间看到过的幼虫了。可是它又比旁边的幼虫小多了。我用手机焦距拍下图片，把图片发给裳裳阿姨看，阿姨对我说，这些卵变幼虫了，只不过它们还是一龄幼虫。蚂蚁的幼虫也分为三个阶段：一龄幼虫，二龄幼虫，三龄幼虫。

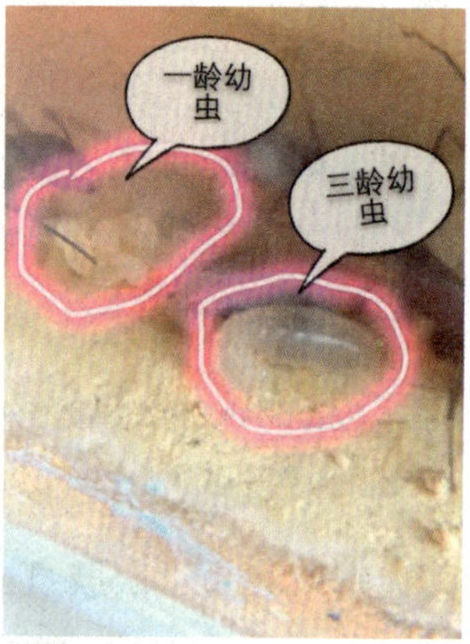

图 48　一龄幼虫和三龄幼虫

一巢容不下二后

2015 年 9 月 8 日　星期二　多云

前天，我在淘宝上搜索蚂蚁的食物时，发现一家“施王蚁馆”的店，它售卖一种很漂亮的蚁后，叫“日本拱背蚁”，看上去特别威武，于是我让妈妈帮我拍下来。

蚁后寄到了，果真很漂亮，只见这只蚁后全身通红，长长的腹部特别尖。上次我把新的蚂蚁放入这个巢穴中后，因为原来的蚂蚁接受不了不是同巢穴的蚂蚁，导致好多蚂蚁死了。我想，这群蚂蚁会不会接受蚁后呢，蚁后可是级别最高的蚂蚁呀。于是我用塑料镊子把蚁后

图 49　漂亮的新蚁后

轻轻地放入巢穴中。

图 50 新蚁后进巢

蚁后进入巢穴后，先是静静地待在巢穴的外面，不一会儿就往巢穴的通道中爬了。哇，新蚁后闯入蚁穴中了，只见一只蚂蚁碰到蚁后后马上用它的大钳子拉住新蚁后的脚往外拖，新蚁后用自己的后腿撑住，并挣扎着，但一点办法也没有。另一只蚂蚁不停地向它的头部进攻，过了一会，又来了两只蚂蚁，它们不停地咬着它的背部、腹部，十分凶残。别看新蚁后威武，现在却像打蔫了的茄子，只会缩成一团。没到三分钟的时间，新蚁后渐渐动不了了，侧着身子躺在那里。很快，新蚁后就被蚂蚁拖到了专放垃圾的垃圾巢里。

图 51 死亡的新蚁后

哎，看来无论什么蚂蚁，只要不是同一巢穴的蚂蚁，都会受到原来巢里的蚂蚁的排斥，进去之后只有死路一条。我在想是夸蚂蚁忠诚于自己的蚁后呢，还是抱怨它们太残忍呢？

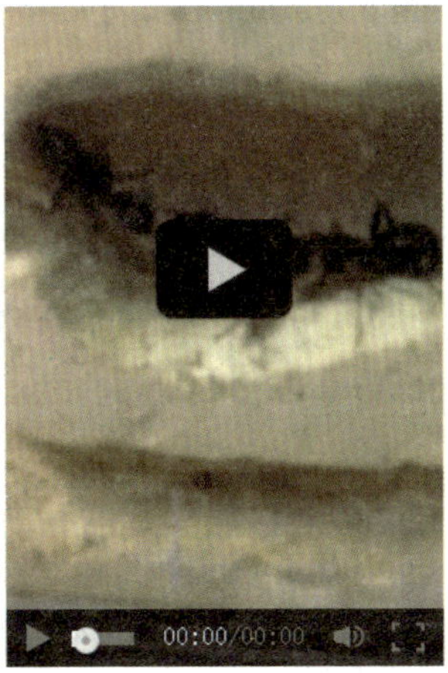

视频 3 攻击新蚁后

费洛蒙和蚂蚁冢

9 月 12 日　星期六　天气　阴

这几天，天气一直是阴天，忽然转凉了，我们已经开学了，平时除了继续喂蜂蜜给蚂蚁，我好久没好好观察蚂蚁了。今天是周末，我把石膏巢端到自己的房间里打算边做作业边慢慢地观察。我在石膏巢的上面放了平时蚂蚁最爱吃的果冻，坐等蚂蚁出来。可是等了一下午，我的作业都快做完了，蚂蚁还没有出来。平时生龙活虎一刻也不停息的蚂蚁今天怎么躲在巢里一动都不动？是不是蚂蚁开始要冬眠了？行动那么缓慢？

我把石膏巢慢慢转向自己，一个一个巢穴看过来，忽然发现 2 号巢穴里竟然有好多黑点，我赶紧拿来放大镜对着 2 号巢穴仔细观察。啊，黑点是蚂蚁的尸体！而且是好几只蚂蚁尸体重叠在一起，被石膏末覆盖在身上。什么时候蚂蚁把死掉的蚂蚁偷偷地又搬一块了？记得上次我已经把蚂蚁尸体清理干净了呀！为什么蚂蚁又把同伴的尸体搬一块放在同一个巢里，而不放在自己生活的巢里呢？于是我上 QQ，在蚂蚁交流群提问。很快有了答案。原来，死亡的蚂蚁身上会发出信息素“死亡费洛蒙”，其他蚂蚁会将它的尸体搬出生活巢穴外堆放在同一个地方，这个地方就成为蚂蚁冢了。如果，有同伴和尸体相处太久而感染“死亡费洛蒙”的话，那只蚂蚁也会被同伴搬出来扔掉。

什么是信息素呢？我又上网查资料了。原来蚂蚁是群居动物，它们就是靠信息素辨别气味，我们平时常常看见蚂蚁在两个巢之间走来走去，看起来很忙碌的样子，其实它们是忙着将身上的辨别气味统一起来。怪不得外来的蚂蚁甚至蚁后，一旦进入巢穴就会很快被消灭呢，原来是因为外来蚂蚁身上没有巢里蚂蚁的统一信息素。

今天学到的知识可真多！可是千万别再有蚂蚁被送往蚂蚁冢了！

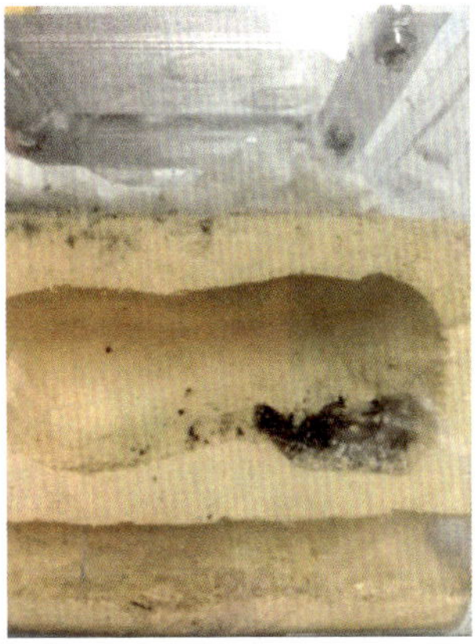

图 52　蚂蚁冢

点评： 费洛蒙和蚂蚁冢，非常特别的发现，蚂蚁的世界，多么神奇！通过观察研究，又长见识了。

结束语

爸爸妈妈告诉我说：“小也是大！”我不懂这话的意思。爸爸解释说：“一个认真研究蚂蚁的孩子，可以用同样的方法研究其他动物、植物，甚至社会、自然、宇宙。”对的，虽然我还小，但我至少可以用同样的方法去研究别的生物！

通过这次研究，我收获很大，爸爸妈妈还特地陪我聊了这一次的收获，在他们的启发下，我发现，我的收获更大了。

1. 许多我们自认为熟悉的东西，其实并不熟悉，探究永无止境。

2. 深入仔细地观察、实验，我们就会发现许多新的秘密。认真观察，十分重要。

3. 这次研究，让我对蚂蚁的生活习性进行了深入的了解，领悟到爸爸说得对，有些事真的是“纸上得来终觉浅，绝知此事需躬行”。书上的知识是“二道三道四道贩子”，如果有条件、有时间，应该到“知识的第一现场”去，会有意想不到的收获。

4. 在研究当中，我拍到了蚂蚁的卵、幼虫、蛹、成虫。我原本感觉这些照片太难看了，没什么了不起的。可爸爸说："有些人一生都没见过蚂蚁的卵、蛹等，这是非常珍贵的照片。"我一想，确实如此，真的好珍贵！

5. 在观察研究中，我需要定时给蚂蚁喂食，给蚁巢保湿。妈妈说，我变得更有责任心了。

6. 在观察研究当中，我时常被蚂蚁感动，工蚁的勤劳，它们对待蚁卵的责任心、爱心，值得我们人类学习。爸爸说："人类虽然是万物的灵长。但是，当你放下身段就会发现，天地万物都是人类的老师，蚂蚁也是。"我想了想，觉得爸爸说得对。以后我一定要爱护每一种动物、善待每一种动物。其实，动物与我们人类一样，都是这个地球上的居民，我们应该好好相处，互相帮助。

7. 我学会了借助工具进行科学观察记录的方法，及时记录修整。

8. 我养成了坚持观察一件事物的习惯，变得爱思考、爱提问、爱假设，也学会了碰到难题及时查资料以及向大人、电脑请教。

9. 我的观察能力、动手能力都得到了很大的提高。

我将继续观察和研究：蚁后是怎样产卵？蚂蚁幼虫的几个阶段变化。当数量多了，蚂蚁会不会分巢？甚至，蚂蚁到底是怎么交流的？蚂蚁到底用什么方法找到回家的路？小小蚂蚁为什么能举起比自己体重重许多倍的东西？……如果你用心就会发现：小小的蚂蚁巢，其实是个大大世界！

如果有一天，我能发现"蚂蚁回家的方法"并且应用到人身上，那小孩、老人就永远不会迷路了！如果有一天，我能发现"蚂蚁力大无穷的秘密"，并造福于人类，那该有多好呀！

点评： 这是一篇三年级学生做的科学部落格，这篇日志有这样一些特点：首先，选题合适，选择了生活中非常常见的蚂蚁作为观察对象，并发现蚂蚁世界的精彩与神奇，适合三年级学生的研究；其次，日志内容丰富，从卵到幼虫到蛹到成虫到死亡，全面记录蚂蚁的生长过程，同时记录蚁后、工蚁、兵蚁的生活分工和主要活动；第三，观察细致，选择的研究工具合适，方法较恰当，实验的过程清楚，数据确切，文字描述生动具体；最后，作者的收获、体会，及进一步研究的问题思考，也颇有深度，我们可以发现，亲历这样的学习活动，收获将是丰富的，多元的。

含羞草之谜

温州市广场路小学
任芷乐
（指导教师：黄领华）

阅读导引：

可爱的含羞草每次会“害羞”多久？她是每天“睡觉”吗？她每天几点钟“睡觉“呢？“睡着”需要多久呢？每天“睡着”的时候环境是怎样的呢？含羞草“睡觉”与光线有关吗？含羞草“睡觉”与温度有关吗？温州市广场路小学五年级学生任芷乐在暑期里花了20天时间，对养在自家阳台的一盆含羞草进行了多方面科学探索，以问题为线索一步一步展开研究，进行记录，每一个问题的提出、研究过程的记录和观察的结果发现，都图文并茂地展现在自己的网络空间里，和同学、朋友一起分享、交流，在与大家交流的过程中，她不断调整、改进研究方法。这样的观察研究活动给她带来极大的收获，正如她自己所言，“科学真奇妙，我要继续去探寻！”

我家有一盆含羞草，她枝繁叶茂，绿叶葱葱，长得可爱极了。可是，她特别害羞，经常要遮住她那可爱的面庞，害羞地垂下她的脑袋。

含羞草是一种豆科植物。她成簇生长，枝上有刺毛。含羞草的叶子像羽毛一样，一片叶子由许多小叶子组成，老师说，这个叫做“羽状复叶”，含羞草的叶子遇到触动，比如人们用手摸，比如大风吹，比如被雨滴打到，都会立即合拢起来，触动的力量越大，合得越快。含羞草叶片合拢的时候，整张叶子上的小叶子们会各自合起来，叶片垂下，像有气无力的样子，整个动作在几秒钟就完成。

我觉得她有很多秘密，比如说，我一碰她，她就会害羞；比如说，每天晚上，她都会睡觉……我要好好观察，解开含羞草之谜。

点评：前言部分简单明了，对研究对象——含羞草的基本特点做了简单介绍，为进一步探究含羞草的秘密做铺垫。

实验一　观察含羞草的“害羞”现象

8 月 10 日

实验目的：我想观察一下含羞草的“害羞现象”，看看她每次要害羞多久？

实验器材：含羞草 1 盆。

实验过程：

第一步，用手抚摸含羞草，使她的叶子全部闭合。

第二步，观察含羞草逐步恢复草叶盛开的过程，并记录。

第三步，观察 3 次，得出结论。

实验记录：

观察含羞草：

成簇生长

枝上有刺毛

羽状复叶

15:09　抚摸草叶

15:10　草叶合拢

15:12　草叶半开

15:15　草叶全开

第一次观察“害羞”现象

15:10，抚摸草叶，让草叶合拢。我抚摸草叶的时候，整张叶子上的小叶子们纷纷各自合起来，叶片垂下，一副有气无力的样子。

15:10，草叶合拢。叶片都有气无力地低着头，叶片全部合在一起，好像蜷缩在一起睡着了一样。

15:12，草叶半开，很像整张叶片被沿着叶片的中心轴折了一下，变成了一张半张的小嘴巴！

15:15，草叶全开。整个叶片舒张开来，朝气蓬勃地对着我笑呢！

观察结果：草叶从闭合到全开经历了 5 分钟。

15:15　抚摸草叶

15:16　草叶合拢

15:18　草叶半开

15:22　草叶全开

第二次观察

观察结果：草叶从闭合到全开经历了 6 分钟。

15:22　抚摸草叶

15:23　草叶合拢

15:25　草叶半开

15:28　草叶全开

第三次观察

观察结果：草叶从闭合到全开经历了 6 分钟。

实验结论：在实验过程中，我发现，每次我抚摸叶片的时候，整张叶子上的小叶子们纷纷各自合起来，叶片垂下，一副有气无力的样子。她们都有气无力地低着头，叶片全部合在一起，好像蜷缩在一起睡着了一样。当草叶半开时，很像整张叶片被沿着叶片的中心轴折了一下，变成了一张半张的小嘴巴！当叶片全开的时候，整个叶片舒张开来，都在朝气蓬勃地对着我笑呢！真是太可爱了！

经三次实验得出结论：第一次实验，草叶从闭合到全开经历了 5 分钟；第二次实验，草叶从闭合到全开经历了 6 分钟；第三次实验，草叶从闭合到全开经历了 5 分钟。因此，我发现含羞草每次“害羞”时间大概为 5 分钟左右。

根据网友“天外”的建议，我增加了统计表格。

状态	草叶合拢	草叶半开	草叶全开	合计时间
第一次	15:10	15:12	15:15	5 分钟
第二次	15:16	15:18	15:22	6 分钟
第三次	15:23	15:25	15:28	5 分钟

点评：针对“含羞草每次要害羞多久”这一问题，作者不是做一次实验就下结论，她通过重复实验获取数据，体现科学研究的严谨性，这样的做法值得大家学习。另外，她及时采纳了网友的建议，将研究所获得的数据整理成表格，这种呈现方式更加科学明了。

实验二　观察含羞草的“睡觉”现象

实验目的：在平时的观察中，我发现含羞草晚上会合拢“睡觉”，她是每天“睡觉”吗？她每天几点钟“睡觉”呢？“睡着”需要多久呢？每天“睡着”的环境是怎样的呢？我要观察一下。

实验器材：含羞草 1 盆、温度表 1 个。

实验过程：

第一步，密切关注含羞草将要“睡觉”的时间，观察每天开始“睡觉”的时间以及当时的环境情况，五分钟观察一次。

第二步，观察含羞草逐步“入睡”的过程，并记录。

第三步，观察 5 天，得出结论。

实验记录：

17:50 草叶盛开
温度：30℃，天色：亮

18:03 草叶稍合
温度：30℃，天色：稍暗

18:13 草叶全合
温度：30.5℃，天色：稍暗

18:23 草叶全合
温度：30.5℃，天色：稍暗

8 月 11 日（第一次观察）

观察结果：草叶从 17:50 左右开始逐渐闭合，先是其中的一些叶片稍稍半合，一片叶片中的小叶片也是有些先合，有些后合，一直到 18:13，草叶才全合，总共经过了 23 分钟左右。在草叶全合后，再过 5 分钟，我继续观察，草叶没有重新打开。在此过程中，天色逐渐变暗，温度基本没有变化。

17:30　草叶盛开
温度：33℃，天色：亮

17:45　草叶稍合
温度：33℃，天色：较亮

18:00　草叶全合
温度：33℃，天色：较亮

18:20　草叶全合
温度：33℃，天色：稍暗

8月20日（第二次观察）

观察结果：草叶从17:30左右开始逐渐闭合，一直到18:00，草叶才全合，总共经过了30分钟左右。在草叶全合后，再过20分钟，我继续观察，草叶没有重新打开。在此过程中，天色逐渐变暗，温度基本没有变化。

17:45　草叶盛开
温度：31℃，天色：亮

17:55　草叶稍合
温度：31℃，天色：稍暗

18:05　草叶全合
温度：31℃，天色：稍暗

18:15　草叶全合
温度：31℃，天色：稍暗

8 月 21 日（第三次观察）

观察结果：草叶从 17:45 左右开始逐渐闭合，一直到 18:05，草叶才全合，总共经过了 20 分钟左右。在草叶全合后，再过 10 分钟，我继续观察，草叶没有重新打开。在此过程中，天色逐渐变暗，温度基本没有变化。

17:52　草叶盛开
温度：32℃，天色：亮

18:02　草叶稍合
温度：32℃，天色：稍暗

18:15　草叶全合
温度：32℃，天色：稍暗

18:20　草叶全合
温度：32℃，天色：稍暗

8 月 22 日（第四次观察）

观察结果：草叶从 17:52 左右开始逐渐闭合，一直到 18:15，草叶才全合，总共经过了 23 分钟左右。在草叶全合后，再过 5 分钟，我继续观察，草叶没有重新打开。在此过程中，天色逐渐变暗，温度基本没有变化。

17:45　草叶盛开
温度：29℃，天色：亮

18:00　草叶稍合
温度：29℃，天色：稍暗

18:10　草叶全合
温度：29.5℃，天色：稍暗

18:15　草叶全合
温度：29.5℃，天色：稍暗

8 月 25 日（第五次观察）

观察结果：草叶从 17:45 左右开始逐渐闭合，一直到 18:10，草叶才全合，总共经过了 25 分钟左右。在草叶全合后，再过 5 分钟，我继续观察，草叶没有重新打开。在此过程中，天色逐渐变暗，温度基本没有变化。

实验结论：经五天的观察发现，含羞草每天晚上都会合拢“睡觉”；每天大约 18:00 左右开始“睡觉”，并且在半个小时内“睡着”；当含羞草“睡着”的时候，通常温度为 30℃左右，天色均已稍暗。

根据网友“天外”的建议，我增加了统计表格。

	草叶全开	草叶稍合	草叶全合	时间合计
第一天	17:50	18:03	18:13	23 分钟
第二天	17:30	17:45	18:00	30 分钟
第三天	17:45	17:55	18:05	20 分钟
第四天	17:52	18:02	18:15	23 分钟
第五天	17:45	18:00	18:10	25 分钟

点评：这个实验是自然条件下含羞草“睡觉”的实验观察活动，观察内容比较全面，指向也比较明确，关注了时间、光线、温度等条件可能对含羞草“睡觉”的影响。

实验三　研究含羞草“睡觉”现象与光线的关系

8 月 26 日

实验目的：根据实验二的结论，含羞草每天晚上在温度为 30℃左右，天色稍暗的情况下均会“睡觉”。那么，到底是因为温度比白天降低的缘故，还是天色变暗的缘故，才让含羞草知道晚上到了，该“睡觉”了呢？我想通过实验三来研究含羞草“睡觉”现象与光线的关系。

实验器材：含羞草 1 盆、厚硬纸板若干。

实验过程：

第一步，将含羞草在草叶全开的情况下，用厚硬纸板围好，遮住所有光亮。

第二步，观察含羞草变化的过程，5 分钟观察一次，并记录变化。

第三步，拿掉厚硬纸板，观察含羞草变化的过程，并记录。

第四步，得出结论。

实验记录：

15:31　草叶全开
温度 31℃，天色亮

15:34　草叶全开，用厚硬纸板围好，并盖上，遮住全部光亮。

15:47　观察，草叶微合

15:53　观察、草叶半合

15:59　观察、草叶大半合

16:06 观察、草叶 80% 全合

16:13 草叶全合

16:15 拆开厚硬纸板，草叶全合

16:26 草叶半开

16:36 草叶全开

观察结果：下午 3 点半左右，在草叶全开的情况下，我把含羞草用一个大硬纸板盒子围绕起来，围好的时候，草叶还是全开，在我盖上盖子，让含羞草处在一个完全黑暗的环境里，5 分钟稍稍掀开盖子观察。我发现，大约 15 分钟以后，部分叶子稍微的有点向上折起合拢，叶片稍微下垂，有点有气无力了。接下来的半小时，合拢的叶片越来越多，直到最后全部合拢。在草叶全合以后，我又打开盒子，让含羞草重新回到光明的环境，含羞草就又开始逐渐盛开了，大约 20 分钟以后，含羞草的叶子又全部打开了。

实验结论：经实验研究得出结论：含羞草的“睡觉”现象真的和光线有关系：天色亮、光线充足时，草叶就盛开；天色暗，光线不足，草叶就会合上，也就是“睡觉”。原来，含羞草每天晚上“睡觉”的一个原因是天色变暗，光线不够充足了。

根据网友“天外”的建议，我增加了统计表格。

时间	15:34	15:47	15:53	15:59	16:06	16:13	16:15	16:26	16:36
草叶状态	全开	微合	半合	大半合	80% 全合	全合	全合	半开	全开
动作	装入黑盒						拆包装		

实验四　研究含羞草“睡觉”现象与温度的关系

8 月 26 日

实验目的：根据实验二得出的结论，含羞草每天晚上在温度为 30℃左右，天色稍暗的情况下均会“睡觉”。那么，到底是因为温度比白天降低的缘故，还是天色变暗的缘故，才让含羞草知道晚上到了，该“睡觉”了呢？我想通过实验四来研究含羞草“睡觉”现象与温度的关系。

实验器材：含羞草 1 盆、温度表、空调。

16:38　温度 24℃，保持充足的阳光，天色亮，草叶全开

17:15　草叶全开

17:30　草叶全开

实验过程：

第一步，将含羞草在草叶全开的情况下放入温度为24℃的空调房。

第二步，观察含羞草变化的过程，并记录。

第三步，得出结论。

实验记录：

观察结果：我在下午16:38，天色还很亮的时候，从温度为32℃的室外，将草叶盛开的含羞草搬到温度为24℃的室内，经过52分钟的观察，含羞草的草叶完全没有合拢的迹象，只管自己开心地盛开着，好像还很喜欢室内的凉爽呢！

实验结论：经实验研究得出结论：含羞草的“睡觉”现象和温度没有关系。经过了52分钟的观察，草叶完全没有变化，一直保持盛开。

根据网友“谢谢”与“牧童”的建议，我补充了含羞草“睡觉”的原理。

到底含羞草为什么这么害羞？为什么光线不足的时候她就会合拢，到了晚上就要“睡觉”。在妈妈的帮助下，我请教了温州大学生命与环境科学学院的植物学专家胡仁勇老师。

原来，在含羞草的叶柄基部有一个膨大的器官叫“叶枕”，叶枕内生有许多薄壁细胞，这种细胞对外界刺激很敏感。一旦叶子被触动，刺激立即传到叶枕，这时薄壁细胞内的细胞液开始向细胞间隙流动而减少了细胞的膨胀能力，叶枕下部细胞间的压力降低，从而出现叶片闭合、叶柄下垂的现象。经过几分钟，细胞液又逐渐流回叶枕，于是叶片又恢复了原来的样子。 含羞草的叶子之所以会出现这种现象，也是含羞草在系统发育过程中对外界环境长期适应的结果，是一种生理现象。因为，含羞草原产于热带美洲，那里经常出现狂风暴雨，当暴风吹动小叶时，它立即把叶片闭合起来，保护叶片免受暴风雨的摧残，因而逐渐形成了这一生理现象。

含羞草夜间把叶子合拢是为了减少叶子水分的蒸发。由于夜间没有了太阳光的照射，含羞草不进行光合作用，反倒是消耗能量，需要消耗水分，通过叶子蒸腾作用会蒸发水分，而含羞草夜间叶子合拢可以有效地减少无谓的水分蒸发，形成了一种“生物钟”，白天盛开，夜里合拢。

补充实验：含羞草的“睡觉”现象和灯光的关系

8 月 30 日

19:40 天色黑暗，草叶全合

19:42 灯光明亮，草叶全合

20:30 灯光明亮，草叶全合

20:50 灯光明亮，草叶全合

观察结果：下午 17:40，天色全黑，草叶已经全合。我将含羞草搬到灯光明亮的室内，想看看她会不会醒来。我一直观察，可她睡得可香了，没有一点醒来的意思。

实验结论：经实验研究得出结论：含羞草的“睡觉”现象和灯光没有关系。经过了 70 分钟的观察，草叶完全没有变化，一直保持合拢。

科学链接：

在我这个实验结果出来以后，科学黄老师、舅舅、舅妈都对我的实验结果提出了怀疑。他们提出：现在很多大棚种植的植物都是通过灯光照射让植物进行光合作用的，按照道理，含羞草应该可以重新盛开。

我上网查询了资料，原来：绿色植物进行光合作用的器官是其绿色的叶片。叶片之所以呈绿色，是因为叶细胞的叶绿体中分布着大量的叶绿素，叶绿素是细胞色素的一种，有叶绿素 a 和叶绿素 b 之分，功能在于捕获光能。尽管可见光是光合作用利用的波长范围，但是，光的波长也影响光合作用速度，通常在红光下光合作用最快，蓝、紫光次之，绿光最差。显然，任何光源，只要它的发射光波长在 400~700nm 范围内，都能够为叶片所利用，进行光合作用。 比如日光灯，科学研究发现植物进行光合作用主要是靠蓝绿光和红橙光，日光灯灯光里含有这两种光，所以植物在灯光下也能进行光合作用。

那么我的实验为什么会失败呢？我请教老师，查询资料，和爸爸、妈妈、舅舅、舅妈讨论。我想，最大的可能性是我的灯光照射强度不够，不能达到将含羞草唤醒的强度，我决定继续实验，用 100 瓦的白炽灯照射含羞草，看看结果。

通过这次失败的经验，舅舅告诉我：一次实验并不能证明一个道理，只有通过多次实验，才能证明一个实验的结果。并且，有时候造成实验结果不同的是我们没有考虑到的其他因素，所以科学需要我们一次次的研究探讨。

再次实验：这次，我打算在卫生间打开光亮强烈的浴霸来照射“睡着”含羞草，看看到底能不能让含羞草在光照中苏醒。

实验过程：

19:06　天色黑暗，草叶全合

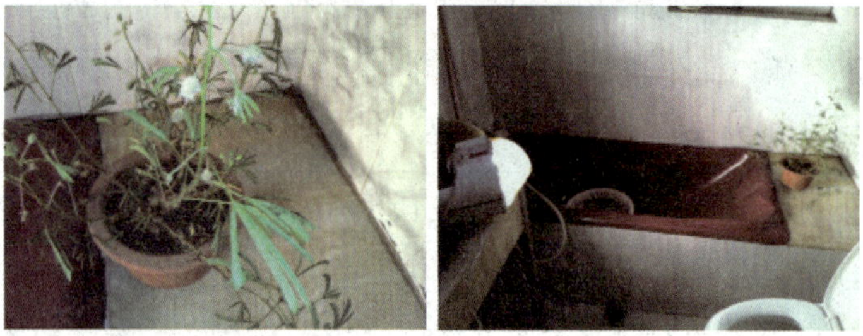

19:08　将含羞草搬入打开浴霸的浴室里，含羞草还是草叶全合

19:22　草叶微开，向着浴霸的一边叶子开得多，背向浴霸的一边叶子开得少

19:27　草叶半开，向着浴霸的一边叶子基本全开，背向浴霸的一边叶子开得少

19:48　草叶盛开

19:50　关掉浴霸，草叶全开

20:12　草叶半合

20:26　草叶全合

观察结果：在晚上 19:06，天色已经全黑，含羞草已经全合的情况下，我将含羞草搬到开了浴霸的浴室，让浴霸的灯光在大约距离 2 米的地方照射含羞草。大约经过 15 分钟，朝向浴霸方向的叶子微微张开了，但是远离浴霸的叶子并没明显张开，越近越打开，越远越合拢，这个现象很明显。20 多分钟后，朝向浴霸方向的叶子已经全部打开了，但是远离浴霸的叶子还只有半开。40 分钟后，草叶终于全开。在我关掉光源以后，草叶又渐渐合拢，36 分钟以后草叶全合。后来，我又反复用这个办法做重复实验，实验结果都和这次一样，但是如果用普通的一般的灯光，每次都不能将含羞草唤醒。

时间	19:06	19:08	19:22	19:27	19:48	19:50	20:12	20:26
草叶状态	全合	全合	微开	半开	全开	全开	半合	全合
动作	搬入开着浴霸的浴室，让浴霸照射					关掉浴霸		

实验结论：含羞草的“睡觉”现象和灯光有关系。在我用强光照射“睡着”的含羞草以后，大约经过 15 分钟，草叶微开，40 分钟后，草叶全开。在我关掉光源以后，草叶又渐渐合拢，36 分钟以后草叶全合。原来，上次实验的失败的确是光照强度不够造成的。

点评：作者对含羞草“睡觉”原因的思考是层层推进的，实验三和实验四分别验证了含羞草“睡觉”现象与光线是否有关，与温度是否有关。而夜间的含羞草在灯光照射下是否会醒来的实验则是对实验三的补充，从正反两方面去研究光线对含羞草“睡觉”现象的影响，实验结果更有说服力。

结束语

经过这次的四个实验和一个补充实验，我通过观察、记录、思考、请教等多方面的研究活动，得出了以下结论：

1. 含羞草因为叶枕的薄壁细胞对外界的刺激比较敏感，受到刺激时，细胞的膨胀能力会减少，叶枕下部的细胞间压力降低，会导致叶片闭合，出现“害羞”现象。这种现象一般会在 5 分钟左右恢复原状，叶片重新盛开。

2. 含羞草在夜里没有太阳光的照射，不进行光合作用，每天夜里都会闭合叶片“睡觉”，以保持充足的水分。夏天，通常含羞草会在 18:00 左右“睡觉”，入睡时间大约半个小时左右。

3. 实验表明，含羞草“睡觉”现象和光线有关，当光线变弱时，含羞草感觉到“夜晚”将要来临，就会合上叶片“睡觉”。夜里，如果给含羞草照射强烈的灯光，含羞草感觉到“白天”到了，又会盛开。但是，为了影响含羞草的这种生物钟，需要的刺激比较大，比如光线要很强。

4. 含羞草的“睡觉”现象和温度无关。

在这次的实验中，我除了知道了含羞草的这些秘密以外，还有很多收获。

1. 别看我的报告中都是一次实验就成功，其实我也失败过好几次。我明白了做实验研究，要认真思考、完整实验。比如说，在刚开始观察“睡眠”现象时，我看到含羞草已经完全合拢了，就结束了观察。晚上妈妈问我：“你怎么知道这次不是被风吹得合拢了？”我无言以对，那天的观察就作废了，第二天重新观察。这下我学乖了，因为我前面已经观察过含羞草的“害羞”现象，知道含羞草“害羞”了，一般都会在5分钟左右重新盛开，所以每次都多观察5分钟，看到她完全没有重新张开的意思，才结束观察。接受了这个教训，后面做含羞草“睡觉”与光线的问题的时候，我就知道，一定要再观察一下拿去遮光板以后会不会重新展开，以免人家问我：“你怎么知道不是今天的睡觉时间提早了？”

2. 我学会了用图表说明问题。我把这个实验放到我的部落格上，网友“天外”提出，假如我可以用图表来说明问题会更好，后来经过思考，我把三个实验的结果用图表表示出来，果然清楚很多。

3. 我学会了做事情要细心。在观察含羞草的“睡觉”现象时，刚开始，我毛手毛脚，经常在观察的过程中碰到含羞草，使实验观察的结果不准确，不能采用。后来，我就小心翼翼，再也没有出现过这种情况。

4. 我学会了做一件事情要多请教别人，多查询相关资料。做了这个实验，我请教了温州大学的植物学专家，他讲解了含羞草“害羞”和“睡觉”的科学原理。因为和科学老师以及家长的讨论、请教以及网络查询，我发现了原来植物在灯光下也会进行光合作用。在网上查询资料的过程中，我还发现了很多我有兴趣的其他问题，比如：我想做个实验证实一下植物在灯光的作用下到底是不是真的进行了光合作用？什么颜色的光线更加适合植物进行光合作用？每种绿色植物，在进行光合作用的时候，对灯光颜色的要求都是一样的吗？现在，用灯光给植物进行光合作用已经运用在哪些地方了呢？古今中外，其他研究含羞草秘密的人都得出了什么样的结论呢？……我在不知不觉间学会了很多相关的知识，也对科学更加感兴趣了，并且有了下一个科学实验的点子。

5. 最重要的是，我明白了一个道理：一次实验并不能证明一个道理，只有通过多次实验，才能证明一个实验的结果。并且，有时候造成实验结果不同的，是我们没有考虑到的其他因素，所以科学需要我们一次次的研究探讨。

科学真奇妙，我要继续去探寻！

点评：结束语的阐述主要围绕观察实验获得的结论和科学部落格活动的收获体会两方面展开，表述具体，认识有深度。对于作者来讲，这次实验收获的不仅仅是对含羞草“睡觉”现象背后原因的发现和认识，更重要的是经历研究探索的过程，给她带来科学方法、科学思维、科学思想、科学精神方面的收获。

附录　获奖名单

2011年温州市小学生科学部落格评比获奖名单

一等奖

学　校	学生姓名	日志标题	指导教师
温州市实验小学	胡风平	健康、环保、绿色松花蛋的研制	薛海珍
温州市实验小学	张津维	测量杆影的变化	薛海珍
温州市实验小学	邵丰卓	关于“洗碗方式”的调查	潘洁慧
温州市籀园小学	徐逸桐	暑期观察日志	陈　侃
温州市籀园小学	张荣哲	关于叶绿素的研究	丁国锦
温州市实验小学	徐　旗	蜗牛食物的观察	谢彬林
温州市实验小学	徐家盈	纸的系列研究	胡程怡
温州市实验小学	金思彤	含羞草的系列观察	胡程怡
温州市蒲鞋市小学	郑　萱	松花蛋的研究	黄剑秋
温州市水心小学	金　骁	我家的金铃子	游芳伟
温州市水心小学	夏之琳	绿豆芽生长记	游芳伟
温州市广场路小学	王江南	显微镜下的世界	张　汉
瓯海区实验小学	应乐章	谁是真正的花	虞　芒
瓯海区实验小学	诸葛依可	养蚕记	胡忠洁　虞　芒
瓯海区实验小学	陈芊好	养鱼记	郭诗文
瑞安市实验小学	陈琪佳	大麦虫繁殖试验	陈立新
瑞安市实验小学	曹恩康	立蛋研究	陈立新
瑞安市实验小学	姜晨希	奇妙的石榴花	林美霞
瑞安市马鞍山实验小学	冯思睿	关于“溶液酸碱度对金鱼生存影响”的研究	姜良滢
永嘉县瓯北镇第二小学	金子琪	昙花的谜团	林淑静　邹跃澳
永嘉县瓯北镇第二小学	杨昌融	我的小青菜	林淑静
永嘉县瓯北镇中心小学	陈奕宇	探秘金铃子	陈秀鸯
洞头县实验小学	陈芍丹	黄缘闭壳龟孵化过程的观察	林素珠
洞头县实验小学	许　源	养蚕日记	林素珠
洞头县实验小学	叶圣岚	养蚕记	林素珠

二等奖

学 校	学生姓名	日志标题	指导教师
温州市实验小学	包容之	蚕宝宝观察记录	郑乐和
温州市实验小学	吕安彤	绿豆种子喜欢谁	薛海珍
温州市实验小学	孙乐伊	水果催熟系列实验	潘洁慧
温州市籀园小学	曹星宇	几种水质的研究	陈 侃
温州滨海学校	王建芬	小狗花花的观察日记	狄湖斌
温州市绣山小学	吴昭熹	空气枪的制作	林洁茹
温州市百里路小学	徐艺珂	关于发霉的观察与实验	吴 芳
温州市广场路小学	雨 禾	盐水能通电吗	丁 跃
温州市蒲鞋市小学	冯语和	榕树的观察	叶 琳
温州市蒲鞋市小学	严乐昕	玉米与茅草杂交的观察实验	南康武
温州市蒲州育英学校	潘怡其	揭开蛋糊制作的奥秘	吴爱秋
瓯海区实验小学	方铉炤	豆宝宝的成长日志	周晓霜
龙湾区横街学校	林沁一	种植绿豆观察记录	诸芬芳
龙湾区横街学校	林宁怡	观察昙花	吴冬梅
龙湾区龙水一小	娄雪鸥	堆肥箱成长记	周莲芳
龙湾区瑶溪镇第三小学	张雅璐	水果酵母对植物生长影响的研究	周 耀
瑞安市实验小学	全心浩	蚂蚁的观察和实验	陈立新
瑞安市实验小学	蔡雨欣	蒲瓜的观察	董小芬
瑞安市广场实验小学	张津津	香菇菜的生长发育	
瑞安市实验小学	蔡之前	家用保鲜膜的使用调查	陈立新
瑞安市玉海中心小学	袁瑞东	蛋蛋“跳”	陈婷婷
瑞安市塘下中心小学	林书祺	饮料与健康	吴一锴 潘良晓
瑞安市虹桥路小学	李康恬	盐对水的结冰有影响吗	王婉周
永嘉县实验小学	徐则林	鸡蛋新鲜程度的实验研究	林恒雷
永嘉县瓯北镇中心小学	黄靖添	金鱼变色记	陈丽萍
永嘉县瓯北镇中心小学	林 畅	豆子发芽观察日记	金雪云
永嘉县瓯北镇中心小学	陈添誉	蚕豆成长记	邹思思
平阳县腾蛟镇第二小学	王锦怡	点不燃的纸条	张春秀
苍南县龙港镇第二小学	郑熠辰	水的变化	王未央 陈瑞备
泰顺县实验小学	徐星汉	磁场、电流能否加快植物种子发芽的实验	雷仁贵
洞头县实验小学	周 驰	珍珠鸟观察日记	林素珠
洞头县实验小学	庄奕轩	含羞草观察日记	林素珠

2012年温州市小学生科学部落格评比获奖名单

一等奖

学 校	学生姓名	日志标题	指导教师
温州市实验小学	韩 虚	小鸭子观察日记	郑乐和
温州市籀园小学	王之畅	关于蜡烛延迟熄灭的研究	丁国锦
温州市籀园小学	柯亦婷	布料上各种污渍的去除方法研究	黄卫华
温州市少年艺术学校	熊言亦佳	各种防腐剂的防腐性能探究	张 艳
温州市少年艺术学校	林子航	探寻“水上芭蕾王子”水黾脚部的秘密	侯百锋
温州市瓦市小学	李 源	凤仙花的观察日记	邓思思 潘小微
温州市瓦市小学	冯齐治	磷肥对浮萍生长的影响	徐霜玲
温州市城南小学	林奔潮	海生螃蟹家养记	王苏嫦
温州市城南小学	徐彦慧	兔子Bb的妙趣生活	王苏嫦
温州市少年艺术学校	张琳以	各种常见晶体的制作和研究	张 艳
温州市广场路小学	王江南	面包霉菌	张 汉
温州市广场路小学	任芷乐	含羞草之谜	黄领华
温州市广场路小学	麻浩迪	孵化小鸡、小鸭	黄领华
温州市蒲鞋市小学	周芷妍	窗外的鸟窝（乌鸫的观察）	陈开华
温州市黄龙第一小学	周子懿	显微镜下各种发霉现象的观察	许海鸥
瓯海区实验小学教育集团前汇校区	何奇诺	植物生长记	郭诗文
瓯海区实验小学教育集团前汇校区	林适可	矮生向日葵、含羞草、重瓣太阳花观察记	郭诗文
龙湾区横街学校	应佳媛 曾华钦	温瑞塘河机场大道路段 河岸草本植物分布规律的研究	应丹凤 潘欢燕
瑞安市实验小学	金笑非	瓜果皮蔬菜叶再利用的实验研究	陈立新
瑞安市实验小学	姜晨希	关于红花酢浆草和黄花酢浆草区别的研究	林美霞 陈立新
瑞安市安阳实验小学	蔡雨欣	顶楼花园观察记	蔡庆龙
永嘉县瓯北镇第二小学	潘韵好	南瓜的比较	林淑静
文成县南田镇中心小学	周淑珍	水的奇迹	邱文丽
洞头县实验小学	邱榆博	关于“注水西瓜”的实验研究	郭海链
洞头县实验小学	胡桓睿 胡桓赫	蝌蚪成长日记	林素珠
洞头县实验小学	许 源	碗莲种植记	林素珠

二等奖

学　校	学生姓名	日志标题	指导教师
温州市实验小学	滕浩均	仙人球嫁接实验的研究	朱小雪
温州市实验小学	肖天悦	如何吹出超级大泡泡	郑乐和
温州市实验小学	张其芳	蚕豆生长记	郑乐和
温州市实验小学	黄谷麦	小蝌蚪发育的观察	郑乐和
温州市实验小学	施呈儒	飞在蓝天——对鸽子适于飞行的特点的研究	胡秦琼
温州市籀园小学	肖婧卉	关于物体跳水的研究	薛海珍
温州市籀园小学	陈思帆	关于熟米清洗效果的研究	陈　侃
温州市籀园小学	林盟皓	关于温瑞塘河水污染及整治情况的调查报告	丁国锦
温州市籀园小学	吴柳浩	神奇的氧化反应	黄卫华
温州市籀园小学	吴　桐	污渍清洗大比拼	黄卫华
温州市黄龙第一小学	项鑫鑫　刘珉甸	生命新启程——关于孵鸡蛋过程的观察	许海鸥
温州市少年艺术学校	陈芊芃	怎样设置空调温度	侯百锋
温州市瓦市小学	沈绎州	海坦山植物种类及分布情况的初步调查	谢李陈
温州市南浦小学	王卓晓悦	黑豆对比种植记录	姚　雷
温州市少年艺术学校	张视之	水中的“怪虫”	章　璋
温州市建设小学	金嘉澍	泡泡变大的秘密	王　静
温州市蒲鞋市小学	朱奕璋	中国斗鱼观察记	金　姿
温州市蒲鞋市小学	方熙淳	奇妙的含羞草	林丽丹
瓯海区实验小学教育集团前汇校区	翁锦烁	快乐小农种植记	黄小飞
瓯海区实验小学教育集团前汇校区	管一羽	矮向日葵和矮波斯菊的对比观察	郭诗文
瓯海区实验小学教育集团前汇校区	方铉炤	小方酿酒记	王文珍
瓯海区实验小学教育集团前汇校区	胡温凯	观察曼珠沙华	虞　芒
瓯海区实验小学教育集团前汇校区	吴云桓	矮生向日葵观察日记	郭诗文
龙湾区永中第二小学	张开翔	洋葱的观察	夏建红
龙湾区第二小学	王奕炜	科学实践活动 60 篇	吴　昕
龙湾区横街学校	林宁怡	花？果实！	吴冬梅　潘欢燕
龙湾区横街学校	林沁一	观察食物垃圾存储期的变化	郑智莲
龙湾区横街学校	钱俊晔	仓鼠一家	诸芬芳　潘欢燕
龙湾区实验小学	潘漪滢	豌豆的观察日志	张建芬
龙湾区永昌第一小学	吴凌晗	金边瑞香之死原因调查	王慧敏
龙湾区永昌第一小学	张怡然	蚕宝宝生长记	王慧敏
瑞安实验小学	娄颢宸	蝌蚪可以毒死龙虾吗	陈立新
瑞安市实验小学	李瑜萱	水培红掌生长记	潘瑞眉　陈立新
瑞安市安阳实验小学	何　旷	宝葫芦种植记	彭青青
瑞安市下镇鲍一小学	杨　青　张春仪	用烂水果发电	虞文文
乐清市丹霞路小学	林其然	让过期药品找到“家”	郑　孟
乐清市建设路小学	黄柯铭	小蝌蚪成长旅程	吴旭丹
乐清市育英学校	张艺凡	紫甘蓝与酸性、碱性之间的奥秘	郑晓春
永嘉县瓯北中心小学	王妍诺	小垃圾，大问题	陈秀鸯
永嘉县瓯北中心小学	李伊纯	今天你节水吗	陈秀鸯
永嘉县瓯北中心小学	陈奕宇	自制绿豆芽	陈秀鸯
永嘉县瓯北镇第二小学	杨昌融	我的观察日记	林淑静
永嘉县乌牛第二小学	夏　梦	你家垃圾桶有小飞蝇吗	邵双双
永嘉县乌牛第二小学	金智琦	永乐河污水对金鱼生存影响的科学研究	邵双双
永嘉县瓯北第四小学	金凯豪	清洗水笔划痕等污渍的材料	陈浩权
永嘉县瓯北第四小学	尤温怀	玉米芯和香蕉皮无害化处理	陈浩权
平阳县昆阳镇第一小学	苏　画	初探植物叶子生长的奥秘	应雪芬
文成县南田镇中心小学	梁白烨	探究蚕的生长过程	刘旭琴
文成县南田镇三源小学	黄月柳	茄子生长录	王志丽
洞头县实验小学	陈子睿	养蛙日记	林素珠
洞头县实验小学	曾　琳	牡丹鹦鹉观察日记	林素珠
温州经济技术开发区沙城第一小学	项舜玮	关于小鸡成长的持续观察	杨晓晓

2013 年温州市小学生科学部落格评比获奖名单

一等奖

学 校	学生姓名	日志标题	指导教师
温州市蒲鞋市小学	陈跃漳	小青虫成长记	陈 红 陈开华
温州市建设小学五马校区	叶育汝	养彩蚕日记	张霞焦
温州市蒲鞋市小学	芮 好	圣女果的栽培	王斯诗
瑞安市实验小学	曹恩康	乌鸫观察记	董小芬
温州 市蒲鞋市小学	董欣然	太空小鱼——深海红龙成长记	王斯诗
温州市籀园小学	周奕博	含羞草对不同刺激的观察和探究	薛海珍
温州市建设小学小南校区	吴政殊	金灯藤的调查探究	姜光远
龙湾区实验小学	金凌霄	我和蚂蚁的亲密接触	张海容
洞头县实验小学	蔡博林	独角仙成长日记	林素珠
温州市籀园小学	张若谷	碗莲成长记	薛海珍
温州市广场路小学	任芷乐	光照对绿豆发芽的影响	丁 跃
温州市实验小学	廖思楠	水培叶菜的观察研究	胡秦琼
乐清市虹桥镇第一小学	赵 曜	水族馆探秘	蔡 云 张 娟
乐清市育英学校	郑舒畅	鸡宝宝的诞生与成长日志	郑晓春
瑞安市安阳实验小学	蔡雨欣	蚜虫的秘密	蔡庆龙
苍南新星学校	刘雨萱	水果电池	刘贤俊

二等奖

学　校	学生姓名	日志标题	指导教师
瓯海区实验小学教育集团前汇校区	蔡方瑜	种植记	黄小飞
瑞安市安阳实验小学	翁世骋	回头潮的成因探究	蔡庆龙
经开区沙城第一小学	孙杰克	独角仙观察日志	郑晓艳
乐清市育英学校	郑涵源	乌龟成长日志	郑晓春
温州市水心小学	周奕璇	绿豆、红豆种子发芽的对比观察	游芳伟　黄　璜
瓯海区实验小学教育集团前汇校区	吴云桓	碗莲生长记	郭诗文
龙湾区海滨一小	王悦晨	甜瓜甜瓜，快快长大！	王素静
经开区海城第二小学	李　翔	小葵成长记	钱丽芳
温州市籀园小学	张程亮	谁才是甲醛真正的克星	薛海珍
乐清市虹桥镇第一小学	周千钰	鸡圈探秘	蔡　云　张　娟
温州市籀园小学	张荣哲	柚子皮去污的研究	陈　侃
乐清市育英学校	赵易晨	面粉的发酵	郑晓春
经开区海城第一小学	方驰正	豆芽的观察日志	方雪云
温州市黄龙第一小学	林　宸	关于鸡蛋内胚胎发育跟踪的观察日记	许海鸥
龙湾区永中二小	姜一蕊	乌龟的观察日记	杨　艳
洞头县实验小学	许　源	向日葵种植日记	林素珠
瑞安市塘下镇鲍一小学	戴增铭　李俊肖	降温方法的研究	虞文文
乐清市虹桥十二小	税若松	鸡蛋的奥秘	吴福丹
温州市实验小学	陈述之	哪块布料的抗撕扯性最高	张声芬
瑞安市实验小学	吴一鹏	牵牛花观察日记	董小芬
乐清市桥镇第一小学	金奕希	兔子的探秘	蔡　云　张　娟
文成县南田镇中心小学	梁白烨	探究豆酱的制作过程	刘旭琴
龙湾区永昌一小	黄奕桐	起死回生的凤仙，不屈不挠的绿豆	陈　健
洞头县实验小学	叶姝含	铁皮石斛观察日志	张永辉
瓯海区实验小学教育集团南瓯校区	林铱祺	植物种植记	林彩仑
温州市籀园小学	娄宏怿	研究温度、时间以及酵母量对面粉发酵影响的实验	程茜剡
温州市水心小学	胡家祯	云贵自驾游观察日志	缪旭春　应　雪
永嘉县瓯北中心小学	吴钊宇	情系菜园	卢亚琴
温州市实验小学	方子杨	芹菜叶怎么变甜了	胡秦琼
温州市百里路小学西城校区	金奕瑶	花椒会不会生虫子呢？	金　晶
温州市实验小学	项子布	独角仙观察日记	胡程怡

2014 年温州市小学生科学部落格评比获奖名单

一等奖

学 校	学生姓名	日志标题	指导教师
温州市实验小学	郑小晖	对水结冰现象几个问题的研究	张声芬
龙湾区永中第二小学	章晗奕	独角仙观察日记	何检乒
温州市蒲鞋市小学	周金洋	平菇的生长观察	金玲芳
龙湾区永兴第二小学	李行远	碗莲生长记	麻彬彬
苍南县宜山小学	林 冉	探讨维生素 C 的秘密	陈 静
苍南县宜山小学	陈颐宁	豆豆宝宝成长记	陈 静 周 碧
温州市实验小学	葛张驰	关于豆子发芽的趣味实验	伍渊泼
苍南县新星实验学校	温润泽	蚯蚓被切成两段后真的还能再活吗	陈飞燕
永嘉县瓯北中心小学	陈杭榆	向日葵种子成长观察记录	陈秀鸯
温州市实验小学	李雨璇	植物不同部位维生素 C 含量的比较研究	胡程怡
温州市籀园小学	高子荃	自行车座垫便携降温套的研究	刘万年
温州市籀园小学	张津铭	蝈蝈观察日记	黄卫华
苍南县第三实验小学	颜语	蚕这一生系列观察	郭珊拉
温州市籀园小学	王潇羽	种子的力量	黄卫华
乐清市育英学校	郑力学	探究蚯蚓的再生能力	郑晓春
文成县南田镇中心小学	梁白烨	农村手工织布的探究	刘旭琴
瑞安市实验小学	翁谢佳	双线竹芋叶子竖立的研究	曾定焕
洞头县实验小学	郭一萱	蚊子的观察记录	蔡招蓉
温州市实验小学	陈述之	关于废旧电池对黑藻影响的调查与研究	张声芬
乐清市乐成第一小学	赵婉伊	小蚂蚁觅食观察记	方孔全

二等奖

学　校	学生姓名	日志标题	指导教师
温州市广场路小学	伊哲纬	丝瓜观察日志	黄领华
经开区海城第一小学	张可人	研究倒插对空心菜生长的影响	方雪云
温州市实验小学	方子杨	水质污染对金鱼藻生长状况影响的初步探究	胡秦琼
瓯海区实验小学教育集团南瓯校区	林铱祺	因“水”而改变的世界	林彩仑
瓯海区实验小学教育集团前汇校区	徐斯扬	碗莲、牵牛花种植记	黄小飞
温州市水心小学	张诗雅	不同材质鞋底防滑性能研究	戴清清
乐清市丹霞路小学	何佳澍	夏蚕成长记	马烨丹
瑞安市安阳实验小学	蔡雨欣	关于八棱瓜的研究	蔡庆龙
龙湾区永中第一小学	王梓锐	含羞草成长记	薛佩思
龙湾实验小学	金凌霄	富贵竹的根系生长观察记	李　璇
龙湾区海滨第一小学	姜煜函	金铃子的种植过程	王素静
永嘉县乌牛第二小学	金智琦	不同土壤对黄豆种子促长的调查研究	邵双双
温州市实验小学	陈芊豫	花露水和风油精清除字迹的效果比较实验	廖贵慧
乐清市育英学校	叶子萌	虹桥周边部分水域的初步考察及对水质的初探	郑晓春
永嘉县乌牛第二小学	夏　梦	关注电池回收，共创和谐乌牛	邵双双
洞头县实验小学	吕欣芮	碗莲种植记	张永辉
龙湾区龙水第一小学	邵　宽	西瓜籽都能种吗	孙雅洁
龙湾区永昌第一小学	黄奕桐	周而复始的生命——观察凤仙花	林丽彬
经开区海城第一小学	方驰正	观察西红柿生长的全过程	方雪云
龙湾区第二小学	王浩东	茶花、凤仙生长日记	吴　昕
龙湾区第二小学	张家铭	种子生长试验	邵　伟
温州市水心小学	武泽鑫	对不同品牌垃圾袋质量的研究	戴清清
温州市实验小学	朱奥博	四季豆发芽率的研究	胡程怡
瑞安市玉海中心小学	王嘉政	圆角胸肖叶甲的“奥秘” ——圆角胸肖叶甲习性的研究与探索	陈青枫
温州市建设小学	朱政恺	来自厨房的食品保鲜剂	吕金栖
温州市建设小学	吴政殊	大蒜汁对蜗牛的防治探究	姜光远
温州市百里路小学	程　然	自制“麦芽糖”体验记	胡恩燕
龙湾区永中第一小学	章陶然	果皮 DIY 环保酵素及探讨研究	上官李娜
乐清市虹桥镇第一小学	牟玺铭	画眉鸟的生活习性观察记	张　娟
瑞安市安阳实验小学	邱钧涵	追寻时间的痕迹 ——对三十四溪岩石的考察与分析	蔡庆龙
温州市水心小学	戚乐瑶	夏日里的绿豆芽	游芳伟
温州市实验小学	夏译倩	利用蚂蚁鉴别常见物品挥发性气体毒性的 初步探索	胡秦琼
瓯海区实验小学教育集团前汇校区	高炯宇	牵牛花培养记	黄小飞
乐清市虹桥镇第一小学	陈孜起	探索凝固、熔化全过程	蔡　云
泰顺育才小学	毛宇漩	太空番茄 2 号回归地球成长记	周柳霞
温州育英国际实验学校	方子瑜	关于加快冰融化速度的实验研究	毛淑艳
温州私立第一实验学校	张珍妮	甜罗勒的成长	伍艳琼
泰顺育才小学	夏　菲	番茄种子太空历险后回地球成长记	翁晓飞
龙湾区永昌一小	张怡然	菜刀生锈大揭秘	王慧敏
平阳县昆阳镇第一小学	徐苏婵　徐苏瑶	菠萝蜜育株成功了	陈小华
温州市实验小学	项子布	独角仙的观察	胡程怡

2015年温州市小学生科学部落格评比获奖名单

一等奖

学　校	学生姓名	日志标题	指导教师
温州市实验小学	林沐曦	有趣神奇的紫甘蓝	许　婧
温州市实验小学	许言午　房子渊	水培蔬菜的研究	廖贵慧
温州市教师教育院附属小学	黄煦晗	小鸡孵化记	黄明峰
温州市教师教育院附属小学	林宇杰	探究香烟头浸出液对动、植物的生长的影响	黄明峰
温州市水心小学	张君恺　黄嘉屹 毛静怡	不同模拟条件对夏季水果玉米种子发芽的影响	戴清清
温州市广场路小学	鲍雅婧	当可乐遇上薄荷糖	丁　跃
瓯海区实验小学教育集团前汇校区	高炯宇	“王八”VS“海归” ——乌龟与巴西龟的观察比较	黄小飞
瓯海区实验小学教育集团前汇校区	诸葛依可	不同土壤对土豆生长影响的观察研究	胡忠洁
龙湾区永兴第二小学	陶文博	喂养鸽子以及观察鸽子们孕育小鸽子	蔡蓓蕾
瑞安市安阳实验小学	娄　朗	关于母狗吃自己孩子粪便的原因观察探究	蔡庆龙
瑞安市塘下镇中心小学	倪敬哲	蚂蚁生长的奥秘	池一平
乐清市虹桥镇第一小学	乔　睿	一次失败种植里的惊奇发现 ——平菇菌棒里的虫虫世界	蔡　云
乐清市建设路小学	周正男	水培碗莲观察日记	吴旭丹
乐清市丹霞路小学	何佳澍	宝葫芦的秘密	李　豪
永嘉县瓯北中心小学	徐煊迪	蔬菜园里的雌雄花探秘	邵欢欢
永嘉县瓯北中心小学	盛　展	泥鳅生存能力“大挑战”	卢亚琴

二等奖

学 校	学生姓名	日志标题	指导教师
温州市实验小学	杜牧秦	制作水果酒	胡秦琼
温州市实验小学	陈星烨	我与泡泡的一场“约会”	廖贵慧
温州市实验小学	陈芊豫	冷感毛巾与普通毛巾使用效果的比较研究	廖贵慧
温州市实验小学	张轩晨	关于影响水结冰快慢因素的实验探究	陈 翔
温州市实验小学	金暄皓	关于水果保存的研究	黄卫华
温州市实验小学	富晨萱	蚕的一生	许 婧
温州市籀园小学	陈宁乐	明矾净水实验的观察	姜逸冉
温州市籀园小学	吴上善	校门口小食品的微生物调查研究	赵景存
温州市建设小学	夏一诺	薄荷生根实验	陈 台
温州瓦市小学	邓名希	关于鹌鹑蛋与鸽子蛋比较研究	潘小薇
温州市百里路小学	程 然	花蛤喷水记 ——影响花蛤喷水各方面因素的探究实验	吴彩媚
温州市南浦小学	金倍如	“喂养”霉菌	吴思思
温州市双屿小学	金律宇	仓鼠宝宝成长记	林微微
瓯海区实验小学教育集团南瓯校区	李彦臻	不要让它成为“黄脸婆” ——探索已切苹果的多种保鲜方法	林彩仑
龙湾区永兴第二小学	李行远	揭秘受精蛋孕育成小鸡的全过程	蔡蓓蕾
龙湾区第二小学	张雅然	迷你向日葵	邵 伟
龙湾区第二小学	王浩东	含羞草的花	吴 昕
龙湾区横街学校	季恒阳	海藻面膜大揭密	潘欢燕
龙湾区横街学校	曹 烁	二十六个马蹄	诸芬芳
温州中通国际学校	祝一宁	乌鸫鸟观察笔记	金 幸
瑞安市马鞍山实验小学	黄子欣	探秘液体表面张力	林中华
瑞安市安阳实验小学	蔡雨欣	会睡觉的植物	蔡庆龙
瑞安市安阳实验小学	余泽睿	关于平衡杆作用的研究	蔡庆龙
乐清市建设路小学	陈嘉术	丝瓜整容记	阮虹泉
乐清市虹桥镇第一小学	吴昱萱	洋葱头水培观察记	沈瑶丽
乐清市虹桥镇第一小学	王泓轶	学校门口的五毛钱大餐	蔡 云
乐清市虹桥镇第一小学	卓 杭	舌尖上的误传 ——基于食物亚硝酸盐的半定量比色实验探究	蔡 云
乐清市育英学校	郑力学	神奇的魔法鱼	郑晓春
永嘉县瓯北中心小学	金瑞琪	家酿樱桃酒	邹思思
永嘉县瓯北中心小学	何帛远	舌尖上的绿色食品 ——青草豆腐的制作方法的研究	钱艳艳
文成县第二实验小学	赵 凡	对文成县泗溪河支流的生活污水现状长期跟踪和实验研究	叶俊杰
泰顺县雅阳镇中心小学	林吉展	吉祥草栽培记	裴彩萍
经开区沙城第二小学	王翊诺	乌龟观察日志	臧一锦
经开区沙城第二小学	邓思瑶	观察牵牛花的成长	陈蕾蕾

2016 年温州市小学生科学部落格评比获奖名单

一等奖

学 校	学生姓名	日志标题	指导教师
温州市实验小学	金暄皓	关于食用菇家庭种植的研究	许 婧
温州市实验小学	杨子逸	碗莲在水中的神奇变化	许 婧
温州市籀园小学	吴正楠	我的那些“鸟事”	蒋晓迪
温州市籀园小学	郑悦洋	暑期“大豆观察日记”	陈蒙蒙
瓯海区实验小学教育集团前汇校区	翁艺瑾	植物在不同环境中生长情况的研究	郭诗文
瓯海区实验小学教育集团前汇校区	陈芊卉	高高瘦瘦葵和歪歪扭扭菊生长记	虞 芒
乐清市虹桥镇第一小学	吴昱萱	植物芽菜无土培育观察记	沈瑶丽
瑞安市塘下镇中心小学	倪敬哲	昆虫生长发育之谜 ——螳螂和蝈蝈的饲养观察记录	池一平
瑞安市第二实验小学	苏子睿	游行一万里之斗鱼的奇妙旅行	胡芳芳
瑞安市塘下镇鲍一小学	张 红	不耗电的空调真能降温吗	虞文文
瑞安市塘下镇中心小学	翁皓铭	玫瑰花能永放光芒吗	吴一锚
瑞安市瑞祥实验学校	张悦越	对草菇、榆黄蘑、杏鲍菇的观察、研究	吴澄淼
永嘉县瓯北中心小学	卢程远	探究田螺快速吐泥方法以及对水质的影响	林祥洁
永嘉县上塘城西小学	刘恩铭	仓鼠观察日志集	董孟燕
平阳县萧江镇桃源小学	王 珺 王思思	关于空气清新剂对金鱼影响的实验研究	吴昌宝
平阳县昆阳镇练川小学	雷 咏	葫芦成长记	陈慧敏
平阳县昆阳镇练川小学	姜 杰	我的葫芦	陈慧敏

二等奖

学　校	学生姓名	日志标题	指导教师
温州市实验小学	计和言	自然界中的水循环研究	廖贵慧
温州市实验小学	黄钧皓	坚持遇见美丽——我的凤仙花观察日记	胡秦琼
温州市籀园小学	吴上善	铁皮石斛的观察研究记	赵景存
温州市籀园小学	金　珂	用心呵护，收获美好	陈蒙蒙
温州市籀园小学	钱鸿轩　钱鸿翔	不同水质和光照对绿萝生长的影响	潘　霞
温州市籀园小学	张开翔	蝴蝶成长记	潘　霞
温州市蒲鞋市小学	黄靖雅	荷花的生长	林丽丹
温州市百里路小学	程　然	蝴蝶家庭养护记	胡恩燕
温州市新田园小学	张潇格	水质净化初步探究	黄梦慈
温州市蒲鞋市小学	颜子墨	吊兰生长“哪家”强	田精华
瓯海区实验小学教育集团前汇校区	陈若兮	碗莲、波斯菊等生长观察记	虞　芒
龙湾区瑶溪第一小学	孙汉铭	植物的记忆力研究	周盈盈
龙湾区第二小学	陈奕霏	盆的深度、材质、水分对节节瓜生长发育的影响	王宁璐
龙湾区第二小学	张程皓	姜发芽长大了	潘冰凡
龙湾区实验小学	曾奕涵	八月荚室内室外生长情况的对比观察	冯幼义
洞头区城关小学	杨　帆	乌龟观察记	曾国宇
洞头区城关小学	吕欣芮	草莓种植记	张永辉
洞头区实验小学	南芷昕　南芷蔚 王俊文	花之魅	蔡招蓉
乐清市丹霞路小学	徐昕炀	鸟的秘密生活	李　豪
乐清市虹桥镇第一小学	马浩彬	一段不寻常的探究之路——蚕宝宝的成长探秘	张　娟
乐清市虹桥镇第一小学	卓　杭	九只小鸡去天国 ——一次失败的人工孵蛋实践探究	蔡　云
瑞安市塘下镇新华小学	池凝之	牵牛花成长观察记	朱爱雪
永嘉县瓯北中心小学	何帛远	有机土壤 PK 自然土壤	钱艳艳
永嘉县瓯北中心小学	金瑞琪	家酿豆瓣酱	陈秀鸯
平阳县萧江镇桃源小学	应文可　应恩慈	关于“喝果汁饮料能否代替吃水果蔬菜”的研究	吴昌宝
平阳县鳌江小学	陈明轩	向日葵的观察	杨青青
文成县实验小学	蔡宇恒	靠近你、聆听你，我的龟朋友	赵颖颖
文成县实验小学	夏比诺	与蟀共舞	李　敏
文成县南田镇三源小学	郑锦浩	自制酱黄瓜	王志丽
泰顺雅阳镇中心小学	林吉展	绿豆成熟季	裴彩萍
温州滨海学校	陈子豪	向日葵种植记	张园园
经开区海城第一小学	涂家溢	仓鼠的生活	郑　凡

2017 年温州市小学生科学部落格评比获奖名单

一等奖

学　校	学生姓名	日志标题	指导教师
温州市实验小学	薛涵尹	凤仙花治疗灰指甲的初步实验观察记录	胡程怡
温州市实验小学	金暄皓	影响家庭自制面团发酵因素的探究	许　婧
温州市实验小学	吴　霁	凤仙花观察日记	陈　翔
温州市籀园小学	伊　遥　金　逍	蜗牛养殖记	薛海珍
温州市籀园小学	叶丰畅	黑壳虾的观察日志	陈蒙蒙
温州市广场路小学	彭子倩	半月斗鱼成长记	潘　恬
温州市蒲鞋市小学	黄靖雅	揭开魔法鱼的神秘面纱	林丽丹
瓯海区实验小学教育集团前汇校区	郭韫泽	植物“圈养”与“放养”的对比实验研究	黄小飞
龙湾区实验小学	陈俊劭	凤仙花的成长旅程	李　璇
乐清市虹桥镇第一小学	卓　杭	生态水族馆里“惊”与“喜”	蔡　云
乐清市虹桥镇第一小学	乔　睿	锲而不舍，鳉鱼终活	蔡　云
瑞安市塘下镇中心小学	倪敬哲	摔跤吧，甲虫！ ——“角斗士”锹甲虫的饲养观察日志	池一平
瑞安市安阳实验小学	吴泓译	滩涂上的“小精灵” ——飞云江招潮蟹习性观察日志	蔡庆龙
永嘉县少年艺术学校	刘逸格	牵牛花的缠绕茎	邵双双
苍南县第三实验小学	吴丹娴	“受伤”的蚕豆还能发芽吗	朱敬阳
苍南县金乡镇第四小学	赵郑哲	“五水共治”暑期行　——我的水质调查	曾文斌

二等奖

学　校	学生姓名	日志标题	指导教师
温州市实验小学	富晨萱	消除食物中亚硝酸盐的实践研究	许　婧
温州市实验小学	吴　樾	鸡蛋的孵化	郑文伟
温州市籀园小学	何聪睿	碗莲蜕变记	陈蒙蒙
温州市籀园小学	郑悦洋	暑假大牵牛花观察日记	陈蒙蒙
温州市籀园小学	姜茗哲	不同液体对开花速度和花朵保鲜的影响的初步探究	蒋晓迪
北大新世纪温州附属学校	陈柏丞	蚕豆宝宝生长记汇总	张晨晨
温州市广场路小学	郑涵赢	蜗牛的成长故事	陈吟菊
温州市建设小学	闫菀悦	小水滴，大秘密	陆建佩
温州市建设小学	吴佳颖	葱的系列观察与实践	李晓华
温州市蒲鞋市小学	任　和	空心菜“水培”PK“土培”	陈诗雨
温州市蒲鞋市小学	陈怡然	红平菇种植观察日志	林丽丹
温州市黄龙第一小学	余熙文	巧辨玉带凤蝶和柑橘凤蝶	许海鸥
新桥小学教育集团旸岙校区	吴约颢	暑期植物生长观察记录	张晓群
瓯海区实验小学教育集团南瓯校区	陈相睿	豆豆兄弟生长记	潘然慧
温州育英学校	张馨予	咖啡渣霉菌观察日志	郑盈盈
龙湾区实验小学	徐婧宸	探索酸奶的奥秘	王翔翔
龙湾区永中第二小学	叶馨恬	乌龟蛋孵化日志	何检乒
龙湾区第二小学	陈奕菲	不同环境对碗莲生长影响的研究	邵　伟
洞头区实验小学	戴成宇	我与红豆的亲密接触	蔡招蓉
乐清市淡溪镇第三小学	赖博龙	我家“小可爱”们的成长记	陈　朋
乐清市育英寄宿学校小学分校	葛伟特	秘制弹力球	董文丽
乐清市实验小学	潘泓睿	“魔豆”生长记	季冰梅
瑞安市马屿镇中心小学	虞朱墨	毛豆保鲜秘笈	潘挺挺
瑞安市塘下实验小学	钱于璇	关于防止睡莲枯死的研究	虞文文
瑞安市鲍田中心小学	钟欢扬	藤的缠绕方向是由什么因素决定的	金芳芳
永嘉县瓯北中心小学	陈浩鹏	不同营养添加物对甜瓜的生长影响的观察日志	郑董董
永嘉县瓯北第三小学	郑惠仁	探究家庭阳台无土栽培蔬菜	邵碧慧
平阳县海西镇宋埠民族小学	项靖媛	百合花成长日记	汤蓓蓓
平阳县海西镇宋埠民族小学	张笑添	关于“豆”芽的二三小记	陈建华
平阳县海西镇宋埠民族小学	张馨予	铜钱草种植过程中的思考与观察	陈建华
苍南县第三实验小学	章家荣	鸭子人工孵化技术实践	朱敬阳
苍南县金乡镇第三小学	黄奕博	桔子皮上青霉菌的形态观察	章春桃
苍南县宜山小学	陈安浩	蚂蚁观察日志	陈　静
泰顺县泗溪镇横坑小学	陈巧巧	探秘泰顺绿豆腐	毛淑艳
泰顺县实验小学	陈梓航	磁铁与绿豆的秘密	柳三考
经开区天河第一小学	王俊淇	茑萝成长观察日志	林海霞
经开区沙城第二小学	汪锦贤	生姜观察日志	臧一锦